行政法研究双書 42

行政法体系と法領域間関係論

吉 岡 郁 美 著

弘 文 堂

「行政法研究双書」刊行の辞

　日本国憲法のもとで、行政法学が新たな出発をしてから、七〇有余年になるが、その間の理論的研究の展開は極めて多彩なものがある。しかし、ときに指摘されるように、理論と実務の間に一定の乖離があることも認めなければならない。その意味で、現段階においては、蓄積された研究の成果をより一層実務に反映させることが重要であると思われる。そのことはまた、行政の現実を直視した研究がますます必要となることを意味するのである。

　「行政法研究双書」は、行政法学をめぐるこのような状況にかんがみ、理論と実務の懸け橋となることを企図し、理論的水準の高い、しかも、実務的見地からみても通用しうる著作の刊行を志すものである。もとより、そのことは、本双書の内容を当面の実用に役立つものに限定する趣旨ではない。むしろ、当座の実務上の要請には直接応えるものでなくとも、わが国の行政法の解釈上または立法上の基本的素材を提供する基礎的研究にも積極的に門戸を開いていくこととしたい。

塩　野　　　宏

園　部　逸　夫

原　田　尚　彦

　この度、私たち３名が、「行政法研究双書」編集顧問の任にあたることとなった。本双書は、「刊行の辞」にある通り、理論的水準が高く実務的にも通用する著作や、行政法の解釈及び立法論に資する基礎的研究の著作を江湖の読者へと提供し、大きな成果を挙げてきた。

　21世紀に入ってから、行政事件訴訟法改正を典型とする行政通則法の整備や司法制度改革の進展によって、学説と実務の距離は近くなった面もある。しかしなお、両者に隔たりのある場面も多い。行政法学の研究成果を実務に提示し、両者の対話を促す本双書の意義は増しており、「刊行の辞」の方針に沿って、引き続き着実な公刊を積み重ねたい。

宇　賀　克　也

斎　藤　　　誠

山　本　隆　司

はしがき

　本書は、筆者が 2019 年に一橋大学大学院法学研究科に提出し、博士（法学）の学位を授与された学位申請論文「ドイツ連邦制における法領域間関係の分析—ドイツ記念物保存法を中心に」を基礎とし、その後の雑誌に掲載された論文等を加えたうえで、全体に加筆修正を施したものである。

　博士論文の提出からは 5 年、さらに博士論文の構想の源となった修士論文の修正論文（「原告適格論とドイツ連邦制（1）（2・完）—ドイツ記念物保存法に係る裁判例の分析［連邦行政裁判所 2009.4.21 判決］」自治研究 93 巻 10 号（2017 年）、同 12 号（2017 年））の発表からは 7 年以上の月日が経っており、自分の仕事の遅さには辟易するばかりである。他方において、これだけの時間をかけたことで、その間に、様々な仕事や他の先生方の研究業績に触れて影響され、結果として本書を単なる一つの個別法研究に収まらない研究成果にできたことは、怪我の功名ともいえるかもしれない。

　筆者が学部生の頃より行政法に関心を強く持った理由は、行政法の研究対象の幅広さという特徴にあったといえる。個別法が保護している利益や法の構造の違いが、行政法の一般理論の構築に寄与したり、原告適格などの救済の要件の適用に深く影響したりするために、多様な法律が次々と登場し紹介されていく行政法の講義は、当時それほど実定法の講義に関心を持っていなかった筆者を惹きつけてやまなかった。

　しかしながらその後、関心の赴くままに、個別行政法のなかでも特に関心のあった文化財保護法の研究を大学および大学院で続けていくうちに、現在の細分化された個別行政法（研究）と現実の行政法の世界とのギャップに対して筆者は疑問を抱くようになった。この疑問のきっかけの一つは間違いなくドイツ行政法の影響である。ドイツの文化財保護法に対応する記念物保存法の解説書は数多く存在するが、そのどれもが、"記念物保存法のみ"の解説書とはなっていない。そこには必ずと言っていいほど都市計画法の解説も収録されているし、税法や著作権法、時には公務員法の解説まで含まれている。考えてみれば当然のことで、人が一人で生きられないように、法律も、それ一本で完全に独立しているわけではなく、実際に社会で十分に機能するためには、他の法律——それは同じ法分野に括られるものに限らず他分野の法律

も含め——と組み合わさっているのである。本書は、もしかすると他の研究者の方々が当然の前提として理解されておられるがために、これまで論文等ではあえて語られていなかった点を述べただけかもしれない。不十分な点も数多目につき、このはしがきを執筆している今も、果たしてこれで本当によいのか不安になるばかりであるが、本書を世に問うことで、いったん区切りをつけたいと思う。本書を足掛かりとしてさらに研究を進めていくためにも、読者諸賢のご叱正を願うばかりである。

　本書を刊行することができたのは、多くの方々のご指導、ご支援のおかげである。全ての方々のお名前を挙げることは、紙幅の関係上不可能であるため、特にお世話になった方々についてここでは謝意を述べさせていただきたい。

　まず、筆者の博士課程の指導教官を務めてくださった髙橋滋先生（法政大学教授）に御礼を述べなくてはならない。先生には、今日に至るまで丁寧なご指導を賜ってきており、いくら感謝を述べても足りない。そもそも筆者が行政法に興味を持ったきっかけは先生の行政法の講義であった。大学2年の冬に先生の見せてくださった行政法の世界に取りつかれ、そのまま学部ゼミ、そして大学院と指導をしていただいたことは、筆者にとって望外の喜びであった。思えば、本書のテーマである、総論と個別行政法という日本の行政法体系そのものに向けた問いも、先生との対話の中から着想を得た。先生はいつも、研究者の人生を歩んでいくならば、常に大きな問いを最終目標として掲げ、目標と自分との距離を確かめながら少しずつでも歩みを止めずに進むことが肝要であると仰っておられた。先生のご指導から筆者が得た学びを活かし、これからもこの大きな問いと向き合い続けていきたい。

　一橋大学大学院法学研究科で学ぶことができたのは、筆者の研究者人生にとって最高に幸運な出来事の一つである。一橋の行政法の先生方と院生が一堂に会し全員と議論を交わすことのできる院ゼミは、一人思考に溺れがちな筆者にとってかけがえのない場所であった。野口貴公美先生（一橋大学教授）、土井翼先生（同大学准教授）には筆者の博士論文の審査をしていただき、重要なコメントを賜った。特に野口先生には、髙橋先生が法政大学に移られてからの指導教官も務めていただいた。また、山田洋先生（一橋大学名誉教授）には、大学院に進学したばかりでドイツ語がままならない頃の筆者に、記念物保存

（Denkmalschutz）をはじめとする本書の研究に係る重要な概念を教えていただいた。

　そして大学院では先輩方からも非常に多くのアドバイスをいただいた。特に、田中良弘先生（一橋大学教授）、宮森征司先生（新潟大学准教授）には、大学院在籍時のみならず今日に至るまで研究の相談に数多くのっていただいた。お二人の支え無くして、研究を継続することはできなかった。

　前職の公益財団法人後藤・安田記念東京都市研究所では、多様な学問分野の研究者や自治体職員の方々から多くの刺激をもらった。理事長の小早川光郎先生（東京大学名誉教授）をはじめ、若輩に温かく接してくださった研究員の方々に御礼申し上げる。そして現在の勤務校である早稲田大学社会科学部の恵まれた研究環境も本書の完成に欠かせなかった。特に黒川哲志先生（早稲田大学教授）、仲道祐樹先生（同大学教授）には、格別のご配慮をいただいた。

　最後に、本書の企画段階から刊行に至るまでの様々な作業においては、弘文堂の髙岡俊英様、木村寿香様より多大なご助力を賜った。そして、研究者として生きることを応援してくれている家族にも感謝を述べたい。

　　　2024 年 11 月

吉岡　郁美

　　※　本書刊行にあたり、JSPS 科研費 24K16248 の助成を受けた。
　　※　本研究の一部の遂行にあたり、早稲田大学特定課題（研究基盤形成）の助成を受けた。

目　　次

はしがき　*i*

初出一覧　*vii*

序　章　わが国における議論の状況と本書の目的　*1*
　　　　　Ⅰ　わが国における議論の状況（*1*）　Ⅱ　本書の目的（*10*）
　　　　　Ⅲ　本書の構成（*20*）

第1章　ドイツにおける法領域論の展開　*22*
　第1節　はじめに　*22*
　　　　　Ⅰ　本章の目的（*22*）　Ⅱ　考察対象、分析手法（*23*）　Ⅲ　本章の構成（*24*）
　第2節　独立した記念物保存（Denkmalschutz）任務の誕生　*24*
　　第1款　歴史的価値保存と景観保護任務の併存　*24*
　　　　　Ⅰ　政治・宗教上の理由における保存（*24*）　Ⅱ　歴史研究の発展（*25*）
　　　　　Ⅲ　当時の都市計画行政の動き（*28*）
　　第2款　都市環境維持と記念物保存の分離　*29*
　　　　　Ⅰ　ドイツ帝国誕生と、地域文化の保存（*29*）
　　　　　Ⅱ　産業革命に伴う、都市環境の整備（*36*）
　　第3款　小　　括　*43*
　第3節　州による記念物保存任務の確立　*44*
　　第1款　国による記念物保存の試み　*44*
　　　　　Ⅰ　ワイマール期（*45*）　Ⅱ　ナチス・ドイツ期（*48*）
　　第2款　法領域の形成に向けた動きと役割分担　*52*
　　　　　Ⅰ　記念物保存法領域（*52*）　Ⅱ　都市計画法領域（*56*）
　　第3款　小　　括　*60*
　第4節　小　　括　*62*
　　　　　Ⅰ　記念物保存法体系の形成過程について（*62*）
　　　　　Ⅱ　都市計画と記念物保存との関係の歴史的展開について（*63*）

第2章　記念物保存と都市計画の法領域間関係　*64*
　第1節　はじめに　*64*
　　　　　Ⅰ　本章の目的（*64*）　Ⅱ　本章の構成（*64*）
　第2節　立法・行政からの分析　*65*

第1款 都市計画法領域の規範体系からの分析 *65*

Ⅰ 連邦の規律 *(65)* Ⅱ 州の具体的規律 *(78)*

第2款 記念物保存法領域の規範体系からの分析 *82*

Ⅰ 州による規律の概要 *(82)* Ⅱ 具体例——バイエルン州 *(91)*

第3款 両法領域の連関の限界 *98*

Ⅰ 都市計画上の記念物保存 *(99)*

Ⅱ 都市計画法上の記念物保存理論の広がり *(102)*

第4款 小 括 *106*

第3節 両法領域の連関と司法 *110*

第1款 法領域と司法管轄——次章の導入 *110*

Ⅰ 連邦行政裁判所による規範の体系的考慮 *(110)*

Ⅱ 判決が示した法領域に基づく司法管轄 *(111)*

Ⅲ 州行政裁判所の対応 *(113)*

第2款 権限配分に基づく利害衡量の理論 *115*

Ⅰ 計画衡量における記念物保存利害の評価 *(116)*

Ⅱ 衡量理論の司法上の展開と記念物保存 *(118)*

第3款 小 括 *129*

第4節 小 括 *130*

第3章 司法管轄と法領域間関係 *132*

第1節 はじめに *132*

Ⅰ 第三者の原告適格の認否に係る日独の状況 *(132)* Ⅱ 本章の構成 *(134)*

第2節 連邦行政裁判所判決——BVerwG, Urt. v. 21. 4. 2009, 4 C 3/08 *134*

第1款 判例分析の準備作業 *134*

Ⅰ ドイツ行政訴訟における原告適格論 *(134)*

Ⅱ 関係する法規範の確認 *(140)*

第2款 記念物保存分野の原告適格論の転換点 *145*

Ⅰ 裁判例の紹介 *(145)* Ⅱ 本裁判例の分析 *(150)*

第3款 小 括 *155*

第3節 学説と州裁判所の反応 *156*

第1款 学説の動向 *156*

Ⅰ 基本法と州法の厳格な区別 *(156)*

Ⅱ 規範体系全体による保護の肯定 *(158)* Ⅲ 若干の指摘 *(159)*

第2款 州裁判所の判決 *159*

Ⅰ 州記念物保存法の再解釈の試み *(160)*

Ⅱ　州記念物保存法に基づく配慮要請 *(164)*

　第3款　小　　括　*170*

　第4節　小　　括　*171*

第4章　法領域間での利害調整過程の分析
──環境保護と記念物保存　*174*

　第1節　はじめに　*174*

　　　Ⅰ　問題意識、研究課題 *(174)*　Ⅱ　本章の構成 *(175)*

　第2節　裁判所による利害調整手法　*176*

　　第1款　前提の確認と問題状況の整理　*176*

　　　Ⅰ　環境法領域と記念物保存法領域の規範体系 *(176)*
　　　Ⅱ　問題状況の整理 *(179)*　Ⅲ　裁判における評価の不安定性 *(180)*
　　　Ⅳ　考　　察 *(184)*

　　第2款　建設法典を介した総合的な利害衡量の試み　*186*

　　　Ⅰ　問題状況の整理 *(186)*　Ⅱ　初期の司法判断事例──二面関係訴訟 *(187)*
　　　Ⅲ　第三者訴訟への展開 *(191)*　Ⅳ　考　　察 *(195)*

　　第3款　小　　括　*197*

　第3節　立法による利害調整の試み　*199*

　　第1款　州記念物保存法による気候変動防止の試み　*199*

　　　Ⅰ　議論の背景 *(199)*　Ⅱ　州記念物保存法改正の議論 *(200)*
　　　Ⅲ　若干の考察 *(207)*

　　第2款　改正 EEG による気候変動防止利害の優先指針と記念物保存　*209*

　　　Ⅰ　EEG に基づく記念物保存との利害調整の可能性 *(210)*
　　　Ⅱ　EEG 2 条に基づく司法上の利害調整
　　　　──OVG Mecklenburg-Vorpommern, Urt. v. 7. 2. 2023, 5 K 171/22 *(213)*

　　第3款　小　　括　*227*

　第4節　小　　括　*230*

終　章　ドイツ法領域間関係論と日本行政法　*233*

　　　Ⅰ　本書の成果──ドイツ法領域間関係の発見 *(233)*
　　　Ⅱ　日本法への示唆と個別行政法の整理分析手法確立の試み *(241)*

事項索引　*254*

判例索引　*256*

初 出 一 覧

第 1 章　ドイツにおける法領域論の展開
　　初出：「記念物保存法と都市計画法の歴史的展開—交錯する法領域間関係
　　　　　の形成過程に関する一考察」行政法研究 36 号（2020 年）79〜117 頁

第 2 章　記念物保存と都市計画の法領域間関係
　　初出：「都市計画法と記念物保存法（一）〜（三・完）—ドイツ行政法におけ
　　　　　る法領域の相互関係に関する一考察」自治研究 95 巻 7 号（2019 年）
　　　　　110〜130 頁、同巻 8 号（2019 年）97〜121 頁、同巻 9 号（2019 年）
　　　　　105〜127 頁

第 3 章　司法管轄と法領域間関係
　　初出：「原告適格論とドイツ連邦制（一）（二・完）—ドイツ記念物保存法に
　　　　　係る裁判例の分析［連邦行政裁判所 2009.4.21 判決］」自治研究 93 巻
　　　　　10 号（2017 年）102〜125 頁、同巻 12 号（2017 年）108〜123 頁

第 4 章第 2 節第 1 款　前提の確認と問題状況の整理
　　　　　　　　第 2 款　建設法典を介した総合的な利益衡量の試み
　　初出：「ドイツ法領域分析にかかる裁判例研究」一橋法学 18 巻 2 号（2019
　　　　　年）193〜215 頁

第 4 章第 3 節第 1 款　州記念物保存法による気候変動防止の試み
　　初出：「建築物が持つ歴史的・文化的価値と気候変動防止利益との調整につ
　　　　　いて—ドイツにおける州記念物保存法改正過程の検証」都市問題
　　　　　112 巻 12 号（2021 年）88〜97 頁

序章　わが国における議論の状況と本書の目的

　本書は行政法の体系的整理に関する議論のさらなる発展に向けて、個別行政法分野間の関係性に基づく整理分析手法の検討および提案を行うものである。本書の検討素材はドイツ行政法における法領域間関係論（序章Ⅱ3(1)）である。具体的な検討に入る前に、日本の議論の到達点、そして本書の議論が日本の行政法理論にいかに貢献するかについて説明を行った後、本書の構成について紹介する。

Ⅰ　わが国における議論の状況

　わが国において行政法の体系的整理に係る研究は、総論と各論の分類に始まり、その後総論への偏重を経て、個別行政法分野の分離独立といった現象につながったと見ることができる。以下では、本書に必要な限りでこの行政法の展開を、個別法の流れを中心に確認する。

1　伝統的な行政法各論

　1900年代前半から1960年代頃までの行政法各論は、行政作用法を論ずるにあたり、各作用を分類し説明するための手法であったように思われる。筆者の理解の限りで整理すると、ある一定の範囲の行政活動を規律する法規を集めて、それら法規の目的と、目的を遂行するための手法との間に一定の傾向が存在することを基底として、実際そのような傾向の存在するものを抽出して論じようとするものであった。

　代表的な見解として美濃部達吉教授、そして田中二郎教授のものが挙げられる。まず美濃部教授においては、行政法各論とは「行政の各種の部門に特別な法則を」論ずるものであり、これをいかに体系付けるかという問題は、「これを規定して居る法令が極めて複雑多岐であつて、……個々の事項に關し殆ど無數ともいふべき單行法令に依つて定められて居るのであるから」困難であるとされたうえで、行政作用の面における各法の分類を試みられており、行政法各論は行政作用法の問題として論じられている[1]。

美濃部教授によれば、各行政作用は、行政が達成しようとしている目的、あるいは目的達成のために行政が用いる手段（またはその両方）の性質から内政・外政・財政・軍政の四項目に分類され、それら分類と根拠法の異同によって行政作用の性質が決定される。さらに内政は目的と手段の組み合わせによって①警察②保護および統制③公企業および公物④公用負担に分けられている[2]。

田中二郎教授によっても、行政法各論は行政作用法の議論の枠のなかで登場する。そして、各作用の目的と各作用の性質（性質は手段と、行政事務の根拠となる権力に分けられる）に照らして、共通の解釈原理が通底しているものを分類し整理することで、作用法は①警察法、②規制法、③給付行政法（公企業法）、④公用負担法、⑤財政法に分けられるとされた[3]。

両教授の見解においては、最終的な分類の仕方は異なるものの、各行政法規を行政作用の観点から分類することが可能と考えられていること、そして、行政作用の目的と目的達成手段の間にある特性に着目していることとの二点において共通しており、ここに伝統的な行政法各論の特徴を見ることができる。

2　個別行政法研究への転換

1960 年代後半以降、行政法総論において当時の行政行為中心の考え方が変化を余儀なくされたことと並行して、伝統的な行政法各論もまた、時代に即していないとの批判にさらされることとなった。

1　美濃部達吉『日本行政法 下巻』（有斐閣、1940 年）3 頁以下。

2　なお、美濃部教授は『選擧法詳説』（有斐閣、1948 年）、『日本鑛業法原理』（日本評論社、1941 年）といった個別分野の解説も行っている。これらは、特定の行政任務や特定の制度に関する法律群を解説しているという点では、後述する個別行政法研究に近いもののように思われるが、教授においてこれらの議論が行政法各論に当たるとは明言されていない。前者は憲法の一部として扱われており（ただし内容としては選挙制度の法的解説のみならず、選挙権および被選挙権の性質から選挙に係る刑罰の解説まで含まれているため憲法の解説の枠は超えている）、そして後者（これは形式的法律として鉱業法と砂鉱法を含む）については、元々美濃部・前掲注 1）において行政法各論のうち「保護及び統制の法」の部分にて解説されていた部分も含め「公法と私法との雙方に跨つた」（『日本鑛業法原理』1 頁以下）鉱業法の特殊な性質全般について解説するものである。特に後者は、まさに現在の環境法や租税法のような行政法の一部としての性質を有しつつ、独立した体系を有するものとして別個に検討されている状況に類似しているように思われる。

3　田中二郎『新版行政法 下巻［全訂第二版］』（弘文堂、1983 年）14 頁以下。

周知の通り、伝統的な行政法総論は公法私法二元論、行為形式による行政活動の分類、行政行為を中心とした行政法の理解を特徴としていた。多岐にわたる行政法規を、分野を越えて整理するために有効な方法として、各行政活動の行為形式による分類方法が用いられ、特に、私法とは異なる特徴を多く有する行政行為という行為形式を括り出し、立法、行政行為、そして強制行為という三段階で行政活動を把握することが行われたのである[4]。

　ところが行政の活動が多様化し、公法と私法との境界が不明瞭な活動や、行政行為の三段階構造に当てはまらない活動が増加したことを受けて、従来の行政法総論の理論枠組みが通用しなくなっているとの指摘が有力になっていった。

　その後行政法総論は、行政行為中心の考え方から脱却し、行政行為以外の様々な行政活動も同等の行為形式として把握し、かつ、それら多様な行為形式の組み合わせによってある政策目的が達成されているという、行政事務の実態をより正確に捉えようとする行政過程論[5]へと展開した。現在においても、多くの行政法学者によって、行政過程のなかで行為形式により行政活動を区分し分析するこの総論体系が用いられている[6]。

　一方、行政法各論について 1960 年代後半以降の動きを見ると、多様な行政活動が登場したことにより、行政作用における目的と手段の連関の傾向が以前ほど見られなくなったため、個別行政法規を一定の範囲で分類・整理し論ずる方法それ自体への批判的な見方が有力となった。さらに、租税法など一部の行政活動を規律する法律群が、作用法の観点を超え独立した体系でもって整理をされ、固有の理論を基底に分類・分析されるようになった。以上の、伝統的各論の成立可能性の低下、そして、個別行政法研究の活発化という現象によって行政法各論研究は低調となっていった。

　加えてこの頃、各論研究を超え、個別行政法研究を行うための重要な分析

4　藤田宙靖『行政法総論 上［新版］』（青林書院、2020 年）21 頁以下。

5　行政過程論のなかでも代表的なものとして、塩野宏『行政法Ⅰ［第六版補訂版］』（有斐閣、2024年）96 頁以下、同『公法と私法』（有斐閣、1989 年）228 頁以下。

6　なお、行政法総論の議論は、抽象化を避け、行政活動のより具体的なシステムを捉えられるようなものに見直す動きが見られる。その後の総論の展開として、後述するもの以外で、小早川光郎『行政法講義 下Ⅰ』（弘文堂、2001 年）1 頁以下、大橋洋一『都市空間制御の法理論』（有斐閣、2008 年）326 頁以下など。

視座を提供する研究も登場した。

　代表例を挙げると、一つには個別行政法独自の体系的整理と分析を推し進めて総論との新たな関係を構築することを目指す研究、もう一つには総論と個別行政法との分離を指向する研究が展開されてきた。前者は行政領域論、後者は特殊法論が挙げられる。

　行政領域論は、室井力教授により提唱された。教授によれば、行政法学には行政活動の多様化、憲法的価値観の変化といった現代行政法の諸現象を踏まえた視角の変化が必要であるとされる。伝統的視角を変化させ、現代国家に適した統制理論を構築するために、これまで行政法各論として論じられてきた各行政分野の作用法を超えて、組織法、救済法などを含め、行政法の全体として、当該行政領域の特殊性（性質（行政活動を正当付ける概念とその具体的な表出形態）、授権・統制機能の有無）や、行政法一般理論との異同を個々に明らかにする必要がある。教授の論考からは、行政領域の特殊性が法の解釈や訴訟法上の取扱い等から導き出されている一方で、同時に特殊性の理解からもまた、現代国家に適した行政法解釈のあり方や立法の必要性が導かれていることがうかがえる。この新たな法解釈、立法への期待はさらに進んで、行政法一般理論の再構築の可能性への期待へとつながっている[7]。以上の理解をもとに、具体的な行政領域として、教授は警察法、公務員法、公害防止法などを取り上げている。

　一方、兼子仁教授の特殊法論は、現代の行政活動の多様化や新しい人権原理といったものを踏まえ、個別の行政分野が、それぞれ新しい法理論体系を成す可能性のある独自の法体系として柔軟に捉えられるべきであると主張するものである。そのような独自の法理論体系を形成する領域を特殊法と称し、いくつかの特殊法について、重視すべき人権や条理的価値の分析のほか、特殊法論に寄与する一般行政法理論を抽出する研究、あるいは、特殊法論が一般法論にもたらす影響を見極める研究が教授によって行われてきた。究極的には、特殊法の理論体系は、従来の公法・私法の区別を超えて展開されるものであり、特殊法論の確立は行政法に対して、行政法一般理論として論ずべき法論理の範囲を確定する効果をもたらすとされる[8]。このような発想を前

7　室井力『現代行政法の原理』（勁草書房、1973 年）12 頁以下。
8　兼子仁『行政法と特殊法の理論』（有斐閣、1989 年）289 頁以下。

提として、兼子教授においては特殊法として、具体的に、情報法、教育法などを挙げている。

伝統的な行政作用法における各論研究を超えて、特定の活動、政策に基づいて広く法規を整理・分類して論ずるこれらの研究手法は、主流こそ後述3(3)に挙げる個別行政法研究となっているものの、現在に至るまで度々学界の注目を集めている。

3 行政法の体系研究の現況

もっとも、行政法各論の研究は低調になったものの、全く見られないわけではなかったし、行政法各論の分類が困難になったからといって、その意義および必要性が減ぜられたわけでもなかった。行政法総論とは、個別分野の法の間に共通した原理が存在することを前提に、それら原理を抽出したものとされるため、総論の深い理解のためには、個別分野の法を特定の観点で整理し分析した各論研究は必要不可欠である。

すなわち、各論研究には、①個別の法分野の固有事情の研究により特定の分野に存在する固有の論理や他分野にない特徴、そして当該法分野における特有の問題の発見などを行い、さらに得られた知見を総論の理解、改善の助けとする機能、②特定の観点でもって数多く存在する個別行政法を（できる限り）網羅的に分類・整理し、特徴を紹介することによって行政法の全体を見やすくする機能とが認められる[9]。

各論の機能のうち、行政法総論の理論を個別的事情の下で確認し、そして、個別的事情で行政法総論を補完することで、総論の形成を助ける行政法各論の役割は、(1)新たな行政法総論の提案、そして(2)各論の再構築および(3)個別行政法研究に委ねられていくこととなる。

(1) 個別行政法を取り入れた行政法総論研究

個別行政法の固有事情を踏まえた総論の研究としては、阿部泰隆教授の法システム論が挙げられる。阿部教授は各行政法分野の研究を下地にして総論を構築することにより、日本行政法の実態を多分に踏まえた総論の構築が可

---

9 個別行政法研究の重要性について、曽和俊文＝亘理格＝北村喜宣「鼎談『重要判例とともに読み解く個別行政法』を語る」書斎の窓628号（2013年）2頁以下。

能となるとして、「従来の総論と各論の体系の垣根を取り払っ[10]」て行政法総論に各論の議論を積極的に取り入れることを試みた。そのようにして構築した総論体系に対して、取り入れられた各行政法分野の有する固有の法論理はそれぞれの個別行政法研究で行う必要があるとしつつ、残された部分について別途各論体系が成立することについては否定的である[11]。かくして、法システム論においては行政法総論に代替する法システムの体系と、個別行政法研究が並立することとなる[12]。

(2) 行政法各論の再構築

　行政法各論体系再構築の試みについては特に1970～1980年代頃に多く行われた。特徴の一つとして、社会での行政法の機能の実態に着目した整理が見受けられる。例えば、遠藤博也教授によれば、行政法各論を議論することは、行政法総論が変化しつつある現代においてこそ重要であるとされる。教授は、行政とは社会管理機能が制度化したものであると定義し、現代社会における特徴的な社会管理機能の整理および分析と、社会管理機能の担い手に係る行政組織法の検討も含めて社会管理機能のあり方を論ずることによって、行政法各論の体系を構築することを試みた[13]。社会管理機能に基づく行政法各論の主要な分類として具体的に、生活行政法（この機能を有する行政分野として警察法、公企業法、経済行政法、社会保障法が挙げられる）、生活環境行政法（この機能を有する行政分野として公共施設法、都市計画法、開発行政法、環境保全法が挙げられる）が紹介されている。

　この各論体系の特徴的な点は、ある各論分野で取り上げられた法律が、別の各論分野での行政過程の一部をも構成する役割を担っていると考えられ、複数の各論分野において複数回取り上げられていることである。従来の各論研究のように（比較的）明確に個別行政法規を分類できなくなった事情を踏

10　阿部泰隆『行政の法システム（上）（下）［新版］』（有斐閣、1997年）はしがき。

11　阿部・前掲注10）53頁以下。

12　最近の教授の研究を追うと、個別行政法研究に関しての成果が注目される。例えば『租税法への提言・挑戦』（信山社、2023年）においては、同様の問題に対する租税法の解釈と行政法総論の一般的解釈との比較に基づき、行政法総論の見直しを図ることや租税法に改善を求めることを試みている。

13　遠藤博也『行政法Ⅱ（各論）』（青林書院新社、1977年）7頁以下。

まえつつ、それでもなお、現代社会における行政実務の態様を、より詳細に法律分析に落とし込みながら各論としての整理枠組みを構築しようとする意図が現れているように思われる[14]。また、教授の行政法各論は、行政作用法のみならず行政組織法の議論も含めて、各論体系を構築しようとしている点で、先述の行政領域論や特殊法論と方向を同じくする。

　このほかにも、従来の行政法各論の分類法に加えて、現行憲法に基づいて国民が有している行政に対する要求のうち、いかなる要求を実現する機能を持つかという観点から行政作用法を分類する試みがなされている（警察および防衛の法、公共施設と生活環境の整備の法、社会保障法、経済活動の法、財政法）[15]。

　また同年代においては、伝統的行政法各論に引き続き各法分野の共通する性質の存在に着目した行政法各論の整理の試みも、一定の需要があることを理由として、現代社会に適合する形で修正しつつ行われた[16]。

　加えて近年では、特定の政策目的に基づく行政事務分野の存在を前提とせず、民法の整理枠組みを参考に、各行政作用がいかなる法的効果を有するのかという見地から個別行政法上に存在する各行政作用を整理し直すことで「新たな行政法各論のあり方を模索する」、仲野武志教授の研究[17]が存在する[18]。

(3)　個別行政法研究の発展

　現代において個別行政法の研究は数多く存在するが、そのなかでも総論と個別行政法分野との関係を分析するための枠組みを提供するものとして参照領域論が挙げられる。これは、行政法総論と個別行政法とが相互に参照し合

14　そのほか、総論の詳細な理解のために個別行政法律に定められた事例の研究が重要であるとする教授の見解について、遠藤博也『行政法学の方法と対象』（信山社、2011年）60頁以下。

15　杉村敏正編『行政法概説 各論［第3版］』（有斐閣、1988年）i頁以下。

16　例えば、成田頼明＝南博方＝園部逸夫編『行政法講義 下巻』（青林書院、1970年）においては、行政作用は秩序維持行政、経済干渉行政、生活空間形成行政、給付行政、財産管理行政に分けられる（5頁以下）。また、小高剛『行政法各論』（有斐閣、1984年）は「現状においても、個別的行政に共通する法の存在に着目して類型化することが可能であるならば、行政法各論として体系化する意義は十分に認められる」とする（1頁以下）。小高教授は、遠藤教授の各論に示唆を受けつつ、作用法各論を生活秩序行政法、開発行政法、環境保全行政法、公用負担法、公共施設法に分けている。

17　仲野武志『国家作用の本質と体系 I―総則・物権編』（有斐閣、2014年）5頁以下。

う関係にあることを強調する考え方で、双方の参照によって、個別行政法の特徴が、行政法総論を介して（フォーラムとしての総論）、類似の他領域の参考になることや総論に影響をもたらすことなどが期待される。

参照領域論は、ドイツの行政法学者 Eberhard Schmidt-Aßmann が提唱した[19]ドイツ行政法総論および各論に関する思考枠組み[20]を、日本の行政法に取り入れようとするものである。もっともわが国の行政法研究には、類似した発想をうかがわせるものがかねてより存在していたように思われる[21]。そのことを踏まえると、参照領域論がわが国に伝えられたことの意義とは、①それまで個々の個別行政法の研究成果のなかに隠れていた行政法総論と個別行政法の結び付きが、参照領域という指標の下で統合され認識されやすくなったこと、さらに②参照領域論という名の下で、個別行政法の研究者が総論を意識した研究を行いやすくなったことであると考えられる。

参照領域論の包括的な研究は原田大樹教授によってなされている。教授は、先述の阿部教授による法システム論を参考に、行政組織に係る議論含む「分野を問わず法制度の法的評価に利用可能な要素」を行政法総論に委ね、残存する個別の法制度の議論を参照領域として取り扱うとしている[22]。

そして教授は、以前から個別行政法として研究が盛んな四領域（租税法、社会保障法、環境法、都市法）について、これらを参照領域、すなわち行政法総

18　仲野教授は近年、民法の整理枠組みに基づく各論体系の再構築に加え、具体的事例の分析から特定の行為形式の有する特徴を明らかにする等の、総論の議論のさらなる充実に資する研究や、個別行政法分野の研究を公にしている。前者は、「行政上の計画論（1）～（4・完）」自治研究 95 巻 1 号（2019 年）74 頁以下～95 巻 4 号（2019 年）72 頁以下、「行政上の公表論」大橋洋一＝仲野武志編『法執行システムと行政訴訟』（弘文堂、2020 年）89 頁以下、「続・行政上の公表論」法学論叢 186 巻 5＝6 号（2020 年）27 頁以下、「行政上の公表の立法例（1）～（7・完）」自治研究 96 巻 8 号（2020 年）57 頁以下～97 巻 2 号（2021 年）68 頁以下、「国に対する法令の適用（1）～（14・完）」自治研究 97 巻 4 号（2021 年）71 頁以下～99 巻 10 号（2023 年）84 頁以下参照。後者は『防衛法』（有斐閣、2023 年）参照。

19　Eberhard Schmidt-Aßmann, Das allgemeine Verwaltungsrecht als Ordnungsidee, 2. Aufl. 2004, S. 8.

20　参照領域の表現が用いられたものとして、Ehlers/Fehling, Besonderes Verwaltungsrecht, Bd. 2, 4. völlig neu bearbeitete und erweiterte Auflage, 2020.

21　髙木光「警察行政法論の可能性」警察政策 2 巻 1 号（2000 年）17 頁以下、斎藤誠「金融行政システムの法的考察—日独の比較を中心に、行政法各論の位置から」金融研究所ディスカッション・ペーパー・シリーズ No. 2002-J-31。

22　原田大樹『行政学と主要参照領域』（東京大学出版会、2015 年）5 頁以下。残存する個別の法制度については、やはり行政作用法を中心に据えているように思われる。同様の見方として、興津征雄『行政法 I』（新世社、2023 年）13 頁以下。

論との間で相互学習を行うことが有用な領域（もっとも、参照領域論の利点の一つとして挙げられるのは、行政法各論のように個別の行政分野全体を整理する必要はなく論者の目的次第で参照する個別行政法領域を選択できる点にあるため、これはあくまで例示にとどまるということを意味すると思われる）として紹介している。そして各参照領域研究において、教授は、行政法総論から見て特異な点を発見・分析する作業と、参照領域特有の観点（それは民法とのつながり、またグローバル化への対応という極めて現代的な観点をも含む）ではあるが総論の議論に取り入れるべきである点を発見・分析する作業を行うことで、今後の個別分野の検討を行うための視座の構築を試みている[23]。

　この参照領域論の研究は、日本においても個別行政法研究と行政法総論をつなぐものとして現在に至るまで非常に多くの研究者から注目されている[24]。

　参照領域論は、それまで多くの研究者が行っていた個別行政法研究を、個別行政分野の詳細な理解に貢献するという点のみならず、行政法総論との相互参照に貢献する点においても重要なものと捉え直す機会を与え、個別行政法研究の一層の発展に貢献した。さらに、個別行政法を含めた行政法の体系を構築し直すことにも寄与しつつあることが近年の研究成果からうかがえる[25]。

23　原田・前掲注22)。原田教授のその後の研究は、個別行政法分野をピックアップして分析する作業へと移行している。情報法学との関係に係る検討について「情報技術の展開と行政法」太田匡彦＝山本隆司編著『行政法の基礎理論―複眼的考察』（日本評論社、2023年）1頁以下、また、消費者法との関係について「消費者行政法の現代化」現代消費者法60号（2023年）117頁以下。

24　一例として、德本広孝『学問・試験と行政法学』（弘文堂、2011年）76頁以下、大橋洋一『行政法Ⅰ 現代行政過程論［第5版］』（有斐閣、2023年）17頁以下、中川丈久「消費者―消費者法は行政法理論の参照領域たりうるか」公法研究75巻（2013年）188頁以下、横田光平「即時強制・仮の行政処分・事実行為の実施―参照領域としての子ども法」小早川光郎先生古稀記念『現代行政法の構造と展開』（有斐閣、2016年）729頁以下、米田雅宏『「警察権の限界」論の再定位』（有斐閣、2019年）19頁以下、友岡史仁『経済行政法の実践的研究』（信山社、2022年）5頁以下。

25　行政法総論のなかでも救済法の理論について、様々な個別行政法を取り上げることで示唆を得ることを試みた研究（「【特集Ⅱ】訴訟類型の多様化と個別行政法」行政法研究49号（2023年）195頁以下）があるほか、参照領域論によって行政課題を認識し、行政課題の解決と憲法原理を実現・調整する要請とを調和させることによって、現代における行政法学全体の体系を構築することが有用であるとする見解について山本隆司「現代における行政法学の体系」岡田正則ほか編『現代行政法の基礎理論』（日本評論社、2016年）31頁以下。

10　序章　わが国における議論の状況と本書の目的

II　本書の目的

1　個別行政法研究の発展のなかで見落とされるもの

　以上から、行政法の体系的整理に係る研究は、伝統的な総論と各論の区分を脱却し、現在は総論において行政過程に着目した行為形式論、個別行政法において参照領域論が注目されるに至っている。そして、行政作用の目的や実行手段、あるいは社会における機能などで共通項を見出して個別行政法規を整理する方法での各論研究は、少なくとも以前ほど行われなくなった。参照領域論をはじめとする現在の個別行政法研究は、行政法各論が従来有する機能のうち、個別行政法固有の事情の分析および総論への貢献に係る機能をかつての行政法各論研究以来継受している。

　その一方で、個別行政法を整理し全体を把握しやすくする機能については、先に紹介したような行政法研究の歴史的展開のなかであまり目を向けてこられなかったように思われる。個別行政法の著しい増加に伴う行政法全体の把握の難化は、網羅的な各論の構築が不可能といわれる理由であり、その機能を今なお維持することの困難性は十分理解できる。

　しかしながら、筆者は、網羅的でなくとも個別行政法をある程度まとめて整理し、把握することに意味があると考えている。行政法を通覧しやすくすることは、研究者が特定の興味関心で行政法の研究を行うことにも、また、行政法を学ぼうとする人たちが、あまりにも深淵な行政法にその歩みを止めてしまわないようにすることにも、役立つものと考える。

　この意義は、先に紹介した数々の研究が、特定の法分野をアドホックにピックアップして分析する作業に重点が移ってきている傾向を踏まえれば[26]、ますます重要性を増しているように思われる。既に特定の個別行政法について優れた業績が数多く誕生し、特徴の把握等が進んでいる現状で求められるのは、それら分析の進んだ複数の個別行政法を行政法全体のなかでより把握しやすくする目的に基づき行政法の体系を構築することなのではないか[27]。

　また、上記問題意識との関連で、もう一点、これまでの行政法学においてそれほど注目されてこなかったこととして、複数法分野間の利害調整という現代行政法に特徴的な現象が挙げられる。多様な行政活動が増えたことの表

26　最近の関連する研究について前掲注 12）、18）、22）、23）参照。

出の態様として、例えば景観・眺望の維持管理に見られるように、都市計画のみならず文化法、環境法の視点からも論ずることのできる行政事務が増大したこと、そして、景観法や歴史まちづくり法のような複数の個別行政法分野に関連する法律が誕生した。しかしながら、これまでの行政法学において、これら現象は、ある特定の個別法分野からの分析を中心に据え論じられたことがあっても、複数の個別法分野の利害調整や、役割分担という観点から捉えられ論じられてきたことはそれほど多くなかったのではないか。

　複数の個別法分野にまたがった複雑な利害調整・事務体制が要求される行政事務が登場しているという現象を正面から捉え議論することは、必然的に特定の個別行政法分野のみを追究する行政法研究の手法から脱却することを要し、個別行政法分野間のつながりを踏まえたより広い視野で行政法を検討することを指向することに結び付く可能性を有しているものと思われる。

2　本書の研究と既往研究との違い

　そこで本書においては、これまで数多く行われ、そして今なお連綿と続けられている個別行政法研究に着目しつつ、個別行政法を整理するグルーピング手法を論ずることを試みる。もう少し敷衍すると、本書の研究の目標は、①従来の個別行政法研究よりも広い視野で個別行政法を捉えることで、特に研究の盛んな一部の法分野にとどまらない行政法研究を行えるようにすること、そしてさらに進んで、②特定の個別行政法を関連の法分野と結び付けてグルーピングし体系化することにより、法の体系化が有する法解釈機能、問題発見機能を活用することにある。②の機能については、特に行政法の体系的整理を行う利点として、例えば個々の行政法規の性格を理解しやすくすること、同様の体系的位置付けを与えられた行政法規の解釈について統一的取扱いの必要性を意識させ、法規の問題点を認識させたりすることなど個別の行政法規の分析のみでは得難い視点の獲得ということが既往研究で挙げられている[28]。

27　この意味において、亘理格ほか『重要判例とともに読み解く個別行政法』（有斐閣、2013年）は注目に値する。しかしながら、このような活動が現在に至るまで活発に行われているわけではないのは明らかである。

28　野呂充「行政法の規範体系」磯部力＝小早川光郎＝芝池義一編『行政法の新構想Ⅰ―行政法の基礎理論』（有斐閣、2011年）41頁以下（43頁）。

②の体系化による法解釈機能および問題発見機能は、現在の個別行政法研究と行政法総論との間においても重要視されている機能であるが、本書の研究は個別行政法分野同士の関係性をもとに体系化を試みるのであり、従来の研究とは異なる視点での機能獲得を目指している。

この点含め、以下ではこれまでの研究と本書の研究との相違点について整理する。

⑴　伝統的な行政法各論は、論者によって分類法が異なることに起因して、ある特定の法分野の位置付けが論者によって異なるうえ、場合によっては特定の行政任務や保護法益の下に法分野が統一的に捉えられず、個別行政法分野の特殊性に注意が払われていないという限界が発生していた。

例えば、本書で取り上げる文化財保護の法分野について、美濃部教授の行政法各論では、「學術・美術・藝術・宗教等國民の精神的財貨を意味する[29]」文化の健全性の維持および進歩闊達を図るための諸行政任務（文化財保護のみならず学校教育等の法も含む）が、Ａ国家事業として国家自ら活動する任務と、Ｂ国家が私人に対し法的保護あるいは統制を行う任務とに分けられている。加えて、これら任務のうち、現在でいうところの文化財保護任務に関わる諸任務は各論において二分される——すなわち、図書館や博物館、その他文化の研究および史料の保存に係る施設の設置および管理が、一般の私企業に近い方法で公的任務を遂行する公企業法、つまりＡに分類され[30]、そして私物の博物館への拠出・陳列、史跡名勝天然記念物、国宝、重要美術品の保存が、権力的手段でもって人々に経済上の負担を課す公用負担法の一種たる公物制限法、つまりＢのなかで取り上げられている——のである[31]。一見、現在の文化財保護に係る法が概ね同カテゴリに分類されているように見えるものの、教授の説明の内実を見ると明らかに「文化」という法分野そのものの特徴にはそれほど関心を払われていないことがわかる。

一方、田中教授の行政法各論において、文化財保護法は教育文化事業法という枠組みの一要素に分類されている[32]。そしてこの教育文化事業法は給付

29　美濃部・前掲注1）524頁以下。
30　美濃部・前掲注1）547頁以下。
31　美濃部・前掲注1）897頁以下。
32　田中・前掲注3）149頁以下。

行政法である公企業法に分類されるのである。公企業法は教授によると、公的主体が公共の福祉の実現のために自ら活動することを特徴とする法である。かつ、田中教授の行政法各論の区分法には、公企業法とは別に公益事業のために経済的負担を課す公用負担法が存在するのである。以上からすると、前に述べた美濃部教授の分類との違いは明らかである。

そのほか、個別行政法分野としての特徴に基づく分類という本書の問題意識に関連して田中教授の各論を見てみると、文化財保護法は学校教育に係る法や教員の待遇に係る法、そして社会教育施設整備に係る法とともにまとめて非常に広くカテゴライズされている一方で、例えば都市計画分野に係る法として、都市計画法や住宅建設制度、面的整備制度などは公企業法(給付行政法)に分類され、都市計画区域における行動制限や義務の部分や土地改良事業などは公用負担法に、建築基準法は規制法、建設業法や建築士法の業法が警察法に分類され、現在では都市計画分野に係る法の区分に入るであろう法律たちが別々に配置される点で、やはり美濃部教授の各論同様に、特定の行政任務や保護法益に基づく個別行政法の特殊性にあまり関心が向けられていないことがうかがえる。

(2) 続いて、行為形式論の台頭に伴って登場した1970年代以降の行政法各論見直しに係る議論は、その誕生の歴史的経緯から必然的に、大きく変化した(しようとしていた)行政法総論に対して、行政法各論あるいは個別行政法をどのように位置付けるかという問題の解決に注力していたがために、そのような問題を解決するべく法分野が総論に対する特別な役割、機能を有するか否かという基準により選定されてしまうという限界があった。そして、総論と比較して特徴を見出され実際に議論された個別行政法分野は、当時形成されたばかりの情報法といった一部の分野を除いては、警察法、地方自治法、公務員法など研究の蓄積のある分野が選ばれ、これらを引き続き分析するということを行う傾向にあった。

(3) (2)の問題意識および限界は、現在の参照領域論においても妥当する。参照領域論は、その枠組みが提示されて以降、各論者がアドホックに行政法総論にとって有益と考える法分野を取り上げ、その詳細を追究する方向へと展開している。このような傾向にあって、わが国の行政法は、その全体像を明らかにするというよりはむしろ、行政法総論という大きなテーマの周りに

存在する、比較的注目を集めやすい分野から、わかりやすい特徴、要素を切り出す作業に重きを置く方向性へと展開している。それはさながら、大きな恒星を中心としてその周囲に存在する主要な惑星のみを観察するかのごとき作業であり、実際にその惑星自体の置かれている環境——ほかの惑星、さらには周辺の衛星との関係も含めた環境——にはあまり目を向けられないといえる。それでは研究者の目に留まらないまま埋もれる法分野が発生することが危惧されるのである。要するに、参照領域論に代表される行政法総論との関係性を重視した方法論は、行政法という広大な空間を見やすくするための整理作業にとって必ずしも最適解とはならないのである。

　(4)　以上、法の体系化が有する機能を発揮させつつ、多様な個別行政法を幅広く捉える方法論を検討するには、従来の行政法各論や個別行政法の方法論と視点を異にせざるをえないことについて述べた。

　さらに、既往研究との違いという点でもう一点本書の研究の特徴を述べることができる。それは、次節の内容にも関わるが、本書が行うドイツ行政法の研究が、従来の日本のドイツ行政法研究においてあまり注目をされてきていなかった部分に光を当てたものとなっているのではないかということである。

　本書の各所においては、ドイツの個別行政法研究に係る学説などの分析を行っているが、その目的は単に個別行政法の特徴をドイツがいかに認識しているかを分析から導くのみならず、そこからさらにドイツ連邦制を重視した日独比較研究の視座を導くことにもある。

　ドイツ行政法の研究は、わが国においてこれまで盛んに行われてきており、かつドイツ行政法各論の研究は日本の個別行政法研究の問題意識との関係において行われてきたことも周知の通りである。先に紹介した各論および個別行政法研究の主要な成果の一つである、参照領域論はまさにドイツ行政法学説から示唆を得ている。

　このうち日本の研究者によって行われた従来のドイツ行政法研究は、管見の限りではあるが、連邦制を意識して連邦法と州法とを双方に見つつ行われた分析は十分に展開されてこなかったように思われる。ドイツ行政法全体の傾向を見るためには連邦法の規律を分析することがまず重要であり、そしてドイツ法と日本法との比較分析を行うという目的の限りでも、連邦法の分析

に基づいて日本の法との比較分析作業を行うことが重要であることは確かであろう。また、州ごとの違いを逐一把握しながら分析作業を行うことの負担も少なくない。もちろん、事例紹介として比較的有名な法を有する特定の州、特定のゲマインデを取り上げた、非常に丁寧な分析は数多く行われているし、これらの貴重な研究が多くの重要な成果をもたらし、日本の行政法に今なお緻密で示唆に富む知見をもたらしていることは詳細に説明するまでもない。

　しかしながら、以上の研究傾向からは、州が管轄している法律、法制度と連邦法との接続地点には注目が集まらず、結果として連邦制という特徴を踏まえ、各州の立法者がいかにして制度設計を行っているか、という視点が霞んでしまう恐れがあるのではないか。連邦制を踏まえた連邦法と州法双方に目を向けた研究は、①具体的な規制の状況を把握することが可能にする。例えば、建設法典の下、実際に詳細な規制を定めているのは州建設規制法であるように、実際の規制、手続過程を把握するには建設法典に基づいた州法という構図の理解は欠かせない。ドイツ行政法の丁寧な理解のためには、連邦制を踏まえて連邦と州の間で視点を行き来させることが必要となると思われる。また、②そもそも連邦法で規律されていないために、わが国の行政法における比較研究の過程で見過ごされてきた法分野に光を当てうる。

　そして、ドイツと日本の議論では、参照領域論が基礎としている事項について違いが存在する。先に述べたように、わが国における参照領域論は、Schmidt-Aßmann が行政法総論と各論との関係について述べた注目すべき議論を基礎としており、日本において本議論が個別行政法の研究を活気づける契機となったことは確かである。しかしながら、参照領域論が提唱される以前から、そもそもドイツには伝統的に個別行政法分野の特殊性を踏まえた固有の法分野のグルーピング手法が存在し、それを前提に各論研究がなされてきたことを看過できないというのが筆者の考えである。むしろ、このドイツに固有の手法を解明することで、個別行政法の特殊性を尊重し、かつより広い視野で行政法を見渡すことができるのではないかと考えている。

　⑸　なお、本書で検討する個別行政法は、行政作用法の議論のみならず行政組織法の議論も含めることとする。伝統的に行政法各論は行政作用法の範囲で論ぜられ、そして現在においても、法システム論や参照領域論が個別行政法に残された議論について行政作用法を念頭に置いて議論していると思わ

れるところ、本書では、取り上げるドイツ行政法の議論との関係もあるが、行政作用に限らず組織体制のあり方にも個別行政法分野の特殊性があるものと考えるためである。この点は終章で、行政組織の仕組みに対する示唆として成果を示したい。

3 研究手法および本研究の意義

(1) 研究課題

改めて本書で行う研究は、既往研究においてあまり注目されてこなかった点を意識し、①従来の個別行政法研究よりも広い視野で個別行政法を捉えることで、特に研究の盛んな一部の法分野にとどまらない行政法研究を行えるようにすること、そしてさらに進んで、②特定の個別行政法を関連の法分野と結び付けてグルーピングし体系化することにより、法の体系化が有する法解釈機能、問題発見機能を活用することを目標としたものである（序章Ⅱ2）。

そして上記目標を達成するために、本書の研究に課した課題は大きく次の二点である。すなわち、一点目に、行政法全体を見やすく整理するという行政法各論の機能に着目しつつ、個別行政法分野間の関係性まで踏まえた個別行政法研究を行うための枠組みを設定すること、そして二点目に、一点目の課題を解決するためにドイツ行政法の伝統的な個別行政法の整理手法から知見を得ること、である。以下、これら課題を解決するために、本書で行う研究の具体的な方法および本書の研究の意義について敷衍する。

まず、一点目の課題について、本書は複数の個別行政法分野同士の関係性、そして個別行政法分野間の利害調整に着目した個別行政法研究を展開することを試みる。Ⅱ1で既に述べたことと重複するが、これまでアドホックに取り上げられる個別行政法ごとに細分化されていた、あるいは行政法総論を介するフェーズを踏まえないとほかとつながることのできなかった個別行政法研究を、筆者は、ある特定の行政事務が多様な行政分野、多様なアクターによって構成されているという観点に着目し的確に捉え直すことによって、個別行政法同士の特徴的な関係性を意識したよりまとまりのある体系に再構成することができないか、と考えている。したがって、本書がよって立つ分析の視座は、従来の議論と比べると、（明快さは劣るかもしれないが）より個別行政法の実態に即した視座になっているようにも思われる[33]。

続いて二点目の課題について、本書では、ドイツ行政法が伝統的に個別行政法分野をいかに取り扱ってきたかに着目し、法領域間関係論というドイツ行政法における固有の体系的整理枠組みを明らかにすることを試みる。

　本書が論ずる法領域間関係論とは、ある個別行政法分野の任務が遂行されるときに他の個別行政法分野の任務と関連を有するという特徴に影響を受けて実体法の仕組みが構築され、また法領域間に固有の法解釈理論が誕生する現象に着目した議論である。法領域という言葉自体は、ドイツにおいてRechtsgebiet, Rechtsbereich といった表現をされるものであり、明確な定義は存在しないものの、管見の限り、個別の法律を指すことが多い Gesetz や、個別行政法律のほか一定の法分野を指す Recht とは異なる視点を持つ言葉と思われる。

　特にわが国との違いが大きく、かつドイツ行政法における法領域の重要な特徴は、連邦制に基づく権限配分の観点を含んだ特殊な法体系ということがいえる。したがって法領域間関係論は、保護法益や目的が異なる分野間の横の関係の議論と、連邦と州との間の権限配分の関係（日本の中央—地方関係とは異なるため表現が適切かは迷うところであるが、あえていうなら縦の関係とできようか）の議論との交錯を意味する。本書ではドイツにおいて法領域間の協働や衝突の関係が組織、実体、救済の面において多大に影響を及ぼしていることを示し、さらに法領域間関係において生じた問題への対応の動態を追う。そのうえで日本の議論への貢献可能性についても最後に検討を行う。

　なお、法領域という日本語自体はわが国において多義的に用いられていることが明らかであるものの[34]、本書においては、特段断ることがない限り、先

33　なお、本書にも加筆修正のうえ収録した論文に対して、原田教授より「学界が全体として取り組むべき重要な理論的テーマ」と評していただいたことがある（徳本広孝＝野田崇＝原田大樹「≪学界展望≫行政法」公法研究 82 号（2020 年）280 頁以下（299 頁以下））。

34　例えば、六法である憲法・民法・刑法・民事訴訟法・刑事訴訟法・商法という区分は、単純にその名前の法律そのものを指す場合もあれば、「民事に関わる法」、「刑事訴訟に関わる法」といった意味でもって、六つの「法分野」を指す場合も存在する。一方で、民法や刑法といったものが「法領域」と表現され、さらに各法領域のなかに個別のより細かいテーマごとの「分野」が内包されているといった区分の仕方も見られる。また、わが国において「法」と表現する場合、それは一連の法令群を指す場合と、独立した法学の科目を指す場合とが存在するが、これに応じて、例えば「法領域」とは、法令群を取り上げる際の対象領域としての意味もあれば、法学として学問体系が形成されている一領域としての意味も有する。

述のドイツ語の訳語として「法領域」を用いる。

⑵　ドイツ法領域間関係論と日本行政法の接続可能性

　ドイツ固有の法体系のダイナミズムに着目した本書の研究成果は、従来とは異なる視点から行政法を見ることを可能にするのではないかと筆者は考えている。

　ただ、法領域間関係論はドイツ行政法の特殊事情、すなわち連邦制が大きく関わっていることからすると、状況が大きく異なる日本の行政法に有用な知見をもたらしうるのかという疑問が生じうる。この疑問への明解な回答とは言い難いかもしれないが、ここではひとつ、個別行政法分野同士の関係に着目した体系的整理の視点の意義について、有用な論点を提供していると考えられる日本行政法の場面として、原子力法と環境法との関係に係る変化の現象を例に挙げておくこととしたい。既存の優れた分析が数多く存在するため[35]、両法分野の展開の紹介は必要な限りにとどめる。

　すなわち、日本法においては、環境保護という検討対象が公法私法を超えて広がりを持つことの認識から、公害法から出発した環境法は、環境基本法の制定を経て、独立した固有の法体系が誕生したのに対し、原子力法は、環境基本法の制定等で環境法の全体が統合されていく以前より法体系が別に構築されてきた[36]。

　当初原子力法、とりわけ原子炉の規制に関する法は、経済利用の面と研究利用の面、そして安全管理に係る総合調整という大きく三つの側面から規律されてきた。そして環境法との関係は、公害対策基本法 8 条および環境基本法（制定当時）の 13 条に見られるように、環境基本法の規制対象である「公害」の定義に放射性物質による被害が含まれること、環境基本法の基本理念

---

[35]　環境法については参照、大塚直『環境法［第 4 版］』（有斐閣、2020 年）3 頁以下、淡路剛久「環境法の課題と環境法学」淡路剛久教授・阿部泰隆教授還暦記念『環境法学の挑戦』（日本評論社、2002 年）9 頁以下、浅野直人「公害法・環境法の歴史と展望」新美育文＝松村弓彦＝大塚直編『環境法大系』（商事法務、2012 年）3 頁以下など。

[36]　以下、参照、高橋滋「原子力利用と環境リスク」新美＝松村＝大塚編・前掲注 35）635 頁以下、同「原子力に関する機構改革と環境法の役割」環境法政策学会編『原発事故の環境法への影響——その現状と課題』（商事法務、2013 年）3 頁以下、大塚直「放射性物質による汚染と回復」同 15 頁以下、北村喜宣「東日本大震災と廃棄物対策」同 127 頁以下。

等は原子力法にも適用されることを前提にしつつも、ほかの環境リスクとは異なる性質を有するため別途の仕組みを設けるのが妥当であるとの考えから、原子力に係る規制は既に構築されている原子力法体系に委ねられていた。

　しかしながら、この両分野の関係は、東日本大震災に伴う福島第一原発事故を受けて大きく変化した。事故以降の主要な展開として、①それまで原子力施設の安全規制を担う文部科学省と原子力の商用利用規制を担う経済産業省とに担当行政組織が分かれていたところ、これを環境省に属する原子力規制委員会に一元化すること、②「平成二十三年三月十一日に発生した東北地方太平洋沖地震に伴う原子力発電所の事故により放出された放射性物質による環境の汚染への対処に関する特別措置法（以下、「原発事故対処特別措置法」）」の制定、そして③環境基本法 13 条の廃止等既存法律の改正が行われた。

　この一連の展開は、それまでの原子力法に基づく原子炉管理の限界を認識し法的課題を抽出した結果として環境法との関係を修正した動きと考えられる。すなわち、環境法とは異なる独自の法体系での規制を重視していた以前の原子力法では福島第一原発事故の対応が不十分となる問題に対処するため、従来より環境法にいう「公害」のなかに放射性物質被害も含まれていたことや、原子力リスクと環境リスクの共通点などに着目することで、原子力法の規制を積極的に環境法体系のなかに取り入れている。他方において原子力規制に係る個別行政法は引き続き維持されており、この点からは、（そもそも環境法に含まれる各法規が非常に多様であるという特徴を有するものの）原子力法が完全に環境法の論理のみで捉えられるようになったわけではなく、固有の論理を残しつつ、必要な部分での連携を強めたという方がより精確な理解であろう。

　以上の展開はドイツ法領域間関係に引き付ければまさに環境法領域と原子力法領域の間の特徴的な関係性が発現し変質したものと捉えることができる。さらに本書の研究視座でこの動きを追究して、例えば①両法分野の関係の妥当性の評価、②両者の固有の論理、保護法益をより適切に確保するための課題の抽出、それから③両者について統一的に把握する必要性あるいはもっと分離させる必要性について検討を行うことで、原子力法と環境法の発展可能性などについて論ずることができるかもしれない。その意味で、筆者は法領域間関係論を日本行政法研究の参考にすることは意義があると考える。

Ⅲ　本書の構成

　本書では、筆者がドイツ行政法における法領域間関係論の存在を認識する
きっかけとなった、ドイツ記念物保存法領域（日本にいう文化財保護の領域に
比較的近い領域）を中心とした研究を収録している。とりわけ着目したのは、
ドイツ記念物保存法領域とドイツ都市計画法領域との関係、そしてドイツ記
念物保存法領域とドイツ環境法領域のうちの気候変動防止法の側面との関係
である。この二つの関係性に着目した理由——法領域間関係の分析に適した
研究素材であること——について、第1章と第4章の本論に入る前に説明を
行っている。そこでは大要、ドイツ記念物保存法の分野が歴史的に、そして
ドイツ基本法の観点から、連邦が立ち入るべきではないものとして捉えられ
てきたこと、他方において、生活空間と密接に関わる地域文化の保護が目的
であるがために、多様な連邦法との利害調整が欠かせない分野であることを
述べている。なかでも特に、伝統的に最も記念物保存法領域との調整が問題
になってきた都市計画法領域と、現在に至るまで利害調整に係る法制度が進
化し続けている環境法領域が重要と考えられることを述べた。

　第1章においては法領域間関係の歴史的展開の研究として、ドイツ記念物
保存法領域と都市計画法領域との関係の変化の歴史を分析している。個別行
政法の研究において歴史研究が重要であるように、法領域間関係の理解にも
また、歴史研究は重要となる。本章で行っているのは、個別行政法それぞれ
の歴史研究のみならず法領域同士の交接部分に着目して現代に至るまでの展
開も含めた研究である。

　第2章においては、前章で明らかにした背景を有する二つの法領域が現在
どのように関係付けられているのか、ドイツの記念物保存行政がいかにして
都市計画行政と深い関連をもって行われているのか検討を行った。本章の検
討は連邦制に基づく立法、行政、司法の各側面から法領域間関係を分析する
ことを試みるという特徴を有している。

　第3章においては、前章で分析した司法の面における両法領域間の関係に
ついて、裁判例分析を通じてより詳細な議論を行った。ドイツ記念物保存法
領域で注目された裁判例の分析を通じて、都市計画と密接に関連したドイツ
の記念物保存行政の様相を司法の面から明らかにする。本章で取り上げる裁

判例はわが国において議論のある文化財保護に係る原告適格論について興味深い視点を提供していることも注目される。

　第4章は、ドイツ記念物保存法領域とドイツ環境法領域（特に気候変動防止の側面）との関係について研究を行っている。まず、各法領域の規範体系等を確認したうえで、気候変動防止措置が記念物の保存に影響を及ぼしている事例に関する裁判判決を分析し、両法領域の利害調整に係る課題を明らかにする。次に、両法領域間における利害調整に係る問題の解決のために行われた州および連邦の法改正、そして改正された法に係る新たな裁判判決の分析を行う。本章の研究は、法領域間関係が決して不変のものではなく、変化しうるものであることを示すものであり、動態を追うことが重要であると考えられる。

　最後に、終章においてこれら研究の総括を行い、そして本章で整理した日本法の議論に向けての示唆を提供することを試みている。

　第1章から第4章第3節第1款までは、過去に発表した論文を加筆修正したものである。大まかな加筆修正の方針について述べると、①第1章は歴史研究ということもあり、基本的に文章の修正にとどめた。②第2章は次章との関連で情報の重複を避けるための修正と、法律等の改正を反映させるための修正を主に行った。③第3章は、前章との関連で情報の重複を避けるための修正と、法律等の最新の状況に合わせるための修正を行った。④第4章は、章として統一性を持たせるべく、発表済み論文全体の修正を行ったほか、変化の目まぐるしい環境法領域の最新の状況を捉えるべく第3節第2款を追加した。

第1章　ドイツにおける法領域論の展開

第1節　はじめに

I　本章の目的

　ドイツ記念物保存法領域とドイツ都市計画法領域は、いかにして密接な関係を築き上げたのか、また、その規律領域を時に交錯させながらも、いかにして二つの独立した法領域としての地位を形成してきたのか。これが本章において、筆者が明らかにする課題である。

　序章と内容が多少重なるものの改めて確認すると、本書ではドイツ行政法における個別行政法の整理枠組みである法領域間関係論に着目する。その特殊な整理枠組みの存在を確認すること、そして、法領域間の関係性がそれぞれの法体系にいかに影響を及ぼしているのかを明らかにすることが、本章以降で行う研究である。

　以上の研究のために本書で用いられる具体的な法領域間関係は二つあり、本章から第3章までで取り扱われるのはドイツ記念物保存法領域とドイツ都市計画法領域の関係である。記念物保存と都市計画という法領域を本書の研究素材として選出した根拠は、検討素材の豊富さにある。両法領域間では、互いを意識した法体系の構築が特に進んでおり、実体法・手続法の特徴、関係組織間の権限配分の状況、裁判理論に関して論点が多数存在することから、これらを丁寧に分析していくことが、法領域間関係の存在およびその影響を明らかにするためには有用であると考える。

　なぜ両法領域の間で特に議論の蓄積があるのか。それは、法領域間関係の重要な要素の一つとして、連邦制に基づく権限配分が働いていることが挙げられ、特に記念物保存の分野は、連邦に権限をわたすこと、あるいは連邦に介入されることに対する抵抗が強く、したがって厳格に権限配分を行うための議論の蓄積があったためである。以上の厳格な権限配分の要請が起きた背景、つまり、記念物保存法領域が州の管轄とされたことの理由を含めた記念物保存法領域の形成の歴史と、それと併存する記念物保存法領域と都市計画

法領域との関係の変遷の歴史を、本章では研究対象としている。記念物の保存とは歴史的あるいは文化的価値を有する不動産の保存を主要な任務としていることから（後述）、不動産含む都市の環境を整備する都市計画法領域の有する任務と重なることが性質上必然であったために、両法領域は古くから密接に関わり合いながら法体系を作り上げてきたといえる。

II　考察対象、分析手法

　本章における法領域間関係の歴史的展開の研究によって明らかにするのは、ドイツ記念物保存法領域とドイツ都市計画法領域との関係はいつから生じ、その後いかにして展開してきたのか、ということである。そのために、本章においては、特にドイツ記念物保存法領域の歴史的展開を中心に検討を行い、必要な限りで、都市計画法領域の歴史展開を参照するという方法で行う。ドイツ都市計画法の歴史的展開に関する研究自体はわが国において既に行われており[1]、本章は、これを踏まえたうえで記念物保存との関係を付け加えるにとどまるためである。ドイツ記念物保存法領域の形成を中心に取り上げることで、二つの法領域間関係の形成過程を明らかにすることができると考えられる。

　そして記念物の定義は、本章および以降の章の叙述においても共通して以下の通りの理解をしている。ドイツの記念物（Denkmal）という言葉により認識されるのは、歴史学・考古学的価値や地域の都市景観等にとって価値のある不動産（建造物、遺跡等）とその不動産に付属する動産である。そのため、日本の文化財保護法（昭和25年5月30日法214）2条に規定されているもののうち、一部の有形文化財と、記念物、文化的景観、伝統的建造物群との重なりを有するといえる。他方、それ以外の一部有形文化財や無形文化財、民俗文化財との対応は、ドイツにおいてはKulturgut（文化財）あるいはKultur（文化）で表現される。本書においては、特段の言及がない限り、不動産を念頭に置き議論を進めることとする。

1　さしあたり、藤田宙靖『西ドイツの土地法と日本の土地法』（創文社、1988年）7頁、70頁以下、成田頼明「日独比較都市計画法制」日本土地法学会編『都市計画法・固定資産税制の再検討〈土地問題双書3〉』（有斐閣、1975年）46頁以下、ヴィンフリート・ブローム＝大橋洋一『都市計画法の比較研究—日独比較を中心にして』（日本評論社、1995年）15頁以下。

Ⅲ　本章の構成

　歴史的展開を追う本章は、ドイツ記念物保存法領域の発展について重要な転機となった時代を、時系列に沿って分析する。すなわち、歴史研究の発展とともに、公共的価値を有する財産を保存・保護[2]するという意味での記念物保存行政が認識され始めた時代（第2節第1款）、都市計画法領域との異同が強く意識され、固有の法領域として記念物保存が認められた時代（同節第2款）、私人の所有物含め、記念物を公共の福祉によって規律することが模索された時代（第3節第1款）、そして、現在の法領域の原型が誕生した時代（同節第2款）に分類し、それぞれの時代の立法、行政、司法の展開を紹介する。最後に総括する（第4節）。

第2節　独立した記念物保存（Denkmalschutz）任務の誕生

第1款　歴史的価値保存と景観保護任務の併存

Ⅰ　政治・宗教上の理由における保存

　特定の価値を有する財産の高権的な保存は古代より行われていた。ただし、その根拠は宗教的動機、ないし、為政者の神格性・威厳を示すことにあり、現在のような歴史的、文化的な価値に着目した保存は行われていなかった。為政者に依存した保存目的はルネサンス期（人文主義の台頭）までは主流となっていた。当時の主な保存手法は、①皇帝や教皇の勅令・指示等による特定の財産への破壊行為等の禁止と、違反者への罰金刑、そして、②物権法や教会法に基づく、特定の財産の売却の禁止や、修復要請である[3]。

　他方、当時の建設規制法において、修繕作業への金銭援助といった非高権的な手法もこの時代に既に規律されていた[4]。

2　記念物への措置につき、高権性の有無により保存（Schutz）と保護（Pflege）に区別されることがある。詳細は次章第2節第2款Ⅰ1（1）参照。近年、これら区別を用いない論者もいるが、本書ではこの区別を維持して以降論じている。

3　Vgl. Hammer, Martin/Krautzberger, Handbuch Denkmalschutz und Denkmalpflege, 5. Aufl., 2022, S. 45f.; Felix Hammer, Die geschichtliche Entwicklung des Denkmalrechts in Deutschland, 1995, S. 9.

4　Vgl. Hammer, Martin/Krautzberger, a. a. O., (Fn. 3), S. 45f.

第 2 節　独立した記念物保存（Denkmalschutz）任務の誕生　　*25*

Ⅱ　歴史研究の発展

1　ルネサンス期における歴史的価値の尊重

　一般に、ドイツ記念物保存行政の始まりといわれるのは、14 世紀から 16 世紀にかけてのルネサンス期（特にイタリアルネサンス）に行われた古典建築の修復活動である。当時においては、人文主義の思想の下、古典文化を生き方の指針として真似るために、歴史研究が行われるようになったことと並行して、歴史的に価値を有する特定の建築物等が、守るべき歴史財産——記念物——として認識されるようになった。現代の州記念物保存法の重要な保存目的の一つである、歴史的価値の尊重が意識され始めたといえよう。

　目的の変化によって財産の保存手法に以下の変化がもたらされた。①これまで教皇や為政者などの権力者が、ともすれば個人的な価値観に基づいて保存対象を決定していたのに対して、歴史研究のために保存対象を決定するようになったことから、その決定基準は、ある特定の時代など、以前よりも客観的な基準へと変化した。また、②保存対象物の種類についても、建築物や宝物といった特別な価値が明らかな物的財産にとどまらず、歴史的な事実の記録や、家族や地域・特定の組織等の社会的な地位・誇り・尊厳・記憶などを証明するものであれば、幅広く保存された[5]。

　他方、当時の財産の保存について、これは純粋な歴史的価値の保存とも異なる要素を有する。なぜならば、当時の歴史的価値を有する財産の保存は、究極の目的として、当時の人々の生き方の指針となりうるものという明確な有益性が必要とされていたためである。したがって、当時の人々にとって有益なものをもたらさない遺産については保存がおざなりになる事態が発生したほか、財産を当時の人々に利益をもたらす形状に変更したうえで保存することが積極的に推奨された。このことは例えば、リフォームの問題——歴史的価値を有するもの（とりわけ建築物）を修復する際に、製作当時の様式ではなく、修復時の様式で対象物を再構成することの是非——として表出する[6]。

　また、ルネサンス以前の目的が全く意識されなくなったわけではなく、1545 年のトリエント公会議に始まった反宗教改革（対抗宗教改革）のなか、カ

5　Hammer, a. a. O.,（Fn. **3**），S. 24ff.

6　Hammer, a. a. O.,（Fn. **3**），S. 17ff.

トリック教会の権威を示すべく、教皇の命令により、教会の建築または既存の教会の修復が行われるようになった[7]。なお、教会建築に係る修復も、対象建築物を築時の様式を維持して修復することのみを意味せず、修復時の様式で直すことを含んでいる。建築当時の様式と、修復時の様式とが混在した建築物は少なくない[8]。以上から、歴史研究とあいまって、宗教的な意味においても、より一層、歴史的建築物の保存が盛んになったといえる[9]。

　ただし、この時期における法制度の構築の動きについては確認できなかった。これらは統一的な記念物保存のための法律などを介しておらず、個別的な命令等で行われていたと考えられる。

2　啓蒙主義に基づく保存活動

　やがて、ヨーロッパの君主の間で絶対主義、特に17世紀末頃から啓蒙思想が広まると、啓蒙専制君主ら一部の指導者による、歴史財産の国有化（Säkularisation）が行われ、啓蒙活動への利用のための歴史財産保存活動が展開されるようになった。

　この時代における歴史財産保存の活動の特徴を概観すると、以下の通りである。まず、記念物の定義の変化である。ルネサンス期は古代ローマ・ギリシャの遺産が集中的に尊重されたのに対して、この時代に入ると、そのような特定の歴史・思想の偏重はなくなりつつあり、より多様な時代の歴史研究が進められた[10]。したがって、保存活動の対象となる記念物の定義は、過去の時代の遺物のうち、一定の特徴および質を備えたものとされた。これは一見、現在の州記念物保存法の定義と類似しているが[11]、当時の定義の意図は、歴史研究を行うにあたって、研究対象の時代の様子を理解するために重要なものさえ保存できればよいのであって、かつ、そのもの自体を保存せずとも、

7　先述の古典建築修復活動も、最初の活動といわれているのは、画家・建築家ラファエロ（1483-1520）が教皇の命で行ったものである。

8　Vgl. Michael Schmidt, Reverentia und Magnificentia, 1999, S. 176ff.

9　Hammer, Martin/Krautzberger, a. a. O., (Fn. 3), S. 45f.; Schmidt, a. a. O., (Fn. 8), S. 176ff.

10　Hammer, a. a. O., (Fn. 3), S. 32ff.

11　歴史あるいは郷土史上、高い価値を有するものを保存対象にすることは、全ての州において行われているが、さしあたりベルリン記念物保存法2条2項が「歴史的、芸術的、学術的あるいは都市計画上の重要性のため、保存に公共の福祉が存在するもの」と保存対象を規定する（Gesetz zum Schutz von Denkmalen in Berlin vom 24. April 1995（GVBl. 1995, 274）§2 Abs. 2）。

第2節　独立した記念物保存（Denkmalschutz）任務の誕生　　*27*

歴史研究が可能であれば記録の取得などで済ませ完全な保存をしなくてもよい、ということにあるとされる。その限りにおいては、例えば、現存したうえで景観、眺望など空間を構成していることに意味を見出す現在の保存対象とは必ずしも一致しない[12]。一定の特徴および質を基準とする記念物の定義は、その後の時代も基本的な方向性は保持され続けたが、他方において、その概念のあいまいさ、判断基準としての客観性の不足を指摘されることとなり、後代の記念物保存法立法に関する中心的な批判の一つとなった。

　次に、上記の定義に基づいて、一部の領邦において立法活動が行われたことが指摘できる。すなわち、18世紀後半には、一部の領邦において、歴史的価値を有する建築物を保存する法律に近いもの（公示（Ausschreiben）または、指令（Verordnung）の形式）が制定されたほか、歴史的価値の高い財産を他人へ譲渡することを禁止する規律も存在した。記念物保存のための規律を包括的に行おうとする傾向が見られたのである[13]。

　ところが、これら法令は実効性に乏しかった。その最も大きな原因は、保存対象を定めるにあたり、立法者側に「私的所有権への侵害に対する懸念」が強く存在したことにより、結果として、私物を除外した非常に限定された保存対象にしか規律を及ぼせなかったことである。この「私的所有権への侵害に対する懸念」との調整は、後の州記念物保存法制定まで継続し、私的所有物に対して規律を及ぼせるようになった現在においてもなお、個別の法的措置に際し、しばしば議論となる問題でもある。そのほか、当時の規律の実効性に問題があったということについては、法律を運用するための記念物の専門家・専門組織の不在も原因として挙げられる[14]。

　以上のことから、この時代の記念物保存のために用いられた法的手法は、従来と大きく変化せず、為政者（あるいは教会）の個別の措置および、関係法

12　Hammer, a. a. O., (Fn. 3), S. 38ff.

13　例として、Friedrich II., Landgraf zu Hessen: Verordnung, die im Lande befindlichen Monumente und Altertümer betreffend（1779）; Alexander, Markgraf zu Bayreuth: Landesväterliches Ausschreiben（1780）. それぞれ、領邦内に存在する古代遺産等貴重なものを尊重し、保存に努めるよう呼びかけ、また、対象物の状態の把握に努めるため、担当部局に報告を上げさせることを主な規律内容としている。Vgl. Norbert Huse（Hrsg.）, Denkmalpflege, 2006, S. 26ff.; Stefan Mieth, Die Entwicklung des Denkmalrechts in Peußen 1701-1947, 2005, S. 15f.

14　Hammer, Martin/Krauzberger, a. a. O., (Fn. 3), S. 47ff., 57ff.

28　第 1 章　ドイツにおける法領域論の展開

（刑法や建設規制法）による措置が基本となっていた[15]。

Ⅲ　当時の都市計画行政の動き

　ドイツ都市計画法の歴史において、現代の都市計画制度への大きな転換点となったのは、18 世紀末から 19 世紀にかけて誕生したプロイセン等一部の領邦に見られる法律であることは既に知られている[16]。しかしながら、それより以前にもゾーニングや道路指定といった都市計画的活動は見られ、その一部は記念物保存にも影響をもたらしているため、本節で確認する。

　中世の時代には、建設行為そのものにつき、法律上の規制はなかったものの、代わりに領主等の土地所有者が、建設行為を望む者に対し建設に係る特定の条件を付して土地を与えることにより、一定のコントロールをなしていた[17]。

　絶対主義を経て中央集権体制が生まれ、重商主義の時代に入ると、国家主導の経済政策がとられ、建設行為等についても、領主が建設等を誘導・管理するための都市計画制度に注目が寄せられた。壁に囲まれた城塞都市において建設用地の不足が障壁となっていたが、火薬や大砲が発明されたことで、都市の壁が必要なくなったことから、より一層、領主の強い意欲に任せた都市の整備が行われるに至った。また、壁の内側たる都市と、壁の外側たる風景との境がなくなることで、都市計画に眺望・景観の要素が加わることとなった。そのため、18 世紀後半から 19 世紀の前半においては、啓蒙絶対君主制の下で、都市の眺望等の美観維持という目的において、記念物保存につながる活動が行われていたとされる。その活動には、都市の地位・魅力・威厳を高めることや、居住民の生活環境の維持向上といった観点の下での歴史的な建築物の保存が含まれた[18]。このとき都市計画の規制手法として用いら

15　Heinz Moos, Denkmalpflege in der Bundesrepublik Deutschland, 1974, S. 9f.; Mieth, a. a. O.,（Fn. **13**），S. 15f.; バーデン・ヴュルテンベルク州記念物保存担当部局の一つである Landesamt für Denkmalpflege のホームページには記念物保存行政の歴史を紹介するページがある。Baden-Württemberg Landesdenkmalpflege（https://www.denkmalpflege-bw.de/geschichte-auftrag-struktur/geschichte/）（最終閲覧 2024 年 11 月 5 日）

16　藤田・前掲注 1 ）70 頁以下。

17　Winfried Blohm, Offentliches Baurecht, 3. Aufl., 2002, S. 3ff.

18　Hammer, a. a. O.,（Fn. **3**），S. 40ff.; Mieth, a. a. O.,（Fn. **13**），S. 20ff.

れたのは、特別な建設命令あるいは、領主の包括的なポリツァイ権限に基づく措置であった[19]。

　したがって、この頃の都市計画活動は、美しい都市景観を維持することへの領主の意欲が、記念物の保存に貢献したことがいえる。従来の建築警察法が個別の建築物の保存を念頭に置いているのに対し、より広域に、様々な物を保存できるようになったのである。

第2款　都市環境維持と記念物保存の分離

　19世紀後半以降、ドイツ記念物保存行政に係る歴史的展開は重大な局面を迎える。きっかけとなった事象は大きく二つ存在する。一つは、ドイツ帝国の誕生に伴う、記念物保存を担う行政主体に関する議論であり、今一つは、産業革命に伴う都市環境の悪化およびその対策に関する展開である。

Ⅰ　ドイツ帝国誕生と、地域文化の保存

　19世紀におけるナポレオンのドイツ占領は、ドイツ諸邦内の人々に、かつてないほどの民族意識を植え付けた。このことにより、自民族の伝統文化、歴史の研究が隆盛を極めた。そして統治体制についても、消滅した神聖ローマ帝国に代わってドイツ人の国家としてのドイツ帝国（第二帝国）が誕生するに至った。

1　ドイツ帝国の文化事業への関心（国民統合策としての文化事業）

　上記の背景でもって誕生したばかりの帝国が、人々のドイツ国民としての愛国心を育て、そのことにより国民の帝国に対する忠誠心を高めるために、教育・学術・文化等国民の生活に深く関わる分野の政策に関与を望んだことは、その意味においては自然なことであった。かつ、その文化関係政策につき、個々の領邦を統合した、国家としての統一的な政策を打ち出そうと志向したこともまた、自然な帰結であったといえる。帝国は、記念物保存法の制定、記念物保存担当委員会の設立、帝国規模の記念物目録の作成、そして記

---

[19]　Blohm, a. a. O., (Fn. 17), S. 5; Hoppe, Hoppe/Bönker/Grotefels, Öffentliches Baurecht, 2. Aufl., 2002, S. 8.

念物保存に関する帝国予算の設定に向けた活動に取り組んだ。

　他方において、以前より行われていた各領邦の記念物保存の体制整備は、領邦が帝国下に置かれることになった後も停止することなく継続した。この点、当時の各領邦においては、都市への人口集中、経済活動や政治等の面において均質化が進んだ反面、地域独自の文化がないがしろにされているという危機感が存在したとされ、したがって、帝国による文化事業への介入の可能性が浮上したことは、領邦側からは警戒感をもって受け止められた[20]。

　結果として、帝国規模の記念物保存政策については、領邦の反発からほとんど失敗に終わり（目録の作成のみ達成）、引き続き記念物保存は各領邦の活動が中心となった[21]。記念物保存行政が地域独自の文化の保存のために用いられるという方向性がここで強く決定付けられた。

2　各領邦の動き

(1)　帝国成立前後の組織編成の動き

　領邦ごとによる記念物保存行政の整備は、帝国の成立後もその流れが止められることはなかった。特にこの時期行われたことは、記念物の専門家たる学芸員（Konservator）をはじめとする記念物保存・保護を専門とする行政組織の形成が進められたことが挙げられる。以下では、各領邦において多少の名称および役割の差異は存在するものの、主要な役職を、①記念物保存・保護専門部局、②学芸員、③委員会（Denkmalrat 等）および市民管理人（Laienpfleger 等）に整理して紹介する。

　①記念物保存・保護専門部局は、例えばバイエルンにおいて 1847 年に教会・学術担当内務省が設立されている。上記部局が存在しない領邦においては、建築行政を担う部局などの下で記念物保存が行われていた。ただし後述

20　Winfried Speitkamp, Die Verwaltung der Geschichte, 1996, S. 227ff.

21　Moos, a. a. O.,（Fn. 15）, S. 10; Ringbeck/Davydov, Davydov/Hönes/Stellhorn/Ringbeck, Denkmalschutzgesetz Nordrhein-Westfalen, 7. Aufl., 2024, S. 23ff.; Speitkamp, a. a. O.,（Fn. 20）, S. 153ff.; Hammer, a. a. O.,（Fn. 3）, S. 93ff.; Thomas Scheck, Denkmalpflege und Diktatur im Deutschen Reich zur Zeit des Nationalsozialismus, 1995, S. 14. なお、当時は市民層において教養ある市民（ユンカー）が各地の政治にも関与していた（村瀬興雄『ドイツ現代史［第 11 版］』（東京大学出版会、1991 年）7 頁以下、38 頁以下）。彼らは記念物保存施策に対しても影響力を行使し、帝国成立後は、一部のユンカーは記念物保存をドイツ帝国の任務として行うべきであると主張していたが、結局これらユンカーも領邦の学芸員などに起用されるという形でのみ権力を行使することとなった。

第 2 節　独立した記念物保存 (Denkmalschutz) 任務の誕生　*31*

の通り、記念物保存を行う法律は未整備であったため、専門組織が誕生して
も、実際上行政活動の中心的な役割は建設行政に委ねられる場合も少なくな
かったとされる。

　②学芸員は、バイエルンで 1835 年（当初は立体記念物監督官庁という職）、プ
ロイセンで 1843 年、バーデンで 1853 年、そしてヴュルテンベルクで 1848 年
に設置された[22]。記念物保存専門部局が存在する場合は、当該部局の職員に、
そうでない場合は、建設行政部局等所属の職員として任命される。学芸員は
非常勤または名誉職であり、博物館の館長などを兼任していることもある[23]。
この職業に選出される人物の主要な属性は、建築家や建設行政の職員のほか、
芸術関係あるいは建築関係の有識者である[24]。業務は、記念物に関する計画
その他行政事務について、専門家の見地から助言をすること等が中心であり、
基本的に高権的措置——すなわち記念物保存——を行う権限は与えられてい
ない。

　③委員会は学芸員ほか有識者、地元の有力者らによって形成される機関で
あり、市民管理人もまた、有識者や地元有力者が担う。委員会は、年に一〜
数回会議を開き、記念物に関する情報共有等を行うが、実際にはそれほど厳
格に業務は行われず、地元名士の寄り合いにすぎなかった。市民管理人も、
学芸員のように行政部局に所属する職員の地位そして権限はなく、ほとんど
特別な活動を行うことはなかった[25]。

(2)　一部領邦における立法の試み

　ごく一部の領邦においては、上記組織編成活動のみならず、包括的に記念
物保存活動を規律するための立法活動も行われていた。その一つとしてヘッ
センの記念物保存法 (Denkmalschutzgesetz) を取り上げる[26]。

　ヘッセン記念物保存法（以下、本項において「法」）は、前文および 7 条で構

22　Moos, a. a. O., (Fn. **15**), S. 10; Baden-Württemburg, a. a. O., (Fn. **15**); Sieche, Strobl/Sieche/Kemper/
　　Rothemund, Denkmalschutzgesetz für Baden- Württemberg, 4. Aufl., 2019, S. 1.

23　Hammer, Martin/Krautzberger, a. a. O., (Fn. **3**), S. 57ff.

24　Speitkamp, a. a. O., (Fn. **20**), S. 268.

25　Speitkamp, a. a. O., (Fn. **20**), S. 251ff.

26　Ludwig X., Großherzog von Hessen und bei Rhein: Denkmalschutzgesetz（1818）. Vgl. Huse, a. a. O,
　　(Fn. **13**), S. 32f.; Hammer, a. a. O., (Fn. **3**), S. 68f.

成されている。前文においては、現存する記念物（建築技術・芸術的観点から価値の高いもの）は、歴史における最重要記録であるとし、それらによってかつての慣習、精神構造、国民（領邦の）の地位等を理解することが可能となるため、これらを保存することが望ましいとされている。

　保存に係る業務を担うのは、ヘッセン上級建築委員会（Ober-Baukolleg）である（法1条）。本法に基づき保存されるのは、リストに登録された歴史あるいは芸術の観点から価値の高い建築遺産（Ueberreste alter Baukunst）である（同条）。委員会はリストの登録および登録する際の調査活動を、有識者の協力の下行う（法2条）。対象物のなかでも特に貴重なものや、あるいは老朽化が激しく喪失の危険があるものは、図面等の詳細な記録を取り、その記録を博物館において保管する（法3条）。

　対象物の選定後、委員会はリストを公開することにより、他行政官庁と連携しながら保存、修復活動にあたる（法4条）ほか、対象物が変更、破壊されようとした場合には、委員会への事前連絡を求め、場合によっては建築委員会の許可審査にかからしめる（法5条）。新たに遺産が発掘された場合の対応も、建築委員会が中心となって行う（法6条）。

　さらに、全ての公官庁は、リストに登録された対象物の保存に、可能な限り注意を払わなければならない（法7条）。

　以上の条文を踏まえると、記念物保存の目的は前代から引き続き、歴史研究の対象物としての意義が大きいことがわかる。そして、対象物の種類は建築物に限定されている。これらの点は、現在の記念物保存行政とのつながりを想起させる。他方、リストへの登録対象には特に私物と公物との区別はないように見受けられるが、法7条の通り、現行法における保存義務を課せられているのは、公官庁のみであることには、十分な注意が必要であると思われる[27]。私人への規制には変わらず慎重な様子がうかがえる。

---

[27] この点、バーデンの記念物保存法案（1883年）は、私有財産も保存の対象をなることを明文で規定したものとして注目される（こちらも保存義務は公物の所有者＝公的主体のみに課せられたが、私物の場合は、所有者とバーデン州とが保存の仕方について合意をとり、その範囲で保存活動を行うとされた）。ただし、本法案は、教会および財務省からの批判を受けて、成立には至らなかった（Hammer, a, a, O., (Fn. 3), S. 94f.）。

3　プロイセンにおける記念物保存行政の展開

　以上の領邦の動きは、帝国と領邦との関係で見れば、帝国に介入されないよう、領邦で権限を行使し記念物保存行政を担うための体制を整備することを試みたように見える。他方、領邦内部においてみれば、むしろそこには領邦という「中央」と、その下部自治体という「地方」との間の権限配分という、別の段階の問題が存在する[28]。この点、ドイツ帝国の盟主であると同時に一領邦であるプロイセン王国において、領邦以下の自治体との間でいかにして権限配分が行われていたのかを検討することが問題の分析に有用である。地域の記念物保存行政における優先の実態を確認すべく、以下では、19世紀からのプロイセン記念物保存行政の展開を見ることとする。

(1)　19世紀前半の組織体制

　プロイセンにおいては、19世紀初頭より多くの政令が発布され、記念物保存行政を担う体制が構築された。記念物保存を統括する組織の形成について、当初教育に関わる省（精神教育、医学担当省。Ministerium dr geistlichen, Unterrichts- und Medizinalangelegenheit）が記念物に係る業務を請け負っていたところ、上級建築代表（Oberbaudeputation）が新たに公的な記念物保存業務を担当することになった[29]。上級建築代表は、内務省下に置かれていたが、その後1817年に建築行政関係省（手工業、商業、建築物担当省。Ministerium des Handels, der Gewerbe und des gesamten Bauweisens）に置かれることとなった。上級建築代表の任務は、公が所有する記念物一般の改築等変更に関して意見を付すことである。このことにより、それまで公的な記念物の管理は各行政庁が所有権に基づき独自の判断で行っていたところ、行政庁の管轄を超えた統一的な監督の下で記念物保存が行われるようになった。

　その後1835年に記念物保存に係る任務を担う最高機関として、文化事業省（Kultusministerium）が設置され[30]、本省の下、記念物保存の専門機関の体制が形成されていった。

28　プロイセン以外の領邦の対応については、Speitkamp, a. a. O., (Fn. 20), S. 228ff.

29　この業務の請負については、当時の上級建築代表 Karl Friedrich Schinkel（建築家・画家。代表を務めたのは1810-1831年）が、都市の美観維持、歴史的建造物の保存に意欲的に取り組もうとしたことの影響が大きいとされる（Vgl. Huse, a. a. O., (Fn. 13), S. 62ff. u. s. w.）。

まず、文化事業省により、建築家の Ferdinand von Quast が、最初の文化記念物学芸員（Konservator der Kunstdenkmäler）に任命された。文化記念物学芸員は、荒廃の危険が迫っている記念物に対し、文化事業省の大臣の追認を要件として、危険防止措置を行うよう命令を発することができる[31]という非常措置的な高権的な手段を有したものの、基本的な任務としては、①記念物に関する調査、知識・情報収集、研究、②記念物に関する政府の決定に対し、所見を付すという非高権的な保護活動を行っていた[32]。

次に、1853 年には記念物の調査・保存のための中央委員会（zentrale Kommission zur Erforschung und Erhaltung der Kunstdenkmäler）が設置され、文化事業省大臣（Kultusminister）、省内の記念物事業担当、学芸員、王立博物館の代表、上級建築代表、上級監査委員（Oberrevisionsrat）によって運営された。とはいえ、個別の予算を有しているわけでも何かしらの権限を有するわけでもなく、委員会の主要な業務は意見の表明や広報活動、そして、目録の導入を行うにとどまった[33]。

(2) 帝国成立前後の組織体制

その後帝国成立前後に領土の拡大したプロイセンは、体制の改革を行う。主要な事項は、文化事業省直属の学芸員（上記の文化記念物学芸員。Staatskonservator）ではなく、下部自治体である州（Provinz）の学芸員に大きく権限を委譲し[34]、そして、各学芸員間および自治体で業務の配分、監督関係を定め、統一的なシステムを作り上げたことである。

発端は、1887 年以降のプロイセン記念物保存法制定に係る動き（立法は不成功に終わっている）のなかで、文化事業省大臣より、領邦から相当な程度独立した州の組織を全国に導入すべきということが提案されたことである[35]。

30　それまでは、建築事業担当の官庁がこの行政活動を担っていたと思われる。1815 年の政令によれば、計画して公の建築物、または建築記念物を変更する際に、プロイセン高等建築委員会の意見を聞くことが定められている（Vgl. Moos, a. a. O., (Fn. 15), S. 10.

31　Ringbeck/Davydov, a. a. O., (Fn. 21), S. 23f.)。

32　Hammer, Martin/Krautzberger, a. a. O., (Fn. 3), S. 57f.; Ringbeck/Davydov, a. a. O., (Fn. 21), S. 23f.; Sieche, a. a. O., (Fn. 22), S. 1.

33　Speitkamp, a. a. O., (Fn. 20), S. 251.

34　当時のプロイセンの行政主体については、参照、三成賢次『法・地域・都市―近代ドイツ地方自治の歴史的展開』（敬文堂、1997 年）30 頁以下、村瀬・前掲注 21）38 頁以下。

この提案を受けて誕生した州学芸員は、全員が非常勤あるいは名誉職であるが、州および中央双方からの出資（それぞれ半分）による活動資金を得て、業務にあたった。

　州学芸員の任命は、州あるいは中央の委員会によって行われ、文化事業省によって承認される。業務内容は、①管轄区域内の芸術・学術・歴史的価値のある対象物の調査・監視という、それまで中央の学芸員が担っていた基本的業務と同じもののほか、②保存に必要な場合において、対象物を保有すること、③対象物の修復計画への所見の付与、④地域の歴史保存団体や博物館との協働、⑤他の州の官庁あるいは関係する私人との協議、⑥広報活動といったものである。重大な業務については、中央直轄の機関であり、複数の州をまたいで活動する機関である県（Regierung）の学芸員あるいは中央の学芸員に報告を行う[36]。

　したがって中央学芸員は、多くの実質的な権限を州学芸員に委ねている。中央学芸員は、あらゆる記念物保存行政を統括する最上級官庁としてベルリンに所在する教育省に属する文化記念物学芸員として再設置されたことに伴い、主には（直接あるいは県を通じて）州学芸員に指示を出して記念物保存活動を行うこととなる。

　また、学芸員のみならず、州にも中央同様、記念物の調査・保存のための委員会（Provinzialkommission）が設置された。議長は州あるいは中央から選出され、名誉職のメンバーで構成される。メンバーの一部は教会あるいは関係団体から推薦される。州学芸員は、委員会のメンバーとなるか、あるいは、諮問機関として意見を述べることができる。委員会の業務は、州学芸員たちの活動を総括する立場として、記念物の調査、保存に関する活動への協力、またそれらの情報の共有、加えて、州および中央の議会等に自身の活動について報告を行うことであるとされる[37]。

　以上が、記念物保存を担当する行政組織体制の概要である。なお、州学芸員の実際の保存活動においては、州の建築監督官庁との協働や、建築規制法、

35　Mieth, a. a. O.,（Fn. 13），S. 82ff.

36　Ringbeck/Davydov, a. a. O.,（Fn. 21），S. 23f.; Hammer, Marin/Krauzberger, a. a. O.,（Fn. 3），S. 57ff.; Speitkamp, a. a. O.,（Fn. 20），S. 241ff.; Scheck, a, a, O.,（Fn. 21），S. 16f.

37　Speitkamp, a. a. O.,（Fn. 20），S. 241f.; Gottfried Kiesow, Denkmalpflege in Deutschland, 2000, S. 24.

36　第 1 章　ドイツにおける法領域論の展開

ゲマインデ法における記念物への配慮といった規定が重要な役割を有していたことが指摘される[38・39]。

II　産業革命に伴う、都市環境の整備

　以上、記念物保存行政の歴史にとって重要な事象として、19 世紀のドイツ帝国誕生と、それに伴う記念物保存行政を担う主体に係る展開を分析した。

　ドイツ帝国は国家の事業として記念物保存を行おうとしたものの、結局、引き続き各領邦がこれを行うこととなった。さらに、プロイセンを見ると、領邦内において、より狭域を管轄する主体へと権限を委譲していることも明らかとなった。ドイツにおいて記念物保存は、特定の地域にとって重要な遺産を保存するための行政活動を意味するということがうかがえる。また、地域への権限移譲と並行して、実際に行政事務を担う組織についても、それまでの時代よりも詳細で複雑な組織体制が形成されていることも明らかとなった。

　他方、私物含めた包括的な記念物の保存体制の構築については、大きな進展が見られなかった。ごく一部の領邦を除いて、記念物保存法の制定は達成されていないうえ、制定された法律についても、私所有権への侵害は避ける内容であった。この記念物保存法に係る動きの停滞には、都市計画法の分野における醜悪化防止法に係る動きなども影響していると見る見解がある[40]。

　敷衍すると、19 世紀前後の記念物保存行政にとって重要なもう一つの事象は、産業革命による都市環境の悪化およびその対策に係る法制度の整備である。これは、都市計画法領域での規制の変遷が中心となる。以下では、産業

38　Scheck, a, a, O.,（Fn. 21）, S. 18; Mieth, a. a. O.,（Fn. 13）, S. 56ff.

39　なお、教会所有の財産等については、州ではなくむしろ中央（あるいは中央の任を受けた県知事（Regierungspräsident））が前面に出て、監督を行うこととされた。教会は、1817 年の頃より文化事業省の所管とされ、国有財産と教会所有の歴史的に価値のある財産とが、基本的には同様の取扱いを受けるとされていたが、実際には所有者としての教会の権限が完全に喪失する状況ではなく、国家の介入は限定的だったようである。プロイセンドの州においては、教会に係る事項は 19 世紀後半の段階において県知事を通じて教会財産の売却禁止などの規制が行われた。教会財産への規制に関しては、記念物保存を主眼にした規制では宗教上の利害の把握が不十分になってしまうとの懸念があったため、実務上は記念物保存官庁と教会との合意を重要な起点として、保存活動が展開されていた（Scheck, a, a, O.,（Fn. 21）, S. 19; Speitkamp, a. a. O.,（Fn. 20）, S. 243.; Mieth, a. a. O.,（Fn. 13）, S. 58f., 66ff.）。

革命前後の都市計画制度の展開を追いつつ、都市環境整備に関する法制度のうち、最も著名な例として、プロイセンの醜悪化防止法に係る議論を紹介することとする。なお、既に述べた通り、都市計画制度の歴史的展開についてはわが国において紹介がされているため、ここではあくまで記念物保存に関連する限りでの紹介・分析にとどめている[41]。

1 都市計画手法の変遷

(1) 産業革命前

19世紀前後より、経済的に成功したユンカーを中心として、市民の包括的な自由権を求める動きが活発になった。包括的な自由権のなかには、土地の利用権、とりわけ建設の自由——いつ、何を、どのように建設するかの自由——が含まれていた。

例えばプロイセン一般ラント法（Allgemeines Landrecht für die Preußischen Staaten[42]. 以下、「ALR」）第1編8章65条は、所有権を有する者が原則として建築の自由を有すると定めていた[43]。反面、上記自由権に介入しかねない積極的な規制は敬遠され、この時期の規制は、危険防御のためのポリツァイ規制にとどまった。

(2) 美観維持目的の規制

しかしながら、1860年代からの産業革命により、急激に都市化が進んだドイツ各地においては、過剰な人口増加に伴う住環境・衛生環境の悪化への対策都市拡大等の深刻な都市環境悪化に対抗するべく、建築制度、都市拡大の計画による建築行為のコントロール、また、コントロールのための権限——

40　後述の醜悪化防止法のほか、都市計画関連の動きを紹介すると、多くの地域において、前代から引き続き建築規制法等関連法律による記念物保存・保護が行われていた。また、建築記念物、遺跡等の発掘物等、保存対象ごとに別々の法律が存在するケースも存在した。関係者からの需要はあったものの、包括的に記念物保存・保護を担う規範を作成し法的保護を行うという手法には至らず、したがってこの限りにおいて、法整備という面に関してはまだ課題が存在したといえよう（Ringbeck, a. a. O., (Fn. 21), S. 20f.; Hammer, Martin/Krauzberger, a. a. O., (Fn. 3), S. 22f.）。

41　前掲注2）。

42　Allgemeines Landrecht für die Preußischen Staaten vom 1. 6. 1794（PrALR）.

43　Ulrich Battis, Öffentliches Baurecht und Raumordnungsrecht, 1981, S. 26f.; Blohm, a. a. O., (Fn. 17), S. 5f.

領邦や市町村の介入権限——を確立することが求められた。

　その結果、各領邦において、より面的に、また、従来から存在した危険防御の目的以外での建築物のコントロールを可能にする手法の拡充が行われた。これは例えば、①プロイセンALRの利用、そして②建築、都市計画に関する法律の新設または改正、といった手法である。

　①は、先に挙げた65条を踏まえつつ、他方において、ALR第1編8章66条、同71条によれば、都市、広場など公共の空間を危険にさらしたり醜悪化したりする建築物の変更等は禁止され、許可義務に反してこれら措置が強行された場合は、担当部局の指示に従い変更措置をとらなくてはならず、これら条文に基づくコントロールが行われた[44]。

　②は、例えば、バーデンで1868年、プロイセンで1871年に建築線法が制定された。これら法律によれば、建設行為は、ゲマインデが計画した建築線に沿って行わなければならず、線の外側は原則建設禁止である。そのほか、一部の領邦の建築規制法（Landesbauordnung）が改正され利用された。これら改正建築規制法は、都市の美観維持という目的に必要な範囲で、私的所有権にも介入しうる点が注目される[45]。

　20世紀前後には醜悪化防止法制定の動きも加わり、ほぼ全ての領邦が何らかの法的な都市環境悪化防止策をとった。結果、景観を損なう建築行為や変更行為、または、歴史的あるいは芸術的に重要な通り・広場といった地点に面する建築物、それ自体歴史的あるいは芸術的に優れた建築物およびその周辺を変更するなどの行為に対する、建築警察官庁の許可規制が設けられるなどした[46]。

(3)　記念物保存との関係

　都市環境悪化防止施策の一側面として、特に歴史的価値を有する建築物とその周辺の街並みや景観を維持しつつ都市の整備を図ることや、地域の伝統

44　Mieth, a. a. O., (Fn. 13), S. 23f.

45　Speitkamp, a. a. O., (Fn. 20), S. 288ff.

46　Speitkamp, a. a. O., (Fn. 20), S. 292ff.; 野呂充「ドイツにおける都市景観法制の形成（二）—プロイセンの醜悪化防止法［Verunstaltungsgesetze］を中心に」広島法学26巻2号（2002年）105頁以下、117頁以下。

第 2 節　独立した記念物保存（Denkmalschutz）任務の誕生　　*39*

文化を重視した都市計画[47]が目指されたことで、結果的に記念物保存行政と都市計画行政とがより一層強い関連を有すると考えられるようになった[48]。

2　プロイセンの醜悪化防止法

　都市環境悪化防止施策の著名な例として、プロイセンの醜悪化防止法[49]制定が挙げられる。繰り返しになるが、プロイセン醜悪化防止法の内容および立法背景については、わが国において既に詳細な研究[50]がなされているため、ここではあくまで記念物保存との関係においてのみ紹介を行い、それにより、都市計画と記念物保存の関係性がドイツにおいていかに捉えられていたのかを明らかにする。

　ごく簡潔に本法の内容をまとめると、建築行為等を行う際の建築警察上の許可（現在にいう州建設規制法上の許可）の消極的審査要件に、景観の醜悪化という要素を入れることが主な内容である（1907 年法 1 条）。地方条例（Ortsstatut）によって、加重的に歴史あるいは芸術の観点から重要な地点についても、景観を損なわないという目的のために建築警察許可を拒否することを定めることができる（同法 2 条）[51]。

　立法の背景には、当時の政治や都市計画関連の学問の状況のほか、①都市スプロールによる景観破壊に対する記念物保存、郷土保全[52]活動の高まり等が影響し、記念物保存の問題が都市計画法的文脈において捉えられたこと、

47　この時代における都市政策と文化政策との関連を示す事例として、建築文化（Baukultur）の概念の誕生が挙げられる。Baukultur は、無秩序な建築が人々の環境に対して悪影響をもたらす（人々に不快感を与える）ことや、目指すべき理想の都市像として、美観の優れた都市、歴史的な都市を設定し、建築物に係る環境（gebauten Umwelt）の改善に努めようという動きのなかで 20 世紀初頭から議論され始めた。それは、建築物そのものが景観・眺望といった美的観点から優れていることを意味するほか、そのような美的価値の高い建築物の計画手続、建築物の美的観点に基づく評価システムについても本概念の下に議論される（Vgl. Dolores Volkert, Baukultur, 2012, S. 18f., 27.）。

48　Hammer, Martin/Krautzberger, a. a. O., (Fn. **3**), S. 49f.; Speitkamp, a. a. O., (Fn. **20**), S. 287ff.

49　Gesetz gegen die Verunstaltung landchaftlich hervorragender Gegenden vom 2. 6. 1902 （GS, S. 159）; Gesetz gegen die Verunstaltung von Ortschaften und landschaftlich hervorragender Gegenden vom 15. 7. 1907 （GS, S. 260）.

50　野呂充「ドイツにおける都市景観法制の形成（一）～（三・完）―プロイセンの醜悪化防止法［Verunstaltungsgesetze］を中心に」広島法学 26 巻 1 号（2002 年）117 頁以下、同 26 巻 2 号（2002 年）105 頁以下、117 頁以下、同 27 巻 4 号（2004 年）65 頁以下。

51　Otto Goldschmidt, Die preußischen Gesetze gegen Verunstaltung, 1912, S. 27.

40 第1章 ドイツにおける法領域論の展開

②近代化に伴う芸術の「インターナショナル化」による地域的性格消失への危惧が既にプロイセン内の下位自治体において存在したこと、③観光資源の観点から記念物の保存に注目が集まり、歴史的な建築物、都市景観の維持を目的とした地方条例が設けられ、後の醜悪化防止に関する立法の基礎となったことが挙げられる[53]。

　このように、立法背景に、記念物保存の思想が影響を及ぼしているであることは明らかであるが、しかしながら、最終的に誕生した醜悪化防止法において記念物保存の思想が立法に十分に取り込まれたとは言い難い。むしろ、醜悪化防止法において記念物保存は切り離され、直接都市計画と結び付かなかった。

　主要な理由は、原則として対象物を現状のまま保存することを求める記念物保存が私人の所有権を大幅に制限しかねないことに対して、都市計画法関係者の側に強く懸念が存在したことである。公的機関の所有物以外の記念物を保存することには、対象物の変更、移転、破壊等の場面において所有権の行使を大きく制限する問題が必ず伴い、この問題には、これまで論じてきた通り、記念物所有者や記念物保存担当以外の行政庁などから強い反発がこれまで幾度となく寄せられてきた。プロイセン醜悪化防止法の制定過程における議論、そして最終の法律においても、建築行為の規制によって発生する所有権制限の問題は重要な検討事項の一つであったのであり[54]、結論として、記念物保存という観点から強力な所有権制限を追加することは忌避された。

　文化事業省をはじめとする記念物保存の関係機関は、記念物保存法の制定を企図し、幾度も議論を行ってきたが、上記のような記念物保存に伴う強力な権利制限、制作時の状態の保存という行為の難易度の高さを原因とした法律制定への世間の消極性や関心の低さから、実現は困難な状況であった。そのため、彼らには醜悪化防止法の制定によって、記念物保存が担われることへの期待があった。

52　郷土保全（Heimatschutz）とは、都市の姿が、特に経済を優先することによって、搾取されるかのように改造、歪曲されることに対する反発として生み出された概念であるとされる。文化記念物、自然記念物、景観保存、街並み・都市景観、動植物の保存など、非常に多様な要素を包含した概念とされる（Mieth, a. a. O.,（Fn. 13）, S. 97f.）。

53　Speitkamp, a. a. O.,（Fn. 20）, S. 290f.

54　Speitkamp, a. a. O.,（Fn. 20）, S. 297; 野呂・前掲注50）（三・完）、85 頁以下。

第 2 節 独立した記念物保存（Denkmalschutz）任務の誕生　*41*

　もちろん、醜悪化防止法によって、部分的に記念物保存施策は進展したといえようが、結果として本法においては、郷土保全、観光政策、そして経済活動といった要素の調和が重視されたため、結果として、領邦における記念物保存行政は、都市計画制度を利用しつつ、後の記念物保存法制定を目指すという判断が多くの州においてとられた[55]。

　当時記念物保存行政に携わっていた関係者らも、実際に制定された醜悪化防止法について、これを記念物保存の十分な手法とは評価しなかった。あくまで美観・景観を維持する目的からすれば、例えば建築物の外観の保存の方法について、当時の姿を模倣したものを用意すること等でも十分その目的を達成することが可能であり、対象物の構造等の保存までは求められない点に鑑みれば、記念物保存とは明らかに性質を異にすると考えられていた[56]。

　そのほかにも、記念物保存行政の関係者は以下の点からプロイセン醜悪化防止法が記念物保存の手段として不十分であると指摘する。まず、対象の狭さである。プロイセン醜悪化防止法の保存対象は、都市景観と関係を有していて、かつ、特に優れた芸術的価値・歴史的価値を有する物である。そのような優れた価値を有する記念物は相当程度限定されるものと考えられる。次に、規制する行為の限定である。建築警察上の許可留保に係るのは、建築や改築といった行為であるが、そのなかに対象物の「破壊、除却」が含まれていない。建築物の取壊しもまた、重要な変更の一つであり、記念物そのものにとってはもちろん、取り壊される建築物の周辺の記念物にとっても影響の大きい行為であるが、これはプロイセン醜悪化防止法の保護からは除外される。これらの要素から、「影響は大きいが、実効性の欠けた所有権への介入」にとどまるプロイセン醜悪化防止法に対して記念物保存関係者はこれを高く評価せず、批判する見解もあった[57]。

　以上が、近代化に伴う都市問題への対策という観点から、都市計画法の大きな転換点とされたプロイセン醜悪化防止法に係る議論の、記念物保存行政に係る部分である。制定に係る議論において、記念物保存の思想は法整備に大いに貢献はしたものの、最終的には、歴史的価値を有する建造物そのもの

55　Speitkamp, a. a. O.,（Fn. **20**）, S. 298ff.; Mieth, a. a. O.,（Fn. **13**）, S. 96ff.

56　Speitkamp, a. a. O.,（Fn. **20**）, S. 308; 野呂・前掲注 **50**）（三・完）83 頁以下。

57　Speitkamp, a. a. O.,（Fn. **20**）, S. 308f.

の保存を目指す記念物保存と、都市の美観維持・郷土保全とは、異なる要素として分離され、醜悪化防止法は後者の要素でもって構成されることとなった。

3 その他記念物保存の法的手法

各領邦の専門組織と都市景観に係る規制の整備とによって、記念物保存行政が進められたことをここまで明らかにしてきた[58]。

それに加え、この時期において注目されるのは、刑事裁判における刑法の運用である。ライヒ裁判所は、1910年2月11日判決[59]において、宗教・芸術・学術・産業上価値のあるもの、または、公的な記念物・編纂物を、故意かつ違法に傷付けて破壊した者に懲役刑または罰金刑を科すと規定した刑法[60]304条（以下、「本条文」）の適用範囲を拡大して捉え、幅広く記念物を保存することを試みた。

すなわち、①前後の条文には「他人の物」を傷付け破壊した場合、という文言が入っている一方で、本条文にはそのような文言が存在しないため、本条文の適用に際しては、危害を及ぼす対象物が誰の所有かを問わず、たとえ所有者が自己財産の破壊を望み、それが行われた場合であっても、本条文を適用可能であるとし、さらに②本条文中の「公的な記念物」とは、宗教関係の財産あるいは公的機関が編纂・設置した物はもちろん、公衆の利用や公共施設にとって必要なものを含めた、社会にとって魅力的な価値ある物全てを意味すると判示し、結果的に本条文の適用範囲を著しく広げ、社会にとって価値のある文化遺産に対して危害を加えることにつき本条文を適用した[61]。

ただし、刑法を包括的・一般的な記念物保存の規範にするという上記判決のような立場をとった判決は全体では少数にとどまっている[62]。記念物保存

---

58 Hammer, Martin/Krautzberger, a. a. O., (Fn. 3), S. 49ff.

59 Reichsgericht, Urt. v. 11. 2. 1910, V1164/09, RGSt 43, S. 40ff.

60 Strafgesetzbuch für das Deutsche Reich vom 20. 3. 1876.

61 本事案においては、村にある古い教会に付属する塔をほかの村人とともに破壊した被告に、刑法304条が適用されるか否かが争われた。当時、所有者たる教会団体（Gemeinde）が、教会および教会付属の塔を破壊する決定をしたが、都市（Staat）の官庁が、塔には歴史的価値が存在するため保存すべきであると、当該決定に異議を唱えていた最中の事件であった。

62 検察側が、法律を過度に広く解釈していると、裁判所の動きを警戒したため、そもそも304条に係る事件について起訴を控えたといわれている（Vgl. Hammer, Martin/Krautzberger, a. a. O., (Fn. 3), S. 59f.）。

のための強力な法的手法の構築が、刑法的手法からも関心事とされていたものの、実行には課題があったことがわかる。

第3款　小　　括

　本節では、記念物保存という行政任務の誕生から、それまで景観保全等の名目で都市計画任務とともに行われてきた記念物保存任務が、都市の醜悪化防止規制制定の過程で、独立した任務と考えられるようになった時代までの、記念物保存行政法領域の歴史展開を追った。

　現在の記念物保存法領域が完成されたのは戦後である。そのうえで、古代から記念物保存に関する法的活動を取り上げたことの意義は、一つには、未だ包括的な記念物保存法制が確立されていない時期にあって、都市計画法領域内の制度による代替的な規律が行われていた――すなわち両法領域の規律がその限りにおいて同一であった――こと、そして今一つに、この頃より現在の記念物保存の価値観につながる意識が形成されつつあったということを、確認する点に存在する。

　その後の、記念物保存行政・法整備の展開を見ると、ナポレオンの侵攻を受けた帝国の成立に伴い、記念物保存を担うべき主体に係る動きが見られた。前代より歴史研究の目的で記念物の保存が要請され、建築関係行政担当相の協力の下、専門組織による監視、助言に加えて、主に公有物に対してであるが、一部においては許可制なども設けられた。また、記念物保存の専門組織は、国民文化の形成、保護の目的よりはむしろ地域文化の保護のために設置されたことが特徴的である。

　そして、産業革命において、都市環境が悪化したことにより、都市計画を通じた公的な記念物保存体制の実現可能性について検討されることとなった。すなわち、都市環境の悪化防止および都市の美観維持の目的が、都市環境の特徴的な構成要素たる記念物の保存にもつながること、そして当時活発化していた郷土保全（Heimatschutz）の任務範囲が都市環境向上および記念物保存と重なりを有していたことから、結果的に都市計画の文脈において記念物保存が注目されたのであった。そのなかにおいて、プロイセンで20世紀初頭に制定された醜悪化防止法は、その制定過程で記念物保存の要素を取り入れた

立法が試みられたものの、最終的に断念された。ここで明らかになったのは、記念物保存は、都市計画に吸収しきれない独自の要素を有した領域であるということである。

　結果、ここまでの歴史研究によって、①歴史・文化の保護の側面と景観保全の側面から、特定の対象物の保存という任務が考えられてきたこと、②ドイツにおいては記念物保存が地域文化の保存を第一義的に追求するものであると考えられるようになり、それ故に、地方（領邦）が記念物保存を担う主体となっていたこと、③都市計画法の文脈において、記念物保存を完全に取り込むことはできず、むしろ独自の領域としての記念物保存が意識されたことが指摘できよう。

　現代にまで続く「文化高権」の議論――現代においては、むしろその概念に疑義が持たれているが――、およびそれに伴う、ドイツにおける「記念物保存は地方が行うもの」という意識は、ここで既にその萌芽を見ることができる。

第3節　州による記念物保存任務の確立

　本節では、引き続き前節以降の記念物保存法領域に係る歴史的展開を追う。本節では、都市計画から独立した行政任務であるとドイツにて認識され始めた記念物保存行政と当該行政活動を規律する法領域が、州の専管となり、私有物含めた包括的な保存義務が設定されるまでの展開に注目する。

第1款　国による記念物保存の試み

　本款においては、ワイマール共和国下での記念物保存行政の展開を見る。第一次世界大戦以後、ドイツの状況は大きく変化した。そのなかで、新たな国家体制が生まれ、そして、記念物保存施策も、新たな様相を見せることとなる。とりわけナチス・ドイツ期には、強力なイデオロギーの下に、制度も大きく変化することとなった。ナチス・ドイツ期の制度は、現在の法制度にも大きく影響を及ぼしたものと思われる。

Ⅰ　ワイマール期

1　共和国設立当初の記念物保存施策

⑴　社会状況

　当時は、戦後の経済的苦境から、記念物の保存も危機的な状況に陥った。保存のための費用を捻出できないばかりか、生活費をまかなうために、記念物を売却する者（これは私人に限らず、教会や自治体も含む）も現れた[63]。そのため、残存した記念物の確保のために、行政体制の再建が急務であった。

　消極的な上記背景に加え、積極的な文脈、つまり新体制確立のための手段としても、記念物保存は当時注目され、保存体制の整備が求められていた。ワイマール共和国の国力の象徴として、そして国民の国への信頼、愛国心を向上させる手段として、記念物保存が用いられようとしたのである[64]。

⑵　共和国の立法

　この頃の立法の最大の特徴は、ワイマール憲法150条1項において、記念物が国家による保存・保護を享受することが明記されたことである。本条文の解釈次第では、記念物保存に係る国法成立の可能性があるためである。

　しかしながら当時の学説において、本条文が、州（Land. 前代における領邦に当たる）との関係においていわゆる競合立法管轄権を定めているのか否かという論点について複数の異なる見解が呈されたものの[65]、最終的に国家の任務として制定された法律は、文化遺産の国外流出防止の法律[66]および特定の公共団体、財団等が行う、動産の文化財の譲渡、変更を行う際に許可を求める法律[67]に限られた。記念物保存のための包括的・一般的事項を規律した法律は、引き続き州の立法権に委ねるとされたのである[68・69]。

63　Mieth, a. a. O., (Fn. 13), S. 125ff.

64　このほか、当時の記念物に対する価値観として、郷土保全的価値観——すなわち、都市の荒廃を防ぎ、人々の生活によい影響をもたらすような文化環境を尊重する——が重視されていたことも特徴的である。そのため、古いものを古いまま保存する（「博物館のミイラ化」）ではなく、常に記念物は人々に貢献するよう改変等が施される可能性があると考えられていた。歴史学上の価値、学術的価値の尊重も、郷土保全の観点で捉えられていた（Hammer, a. a. O., (Fn. 3), S. 196ff.）。

65　Hammer, a. a. O., (Fn. 3), S. 200f.

66　Vgl. Hammer, a. a. O., (Fn. 3), S, 202ff.

67　Vgl. Hammer, a. a. O., (Fn. 3), S. 202ff.

(3) 組織体制の整備

　上記の法制定における連邦と州との権限配分関係は、記念物保存に係る組織編成からもうかがうことができる。ワイマール共和政において、文化事業を所管する内務省の下に、ライヒ芸術担当職員（Reichskunstwart）が設置された。しかしながら本職員は、幅広く高権的な措置を行うわけではなく、文化に関する立法や行政に対し助言を行うことと、広報活動などの非高権活動が主要な任務である。かつ、当該任務も、例えば建設に助言をするにしてもその対象はライヒが建設するもののみであり、州の管轄には関わることができないなど、非常に限定されたものであった[70]。

2　州の記念物保存行政の展開

(1)　包括的な州記念物保存法制定の試みと障害

　前項の権限配分の傾向にもかかわらず、州における包括的な記念物保存法制定の動きは停滞していたといえる[71]。むしろ、州の包括的な記念物保存法制定の動きに対して、この時期大きな困難が生じていた。すなわち、一部州には既に記念物保存法が制定されていたものの、このような州の活動に対して、ライヒ裁判所の判決[72]が異議を唱えた。当該判決においては、州が法律を通じて記念物保存に関する私権制限措置を行った場合、その措置は金銭補償を要する収用行為に当たると判断されたのであった。結果、ハンブルク記念物保存官庁が、記念物に隣接した土地の所有者に対して所有地の掘削作業を

68　Hammer, a. a. O., (Fn. 3), S. 201f.; Speitkamp, a. a. O., (Fn. 20), S. 177ff.

69　なお、教会および教会所有の財産に対する規制について、ワイマール憲法137条1項では国家と教会との分離が明文にて定められている。137条1項は、国家教会は存在しないとする（これは特にプロテスタント教会に見られた行政との密接な関係に対して重大な効果をもたらしたとされる）。他方、137条5項において、教会＝宗教団体は、公法人（Körperschaften des öffentlich Rechts）として取り扱われることとなっており、引き続き行政の監督が及ぶこととなった。結局、教会財産への規制につき、これまでとそれほど大きく異なることはなかった（Mieth, a. a. O., (Fn. 13), S. 130ff.）。

70　Speitkamp, a. a. O., (Fn. 20), S. 175ff. とはいえ、限定された任務のなか、特に建設記念物への関与には尽力した。州との争いが起きないよう慎重に活動をしつつ、州のみならず国にとっても重要な記念物に対して、保存・修復の模範を示した。

71　ヘッセン、オルデンブルクといった比較的小規模の領邦においては、いわゆる記念物保存法（Denkmalschutzgesetz）の制定に成功していた。しかし、これら法律が機能したか否かについては疑問が呈されている（Speitkamp, a. a. O., (Fn. 20), S. 314ff.）。

72　Reichsgericht, Urt. v. 11. 3. 1927, Ⅳ346/26, RGZ 116, S. 268ff.

禁止した行為につき、土地所有者への補償の必要性を認めたのである。このような記念物保存活動に対する消極的な見解が国の裁判所から示されたことから、州記念物保存法に基づく高権的活動が重い金銭負担を導くこととなり、州記念物保存法未制定の州が及び腰となる要因となった[73]。

　従来から指摘されていた所有権の侵害への懸念、および、侵害に伴う所有者あるいは管轄する州の負担に係る懸念も、引き続き州における包括的立法の最大の障害であった。自己の所有する財産につき、自由に処分する権利が奪われかねない所有者はもちろん、複数の州官庁、法律家たちからもこの懸念点については指摘されていた。

　特に、先の判決に関連して、州の官庁——主に財務担当官庁——からは、所有者に保存義務を課すこと等により、所有権の侵害に伴う補償が発生したり、あるいは、州が所有者の保存費用を援助したりすることに係る財政負担に対する反発が巻き起こった。また、文化を州の国家任務にすることが、結果的に他の国家目標——とりわけ、州の発展、経済上の近代化——を犠牲にしかねないことに対する懸念、そして、法律制定に伴い、新たな組織および体制の構築による権限の移動に対する懸念、も州官庁によって呈されている。

　そのほか、法律家からは、記念物保存という目的が所有者の処分権制限を法的に根拠付けられるかといった観点から疑問が呈された。これは、記念物というものを法的に定義することの困難さと併せて懸念された。

　なお、記念物保存活動を担っていた学芸員たちのなかにも、州記念物保存法の制定に消極的な者はいた。彼らは自らの活動について、法律に定められてこなかったために、形式にそれほどとらわれず、柔軟に問題状況に対応してきたという自負があったためである[74]。

(2)　専門組織整備の展開

　一方において、19 世紀以来の組織整備の動きは継続され、学芸員の常勤化、一層の専門化（保存担当と修復担当への分化（バイエルン）、古代遺産、建築記念物、教会遺産担当への分化（バーデン））などが行われている[75]。

73　Hammer, Martin/Krautzberger, a. a. O.,(Fn. 3), S. 61; Hammer, a. a. O.,(Fn. 3), S. 212.

74　Vgl. Speitkamp, a. a. O.,(Fn. 20), S. 331ff.

75　Speitkamp, a. a. O.,(Fn. 20), S. 228ff.

48 第1章 ドイツにおける法領域論の展開

Ⅱ ナチス・ドイツ期

1 文化統制と記念物保存への影響

　既に知られているように、ナチス・ドイツ期においては文化統制と呼ばれるイデオロギーに基づく一連の規制が行われ、行政は、ナチス（とりわけ総統）の望む文化様式に適合したもののみを奨励し、それ以外のものを排斥していた。この文化統制の動きは、体制内においても見解の対立があり、一貫した動きとは言い難く、また、統制される物の種類によって、統制の程度が異なっていたことから、影響を一概に論ずることはできない。

　とりわけ、彫刻や建築物といった記念物は、むしろ、国民に政党の威厳を示しやすいツールとして積極的に擁護・利用され、絵画等と異なり、それほど厳しい弾圧を受けなかった、との評価もされる[76]。ただ、そのような積極的な評価がされたといっても、保存・保護の様相は従来とは異なり、特異なものであったといえよう。

　というのも、あくまで、イデオロギー、特に人種に係る価値や文化にとって有益な一部の記念物[77]のみに保存の可能性が認められ、他方において、そのような価値を持たないものの、ドイツの歴史を形成するものに対してはそれほど注意が払われなかったためである[78]。かつ、イデオロギーの内容自体があいまいであるという問題が存在し、結局保存されうる記念物とそうでないものとの線引きは、明確には定まらなかった。

2 組織体制の変動——ライヒによる地方統制の機運

　ナチスによる権力掌握が進み始めた頃、記念物保存については、まず、ライヒでの記念物保存専門の職員・組織を形成することを通じて、州以下の自

---

[76] わが国においても知られている。例として、田野大輔「メディアの帝国—ナチズムの文化政策と政治美学」京都社会学年報7巻（1999年）63頁以下（69頁以下）。また、当時の文化政策の全体については、外務省調査部第二課編『ナチス・ドイツの教育政策、文化政策、社会政策（防共協定国国情調査第15号）』（外務省調査部、1939年）61頁以下。ナチ党の文化遺産保存施策に関し特に記念碑ないし記念建造物（Monumente）を残すことが意識されていたことについて、Vgl. Scheck, a. a. O.,(Fn. 21), S. 62f.; Hammer, a. a. O.,(Fn. 3), S. 241f.

[77] それは、古代、中世、といった特定の時代を指定するよりも範囲が狭くなる場合も存在する。例えば、ナチ党が最も明確に民族国家として認識していたスパルタ王国に係る知見、といった形で取り上げられる（Scheck, a. a. O.,(Fn. 21), S. 61f.）。

[78] Hammer, a. a. O.,(Fn. 3), S. 226ff.

治体の権限を制限することが試みられた。

　具体的には、公務員法（1933 年）の制定により、公務員の地位が法定されたことや、反体制的な公務員を排除する規定が整備されたこと、そして、ライヒ文化省（学術、芸術、公教育に関する省）が誕生し、文化大臣も併せて設置されたことが挙げられる。加えて、各州には、ライヒの見解を代理する職員が派遣され、ライヒ文化省、大臣との連絡役を担った。後に、ライヒの文化大臣とプロイセンの文化大臣とが兼任され（兼任時の担当者は Bernhard Rust）、終戦までその状態が継続したことも踏まえると、ライヒから各州への強力な監督が積極的になされ、地方から中央へ記念物保存行政の権限の重心が移りつつあったことがうかがえる[79]。

　ライヒ内にはほかにも、ドイツ文化闘争連盟（Kampfbund）や、ライヒ国民・郷土委員会（Reichsbund）といった文化に関する専門組織が誕生し、国民に対する国民性、民族性、アイデンティティの啓蒙、宣伝を行ったほか、ライヒの文化関係の専門職の養成に係る基準の作成などに関与した[80]。

3　立法の動き──私所有権の制限の可能性

　専門組織の構築が進んだのち、ライヒは記念物保存に係る立法に取り組んだ。このことはつまり、これまで継続されてきた州ごとの立法の動きではなく、国単位での立法の試みが三度試みられたことを意味する。

　先にライヒ記念物保存法提案前の活動について触れておくと、1933 年における国のシンボル保存に係る法律（Gesetz zum Schutze der nationalen Symbole vom 19. Mai 1933（RGBl. I S. 285）. 歴史的価値を有する物の模造品販売等を禁ずる）の制定に始まり、1934 年に、発掘物の管理に係る規律や、歴史的価値を有する空間の面的規制などが提案され、記念物の一般的規制への機運が高まっていったことが理解できる[81]。

　その後、1935 年に最初のライヒ記念物保存法の草案が誕生した（以下、「35年草案」）。35 年草案は、その後数回にわたって改正が行われた（1936 年草案、1937 年草案および 1938 年草案）。そのなかでも、基本形が完成した 1936 年草

79　Mieth, a. a. O., (Fn. 13), S. 155f.; Scheck, a. a. O., (Fn. 19), S. 40.

80　Scheck, a. a. O., (Fn. 21), S. 44ff.

81　Hammer, a. a. O., (Fn. 3), S. 232; Scheck, a. a. O., (Fn. 21), S. 136f.

50 第1章 ドイツにおける法領域論の展開

案を紹介する[82]。

1936年草案（以下、「案」）[83]は、前文において「ドイツ国民（民族）の義務として」、記念物の保存・保護を定める。そして、記念物の所有権には、「それ自体当然の性質」として、所有物の保存義務が備わっているとされ（案2条1項）、保存義務の履行のために所有者がライヒの法的支援・保存を享受する（案2条2項）。さらに、記念物のうち、公物と、記念物リストに登録された私物（登録には所有者の同意を要する（案5条2項））は、「特別に保存すべき記念物」として、案6条以下の特別な規制の下に保存される（案5条1項）。規制の内容は主に以下の通りである。対象である私物の所有者は、①対象物を適切かつふさわしい状態に維持することが義務付けられ（案6条1項）、義務履行のための記念物保存官庁（後述）の指示に従わなければならない（案6条2項。ただし、所有者の資力に応じた配慮がなされる）。そして、②記念物保存官庁による、記念物の状態を把握するための調査への応答義務や、届出の義務を課され（案7条、8条）、③対象物を変更あるいは売却する際には、記念物保存官庁に許可を申請しなければならない（案9条以下）。許可規制等、特定の義務に違反した場合は、懲役や罰金が科される（案25条、26条）。

また、ライヒの記念物保存担当組織として、①最高官庁であるライヒ文化大臣および大臣の下部組織として実際に業務を執行する記念物保存官庁と、②大臣に権限を委任される各州の最上級官庁、③ライヒ所属の場合はライヒ大臣に、州所属の場合は記念物保存官庁に対して、助言を行うなどして、その決定過程に関与する専門職員（動産あるいは不動産の記念物の担当は学芸員、発掘物の担当は保存職員）が、設置される（案3条、4条）。そのほか、発掘物に係る規制や危機に瀕した記念物に対する収用等の規定が用意されている。

以上から、ライヒ記念物保存法は、私物を含めた高権的介入を含めた記念物保存——情報としての把握のみでない、強力な変更・破壊制限——という、まさにこれまで幾度も州が模索してきた制度の導入を試みるものであった[84]。

しかしながら、この法案およびその後の法案は最終的に制定には至らず、ついぞ連邦単位での包括的立法はなしえなかった。その原因は、法案による

---

82 Vgl. Scheck, a. a. O., (Fn. 21), S. 137ff., 212ff.
83 LDSH Sauerm. FⅢ1, Bd. Ⅱ; Vorentwurf eines Gesetzes zum Schutze der Kulturdenkmale vom 22. Juli 1936.

州へのコントロール強度について、中央と州とで見解の対立があったためである。政権側からは、より州を強力にコントロールしたい意向が示されたが、その意向を反映させライヒ文化大臣の州に対する関与を強めた1938年案は、州の権限を根本的に喪失させかねないとして、多くの州から強力な反発を招き、意見がまとまらなかった[85]。

　結局ライヒ記念物保存法の計画は達成に至らなかった。とはいえ、他方においてそのほかの法律によって、間接的に記念物保存が図られたと見ることは可能である。特徴的なものを紹介すると、①上記ライヒ記念物保存法の保存対象外である「自然史的価値を有する物」を保存する法律として、ライヒ自然保存法（Reichnaturschutzgesetz vom 26. Juni 1935）が制定されている。また、②新たなゲマインデ法（Gemeindeordnung vom 30. Januar 1935）において、歴史的・郷土上特徴のある対象を保存することをゲマインデに義務付け（2条1項）、特別に価値のあるものが売却、変更される場合に許可制でもってこれを規制することが定められた（62条2項）。そして、③ライヒ労働省による建築設計に係る法規命令（Verordnung über Baugestaltung des Reichsarbeitsministerium vom 10. November 1936（VüB））によれば、建築物の建設および変更に、周辺環境への適合が求められ、特徴的な地点、通り、景観、記念物に配慮しなければならないとされた。本命令の内容は、プロイセンの醜悪化防止法に類似するが、ライヒ法であることにより、効果範囲はプロイセンにとどまらない。なお、ライヒ労働省は記念物保存活動の役割について、あくまで、記念物に関わる事項においては第一次的に記念物保存の担当職員が権力的に介入することができるとし、組織間での権限配分に配慮を示していた[86]。そのほか、④建築物の改築等に際して、不適切な部分、不適切な建築物の装飾等を排除することが、建築規制法において定められた[87]。

84　1927年のライヒ判決（前掲注72））によれば、ワイマール憲法の条文からして、州について記念物保存に係る補償なしの所有権制限が違憲であるとされる。他方、ライヒについてはこの限りではないこと、ワイマール憲法153条2項によればライヒ法の定めによる例外の設定が可能であることから、本法の規制がライヒならではの試みであると評する論者もいる（Vgl. Scheck, a. a. O.,（Fn. 21）, S. 186f.）。

85　Scheck, a. a. O.,（Fn. 21）, S. 186f.; Mieth, a. a. O.,（Fn. 13）, S. 157ff.

86　Scheck, a. a. O.,（Fn. 21）, S. 139.

87　そのほか、動産の記念物については、これを収用するための法律が整備された（Vgl. Hammer, a. a. O,（Fn. 3）, S. 247f.）。

第2款　法領域の形成に向けた動きと役割分担

　本款では、現代の法領域間関係の原型が誕生するまでの歴史的展開を追う。戦後の激動のなかで生まれた各種法律は、きっかけこそ世界的な趨勢に身を任せた結果であるが、それとは別に、長年ドイツにおいて議論されてきた——そしてこれまで本章で見てきた——ドイツ記念物保存法領域とドイツ都市計画法領域との関係性を改めて検討する場となったのである。

I　記念物保存法領域

1　戦後直後の都市政策およびそれに対する抵抗

　第二次世界大戦の最中に、ドイツにおいて多くの記念物、建造物が破壊されたことは言及するまでもないが、それに加えて戦後直後には、復興のために行った都市計画政策が原因となり、戦争の残骸は一掃され、わずかな遺構すらも、ほとんど消失した[88]。

　前後して、ドイツのみならずヨーロッパ全体において、経済が回復・発展し、人口も増加していくにつれ、道路・鉄道等のインフラや住宅・工場等が多く必要とされた。この状況に、技術革新、様々なサービスの機械化が加わり、建設・増設のスピードは飛躍的に加速した。他方において、それら設備を増設するために、古い町並みは急速に姿を消すこととなった。また、機能的な建築物を量産する技術の発展、生活スタイルや社会構造の均質化によって、都市そのものが標準化されていった。

　結果として、各国独自の過去・歴史・文化を色濃く残す記念物が危機にさらされると同時に、均質化していく都市において都市の特徴、記憶を残す記念物の重要度が増加するに至った[89]。この状況下において、地域、国、ひいては世界の財産としての記念物の保存を求める声が、専門家のみならず市民からも上がり、政治的にも高い関心を呼んだ[90]。

88　Hammer, Martin/Krautzberger, a. a. O., (Fn. 3), S. 51ff.; Jan Nikolaus Viebrock, Hessisches Denkmalschutzrecht, 3. Aufl., 2007, S. 1f.

89　Geschichts- und Museumverein Alsfeld e. V, Alsfeld: europäische Modellstadt, 1975, S. 10ff.; Viebrock, a. a. O., (Fn. 88), S. 1f.

90　Hammer, Martin/Krautzberger, a. a. O., (Fn. 3), S. 65; Ringbeck, a. a. O., (Fn. 21), S. 21; Ernst- Rainer Hönes, Denkmalschutz in Rheinland- Pfalz, 4. Aufl., 2023, S. 39f.

2　ヨーロッパ記念物保存年

(1)　ヨーロッパにおける記念物保存活動の展開

　戦後の記念物に迫った危機および記念物保存への注目の高まりについては、1963 年に欧州議会（Europarat）に提出された文化・科学委員会の報告書に記載された[91]。加えて、当該報告書において、記念物保存・活用のための対策として、①加盟国や関係団体（私的団体を含む）を集めた会議を開催し、記念物保存に係る課題を共有し解決策を協議すること、②記念物保存のための組織体制を確立すること、③保存対象のリストを作成し、視覚化すること等が提言された。これを受け、五度にわたって加盟国代表による事前会合（1965-68 年）を経たうえで、1973 年より 3 年間のキャンペーンを展開することが決定された[92]。そして、キャンペーンの最後にして、集大成である 1975 年に、欧州議会の会合においてヨーロッパ記念物保存憲章[93]が採択されたほか、この年を「ヨーロッパ記念物保存年」と設定し記念事業等が行われた。

(2)　ドイツでの活動

　以上のヨーロッパ記念物保存年のキャンペーンに対応して、ドイツにおいても記念物保存、特に都市計画と連動した記念物保存の体制整備が進められた[94]。

　(a)　ドイツ記念物保存国家委員会（DNK）　　まず、始動時の 1973 年には、ドイツ記念物保存国家委員会（Des Deutsches Nationalkomitees für Denkmalschutz, DNK）が設立された。本委員会は、ヨーロッパ記念物保存年のキャンペーンに係る行動計画を制定する国際組織委員会（Internationale Organisationskomitee, IOK）の施策を加盟国内にて実行するための組織である。ドイツ以外の加盟国にも同様の委員会が存在し、各国家委員会の代表は、IOK の構成員となって、自ら計画策定にも関与する[95]。DNK の場合、キャンペーン終了後も解散

91　Council of Europe, Report on the preservation and development of ancient buildings and historical or artistic sites, Consultative Assembly of the CoE, 18th April 1963; Vgl. Maren Fürniß, Die Kampagne des Europarates für das Europäische Denkmalschutzjahr 1975- Entstehungsgeschichte, Ziele und Umsetzung, in Michael Falser/Winfried Lipp/ICOMOS Österreich, Eine Zukunft für unsere Vergangenheit, 2015, S. 73ff. (73f.).

92　Alsfeld, a. a. O., (Fn. 89), S. 13ff.; Moos, a. a. O., (Fn. 15), S. 16f.; Fürniß, a. a. O., (Fn. 91), S. 74ff.

93　Europarat, Europäsche Denkmalschutz-Charta, 1975.

はせずに、連邦政府の文化・メディア担当委員所属の組織として存続しており、連邦、州、ゲマインデ、その他私的団体や教会の代表等をメンバーに、記念物をはじめとする文化に関する様々な利害を調整するインターフェースとして現在に至るまで活動を継続している[96]。

(b) 都市景観保存のモデル事業等　次に、ドイツは、関係する欧州議会の会合のほか、記念物保存・修復活動実験（記念物、そして記念物の存する地区を、都市計画の一環として保存・修復し、かつ、それらを社会・生活環境に取り込むことで、住宅地その他環境の保全に貢献することを実証するためのプロジェクト。ドイツからは、ベルリン、アルスフェルト、トリーア、ローテンブルクが選出されている）といった各種のプロジェクトへの参加も果たした[97]。ほかにも、関連の広報活動や、出版物の刊行も行った。

(c) 各州の記念物保存法の制定あるいは改正　最後に、各州の記念物保存法の制定あるいは改正が行われた。記念物保存法は、ほぼ全ての州において1975年前後に制定あるいは改正されている[98]。これまで述べた通り、戦前か

94　なお、本節におけるドイツとは、基本的に統合前の西ドイツを指す。統合前の東ドイツにおいて、いかなる記念物保存が行われていたかは、以下で概説にとどめる。

　東ドイツにおいても、指令（1952年令および1961年令）と、国法（1975年記念物保存法）による、記念物保存が行われていた。しかし、これらの活動は、ナチスの文化統制に代表されるファシズム支配からの解放というメッセージ性を前面に出したものであったこと、また東ドイツにつき、ソビエトとの関係上、西側諸国が主導する欧州議会等の活動に積極的に関与し難い政治状況が存在したことから、以上の東ドイツの記念物保存活動は、ヨーロッパ記念物保存年関連の活動とは、一線を画す立場にあった（Hammer, Martin/Krautzberger, a. a. O.,（Fn. 3）, S. 26f. とはいえ、全くヨーロッパの活動の影響がなかったわけでもなく、またイコモスの地域会議がDDR内で行われるなど、多少の関わりは有していた。Vgl. Sigrid Brandt, Die Frage einer Beteiligung am, Europäischen Jahr des Kulturerbes 'kann nur von den Regierungen der Sozialistischen Länder entscheiden werden-Positionen und Realisiertes in der DDR, in Falser/Lipp/ICOMOS Österreich, a. a. O.,（Fn. 91）, S. 358ff.）。その特殊性は、ヨーロッパ記念物保存年と同年に制定された記念物保存法の内容からもうかがえる。この法律にいう保存すべき記念物とは、当時の欧州議会や西側諸国が挙げる歴史・学術等の価値ある記念物（Denkmal—複数形 Denkmäler）ではなく、あくまで社会主義国家にとって価値のある物（Denkmal—複数形 Denkmale）となっているとされる（Ernst- Rainer Hönes, Das Europäische Denkmalschutzjahr 1975 und seine Auswirkungen auf den städtebaulichen Denkmalschutz, in Falser/Lipp/ICOMOS Österreich, a. a. O.,（Fn. 91）, S. 512ff.（522ff.））。

95　Alsfeld, a. a. O.,（Fn. 89）, S. 18; Fürniß, a. a. O.,（Fn. 91）, S. 74f.

96　Hönes, a. a. O.,（Fn. 94）, S. 515ff. Organisation-Deutsches Nationalkomitee für Denkmalschutz（dnk. de）（最終閲覧 2024年11月5日）

97　Alsfeld, a. a. O.,（Fn. 89）; Fürniß, a. a. O.,（Fn. 91）, S. 78f.; Hönes, a. a. O.,（Fn. 94）, S. 515ff.

98　およそ1973年〜1978年の間に行われている。例外は、ノルトライン・ヴェストファーレン州の1980年法である。

ら一部の州に存在していた記念物保存法は、①保存対象が限定されている、または保存対象の種類ごとに個別法が用意されている、②私人の所有権を制限することへの抵抗が強く、実効性の不十分なものが多く存在していた。

　他方、1975年前後に作成された法律は、①記念物を包括的に定義し、発掘品や動産等の種類によらず、一つの法律内でこれを規律し、②所有者が私人であるか否かを問わず、一律に保存義務が設定され、かつ、全ての対象物に対して[99]、変更等の際の許可申請、法律違反の破壊行為等に対する罰則等を定めている点において、従来の法律と異なるものとなっている。

　例として、ヘッセンの1974年法[100]は、概念定義規定において「この法律にいう保存する価値ある文化記念物とは、芸術、学問、技術、歴史、あるいは都市計画上の理由から保持されることに公益が存在する、物、物の集合、物の一部である（2条1項）」としたほか、道路、広場、街並み、城や公園、さらにはそれらに付随する空き地、植物、水面も含めた空間全体（18条1項）、発掘品（19条）も全て一つの法律において規律している。そして、記念物の所有者等（私人か公的機関かの区別はない）に対象物の保存を義務付け（12条1項）、記念物の破壊、移動等の行為に許可を要する（16条1項、2項）。所有者が保存義務に反して記念物を危険にさらせば、行政による代執行が行われ（12条3項）、許可規定に反して破壊行為等を行えば、罰金が科せられる（27条1項）。また、収用および収用類似の侵害についても、非常に大まかにではあるが、法律上に補償の要否に係る基準が示された（26条1項）[101]。

　なお、上述の記念物保存法の作成にあたっては、1974年11月にDNKが「記念物保存法とその運用に関する要求」と題した文書を発表している。当該文書には、州記念物保存法の条文の原型ともいえる内容が記載されており、モデル法としての機能を果たしていたと思われる。文書においては、①公物であるか私物であるかと問わず、所有者が誰であろうと、全ての記念物が同等に保存・保護されることが明言され、さらに②記念物保存官庁および記念

99　ただし、当時の州記念物保存法の保存対象物は、各州が管理する州記念物保存リストへの登録が必須となっていた州が多く見られた。このことは後に、各州法の改正で変化することとなる。

100　Gesetz zum Schutz der Kulturdenkmäler vom 23. 9. 1974（GVBl. Ⅰ S. 450）.

101　この法律の制定に係る背景に、所有者の自由な意向に基づく私所有物である記念物の滅失を防止する意図が存在したことについて、本書第3章第3節参照。

物保護官庁、委員会などの組織を形成すること、③許可制等記念物の保存手法を規定すること、④他法の許可と記念物保存法の許可とが重複する際の記念物保存官庁の参加手続を定めることが要求されていた[102]。

Ⅱ　都市計画法領域

1　都市計画に係る連邦の権限

　記念物保存との関係、という観点から注目すべきは、連邦建設法の制定である。連邦建設法が制定される以前においては、ライヒや複数の州をまたいだ組織等による動きがあったものの、都市計画、特に都市保存（眺望や構造などその都市が持つ固有の特徴たる要素を残したまま保存することで都市のアイデンティティを確保すること）という行政任務は、未だ州を中心として行われていた。このことは、広範囲にわたって行われる都市全体の保存には不向きであった。特に戦後、ドイツ全土の被害に対する復興施策の実行にあたっては、各州が、持ち合わせている都市計画に関する法律（Aufbaugesetz）を用いて、各々に行動を起こすほかなく、各地に存在する遺構を含めた都市保存を一体的に行うための実効的な行動は期待できなかった[103]。

　そのため、連邦規模の都市復興施策が求められたが、当時、国土整備、都市計画、建築監督といった関係任務における、連邦と州との権限配分が明確に定まっていないことが議論になり、そもそも連邦として、都市計画関係の事業につき何が実行可能であるのか、あるいは、何か権限行使が可能であるとして、いかなる程度の規制が許されるのかが問題とされた[104]。このような状況において、連邦憲法裁判所1954年6月16日判決[105]は、連邦の都市計画法に係る立法権を判決において認めた。これを受けて、連邦による都市計画法である、連邦建設法（Bundesbaugesetz, BBauG[106]）が1960年に制定された。

　とはいえ、連邦建設法の重点は戦争で傷ついた都市の再建および発展であり、その意味で、記念物や歴史的価値のある都市景観の保存はそれほど意識

102　Deutsches Nationalkommittee für Denkmalschutz, Anforderungen, die an ein Denkmalschutzgesetz und seien Vollzug zu stellen sind, Alsfeld, 4. 11. 1974.

103　Hönes, a. a. O., (Fn. **94**), S. 512f.; Battis, a. a. O., (Fn. **43**), S. 28f.

104　前掲注**103**）。

105　BVerfG, Gutachten, v. 16. 6. 1954, 1 PBvV 2/52, juris.

106　Bundesbaugesetz, vom 23. 6. 1960（BGBl I S. 341).

されることはなかった。折しも、当時より存在した一部の州の記念物保存法は、実効性をあまり有していなかったため、結果、先述の記念物保存に係る欧州の動きを待つよりなかった。

2 都市保存への転換

記念物保存を含む歴史的な都市景観保存の思想はしたがって、上記欧州の動きと並行して次第に連邦の都市計画行政に表れてくることとなる。

(1) 連邦建設法と関連法の整備

1971年に制定された連邦都市建設促進法（Städtebauförderungsgesetz, StBauFG[107]）は、都市保存の観点を取り入れた復興施策に対して、行政が支援を行うという法律であった。後の建設法典における第2部「特別都市計画法」の部分に当たる内容を主としており、再開発計画の策定および当該計画における建築記念物への配慮等が規定されている。加えて記念物保存という言葉そのものは用いられなかったものの、自然記念物、建築記念物の保存に関する州法の規定は、本法にかかわらず適用されるとの規定もあり、記念物保存法への配慮が看取される[108]。

その後、1975年にヨーロッパ記念物保存憲章が採択され、直後の76年には、連邦建設法が改正された[109]。ヨーロッパ記念物保存年の具体的な動きは、前述の通りであるが、このことは都市計画にとっても意義深いものであったと考えられる。すなわち、ヨーロッパ記念物保存憲章においては、ヨーロッパ全体におけるあらゆる活動によって、記念物保存という目的を達成すると宣言された。それに続けて、目的達成に向けた10の原則——期間中、欧州議会の会議にて議論されてきた課題に対する提言——が示されている。なかでも、①建築物単体のみならず、その集合、都市や町村全体、建築物の周辺区

---

107 Gesetz über städtebauliche Sanierungs- und Entwicklungsmaßnahmen in den Gemeinden（Städtebauförderungsgesetz), vom 27. 7. 1971（BGBl I S. 1125).

108 もっとも、この頃自然記念物の保存に関係する自然保存法は1935年のライヒ法が存在した一方で、建築記念物を保存する記念物保存法は未だ一部の州法のみであったうえ、不十分な実効性を有するものがほとんどであったため、本規定がどれほど有意義な規定であったかは不明であるとされている（Vgl. Hönes, a. a. O.,（Fn. **94**), S. 513.）。

109 Gesetz zur Änderung des Bundesbaugesetzes, vom 18. 8. 1976（BGBl I S. 2221).

域もまた、ヨーロッパの建築遺産として保存すべきこと、②ヨーロッパの建築遺産に対して危機が迫っており、特に、経済上の圧力あるいは交通に関する要求に過度に従った都市計画上の措置は、記念物に対して破壊的な効果をもたらしうること、③そのような危機を排除すべく、建築物の適切な利用可能性を確保しつつ、古くなっていく都市を近代化あるいは修復していくという思考（erhaltende Erneuerung）を都市計画、地域計画の基本的前提に据えなければならないと明言されたことは、記念物保存と都市計画を調和させる視点から注目される[110]。これを受けてドイツ連邦政府は、「考えを改めさせられ」[111]、記念物保存法と都市計画法との調和に向けて積極的に動いたのである。

　76年の連邦建設法改正の主目的は、連邦都市建設促進法と平仄を合わせるべく、内容を調整することであり[112]、ヨーロッパにおける記念物保存の動きを受けたものとは言い難いが、結果的に、再開発・近代化計画や保全条例といった記念物・都市保存に係る規定が連邦建設法内に現れることとなった[113]。このことが意味するのは、州記念物保存法では対応が困難な大規模、広域な行政過程において、都市計画が記念物保存の利害に配慮することが可能となるということである。

　1980年には、国土整備法を含む国内の主要な法律において、記念物保存の観点を取り入れ、記念物保存の利害に配慮することを定めた「連邦法において記念物保存に配慮するための法律[114]」が連邦において制定された。

(2)　建設法典制定と記念物保存

　1986年に建設法典が制定された。この点、法律制定前に、連邦議会において、連邦政府がドイツの文化に対する援助政策等につき自らの見解を表明する機会が設けられたことが注目される[115]。それまで35年にわたり、連邦は文

110　Europarat, a. a. O.,（Fn. **93**）.

111　Bundesrat, Bt-Drs. 10/2237, S. 28.

112　Battis, Battis/Krautzberger/Löhr, BauGB, 15. Aufl., 2022, Einl. Rn. 17ff.

113　改正に際して、記念物保存に関する規定、特に保存条例に関する39h条の導入は、議会において激しい抵抗に見舞われた。理由は、州法の管轄たる記念物保存に、連邦が関与することになりかねないとの懸念があったことである（Hönes, a. a. O.,（Fn. **94**）, S. 519ff.）。後述第2章第2節第3款も参照。

114　Gesetzes zur Berücksichtigung des Denkmalschutzes im Bundesrecht vom 1. 6. 1980（BGBl. I S. 649）.

化に関する政策につき見解を呈する機会がなかったため、これは戦後直後の復興がひと段落し、かつヨーロッパにおいて記念物保存の動きが活発化するなかで、連邦政府による初めての文化に関する政策に関する発言とされる。議事録によれば、州の文化高権は維持されるべきものであり、そして、記念物保存行政は州の管轄であると明言したうえで、連邦政府は、以下の任務を行うと明言した。すなわち、①ヨーロッパ記念物保存憲章の推奨する思考（erhaltende Erneuerung）を都市計画において実現すること、②効果的な記念物保存を行うために、連邦建設法の BL プラン[116]に基づく措置を、記念物保存を補強する——記念物とその周辺との調和、それらの一体的な発展、そして周辺の、記念物に配慮した慎重な利用を可能にする——重要な手段とすること、③保全条例等、連邦建設法の制度を整備することにより、ゲマインデに都市計画上あるいは文化史の観点から建築物を保存する手段を確保させること、④連邦建設法において、将来的に建築物保存の観点に特別な意義を持たせることである。

　1986 年の建設法典は、連邦都市建設促進法を完全に吸収し、現在の建設法典とほぼ同じ内容の法律となった。本法律の草案において、改正の方針として「都市計画法における記念物保存への配慮を、明確な形で改善する」ことが述べられたが[117]、この背景には、以上のような 60 年代頃から継続しているヨーロッパ全体の記念物保存の流れがあったと考えられる[118]。建設法典が制定されたことにより、都市計画法領域と記念物保存法領域との関係は、より一層深化することとなったといえる。

---

[115] Bundesrat, Bt-Drs. 10/2236, Bt-Drs, 10/2237.

[116] Baugesetzbuch, vom 23. 6. 1960（BGBl I S. 341）(BauGB), §1Abs. 2.

[117] Bundesrat, Bt-Drs. 10/4630.

[118] 86 年法自体は、従来の連邦建設法と比べて、内容に本質的な変化があったとはいえないという評価が一般的である。記念物の保存に対する配慮が明文に表れたものの、60 年法の頃より、条文の解釈上、記念物保存への配慮はなされていたとする見解も存するところである（Vgl. Battis, a. a. O.,（Fn. 112）, Einl. Rn. 20ff.; Hönes, a. a. O.,（Fn. 94）, S. 513, 521）。以前から記念物保存の一端を建築関係規定が担ってきたこと、現在の都市計画制度の原型が誕生したとされる一連の醜悪化防止規定に関する動きからすれば、記念物保存の精神が 86 年法以前から都市計画法に受け継がれていたとしても不思議ではない。とはいえ、立法府がここまで明確に記念物保存への積極的な関与を述べ、かつ、それが条文に反映されたことの意義は、歴史的経緯からすれば小さくないと考えられる。

第3款 小 括

　本節においては、ワイマール帝政期から現在の記念物保存行政の体制が確立するまでの歴史的展開をみた。

　立法に関しては、ワイマール期の法制度として最大の特徴であるワイマール憲法において、国家が記念物保存に介入する可能性のある条文が現れたものの、実際には国家はこの可能性を積極的に用いることなく、州に記念物保存立法のほとんどを委ねた。他方において、組織に関しては、ライヒ直轄の記念物保存専門組織を設置し、限定的にではあるが、州の記念物保存行政に間接的に介入することを試みた。

　以上から、記念物保存行政の管轄は引き続き州であるが、他方においてライヒ裁判所の憲法解釈により、州の立法の機運には冷や水が浴びせられた。結果として、従来通り専門行政組織の形成、内部的な統制が中心となり、高権的介入については都市計画法や教会法等を通じて、間接的に記念物保存の利害に配慮させる形で行うこととなった。

　ナチス・ドイツ期においてこのような状況は変化の兆しを見せる。ナチス・ドイツ期においては、ライヒ単位での記念物保存活動が積極的に行われたことが特徴的である。記念物保存行政に携わる組織について、ライヒ所属の担当部局・職員が設置され、州に対する監視を強めたほか、中央主導の記念物保存活動に向けた準備が整いつつあった。他方において、中央主導の記念物保存にとって重要なライヒの記念物保存法の制定は成功しなかった。ライヒ記念物保存法は国民そして民族の義務としての記念物（文化）の保存が掲げられ、私物を含めた記念物の強力な保存を内容としていたがライヒと州が対立し意見がまとまらなかったためである。

　とはいえ、ナチス・ドイツ期におけるライヒ記念物保存法は、その内容において現在の州記念物保存法にかなり近い要素を有している。これまでの時代の推移からみれば、このような法律の内容は特異的といえようが、一方において、現在の記念物保存体制からすれば重要な転換点となったと評することができる。かつ、ワイマール帝国およびナチス・ドイツ期双方で権限管轄の争いがあり、それでもなお州の管轄が維持され、その重要性が改めて強調されたといえよう。

第3節　州による記念物保存任務の確立　*61*

　続く戦後の復興、および都市の開発に対する世界的な動きが起こり、欧州
においては、その潮流がヨーロッパ記念物保存年に結集した。これを受けて、
ドイツにおいては、①連邦における記念物保存専門組織の設立、②都市計画
の一環としての記念物の修復活動、③各州の州記念物保存法の整備が行われ
た。

　他方、都市計画法領域においては、戦後直後、都市計画の主体を、州から
連邦に移行させることが求められ、連邦建設法が制定されるに至った。この
とき、未だ歴史的都市の保存に向けられた法整備は積極的には行われていな
かった。その後、ヨーロッパ記念物保存年を経て、連邦法において記念物保
存の利害に配慮することが求められた結果、1986 年の建設法典制定に至るま
での過程において、立法府が都市計画法における記念物保存を実現させる意
図が明示された。

　これまでの歴史の流れを見れば、19 世紀以降、独自の領域であることが強
く意識されながらも、実効的な規制手法がなく、都市計画などほかの法律に
よる間接的規制と、内部組織の編成によって行われていた記念物保存に係る
法的活動に対して、州ごとの一般法が誕生したということは大きな転換点で
あった。それと並行して、記念物への配慮をしたうえでの都市計画ないし広
域計画という特有の任務を達成するため、都市計画法も整備された。

　以上の展開には、ドイツ基本法の制定も、大きく影響していると思われる。
すなわち、基本法の条文において、①ワイマール憲法に引き続き、公共の福
祉という範囲での所有権制限が明文で認められていること、②権限管轄に係
る規定において、複数の任務遂行権限が連邦に付与されたものの、記念物保
存に係る権限付与は否定されたこと[119]から、都市計画において（間接的に）行
われる記念物保存を行うため、州との連携体制――二つの法領域の適切な距
離関係――の模索が行われるようになったと評することができよう。その結
果たる現在の法領域間関係については次章で詳細を述べる。

---

[119]　州の文化高権（Kulturhoheit）について Vgl. Sophie-Charlotte Lenski, Öffentlich Kulturrecht, 2013,
　　S. 95ff.; Class Friedrich Germelmann, Kultur und staatliches Handeln, 2013, S. 335f.。

第4節 小　　括

　本章では、ドイツ記念物保存法領域とドイツ都市計画法領域とがいかにして密接な関係を築き上げたのか、その歴史的経緯を明らかにすることを試みた。本章の分析の結果明らかになったことをまとめると以下の通りである。

Ⅰ　記念物保存法体系の形成過程について

　まず、現在の記念物保存の法体系、とりわけその中心となる各州の記念物保存法がいかにして形成されてきたのかということについていえば、直接の契機はごく最近、戦後になってからであった。

　これまでの歴史において、侵略等の外部的要因および交通・産業・技術の発達や人口増加等の内部的要因などによって、国家が危機にさらされるたびに、文化——そして文化の表現である記念物——への注目は高まってきた。とりわけ、第二次世界大戦およびそれによる都市の甚大な破壊と急進的な復興は、国以上の広域に対して、各地域固有の文化の重要性を認識させた。このことから、国際的な記念物保存の動きが起こり、それに呼応するかのごとく、ドイツにおいても、各州の記念物保存法が一新されたほか、記念物保存に係る連邦の組織の整備などが行われた。

　しかしながら、それ以前の時代においても、記念物保存に係る法的規制の試みは取り組まれ続けていた。それまでは為政者や教会の意思に基づく個別的な保存活動が中心だったものが、ルネサンス期以降の歴史研究の発展に伴い、公的な任務としての記念物保存に変化が見られた。ただし、私所有権の制限に対する懸念、財政への負担といった理由から、これら活動の成果は記念物保存のための専門組織の形成と、彼らによる管轄区域内の記念物の調査、記録の作成が主要なものである。それ以外の規制手法については、都市計画（特に建築警察）法をはじめとする他法に基づいた規制に委ねていた。

　状況が大きく変化したのは19世紀から20世紀の初頭にかけて起きたドイツの新体制発足および都市の発展現象である。都市環境の悪化に対してプロイセンの醜悪化防止に係る立法などの動きが行われたが、当該法律の制定過程から、建築規制とは異なる、記念物（地域の歴史・文化）保存という固有の

法領域が見出されるに至った。そして、ワイマール帝政期において、記念物保存に係る包括的立法の可能性が模索された。

Ⅱ　都市計画と記念物保存との関係の歴史的展開について

　次に、都市計画法領域が、以上の記念物保存法領域の形成過程においていかなる関係性を有していたのか、という点については、特定の価値を有する不動産を保存する制度が誕生した頃より、両者には密接な関係があったことがわかる。

　記念物保存に係る法規制が存在しない時代には、建築規制の手法によって特定の建築物の破壊等が禁止されることで守られてきた。時代が進むにつれ、歴史研究の発展、都市の美観維持の文脈およびそれとの異同の認識から、固有の法領域としての記念物保存が確立されつつあったが、そのような状況にあってなお、建築規制・都市計画規制による記念物の保存は重要な意義を有していた。戦後、各州において記念物保存法が制定されると、これらの法律に、それまでの個別建築規制は集約されるようになった。しかしながら、より広域の面的な規制という都市計画法領域固有の規制手法が記念物保存に有用な面もまた認識されており、主要な規制を記念物保存法領域に委ねながら、関連する法領域として、記念物保存の利害に配慮するという形での独自の規制が生まれたといえる。

　このように見るならば、両法領域の歴史的な展開は、都市計画の一環で規制を行ってきた領域が、専門的に行われるために新たな法体系となって分離したという見方ができる。そのうえで、分離をしながらもなお旧来の手法で規律を行うことが有用な部分を見出し、そこに積極的な規制を行いつつ、専門領域との適切な距離を模索するという制度設計が試みられているのである。

　以上の成果からは、保護目的や保護すべき価値の観点から個別の法領域として生まれ、どのような法的規制および規制主体を形成すべきかを検討し続けてきたという記念物保存法領域の歴史と、従来から存在した法領域との関係を連邦制の下でいかに適切なものとするか、という都市計画法領域との法領域間関係形成の歴史とは、切っても切れないものであることがわかる。非常に長い時間をかけて、両者の関係を模索してきた現在の到達点については、次章にて検討を行う。

第 2 章　記念物保存と都市計画の法領域間関係

第 1 節　はじめに

Ⅰ　本章の目的

　前章において、記念物保存法領域が、都市計画法領域といかなる関わりを有してきたかを明らかにすべく、記念物保存法が誕生し現在の形に至るまでの歴史的展開を分析した。

　続く本章では、ドイツ記念物保存法領域と都市計画法領域を題材にして、ドイツ行政法における個別法領域が、他の法領域の影響をいかに受けて形成されているのかを、条文、裁判例、そして学説から分析することを目的とする。

　改めて、ドイツ行政法における法領域とは、基本法に基づく立法管轄・司法管轄規定の下で、記念物保存、環境保護、警察任務などの固有の行政任務、また、それらが保護する固有の法的利益に対して、関係を有する法規——それは作用法にとどまらず組織法や救済に係る理論も含む——を体系的に整理する考え方であり、これまでわが国のドイツ行政法研究ではそれほど注目をされてこなかったものである。本書において、本章は特に法領域および法領域間関係の存在、様相を直截に示した部分である。

Ⅱ　本章の構成

　本章の構成は、以下の通りである。最初に連邦制に基づく両法領域の立法・行政・司法管轄を確認しつつ、両法領域の持つ法体系を整理する。そのうえで、両法領域の主要な法規を、特に他法領域との連携を示す条文を中心に紹介し、互いに規律上いかなる影響を受けているのか分析する。特に、連邦制の観点から許容される連携の限界と、連邦制を逸脱した連携に対する厳格な排除の問題について、保全条例制度に端を発した一連の裁判例および学説上の議論を通じた分析を行う（第 2 節）。次に、両法領域間にまたがる権利救済上の諸問題について、裁判理論を中心に紹介し、私法の場面における法

領域間関係の存在について包括的な検討を行う（第3節）。紹介する議論のうち取消訴訟上の原告適格に係る議論は、それ自体多くの検討素材を有しているため、次章で独立させて詳細に検討することとしている。そのため本章での紹介は、次章に向けての導入の意味を有する。また利害衡量問題の紹介についても、第4章の中心的論題であるが、対象とする法領域間関係が本章と第4章で異なるため、本章の分析は、記念物保存法領域と都市計画法領域の間の法領域間関係の様相を知るという意義のほかに、第4章で取り上げる法領域間関係との比較分析の素材としての意義も有する。最後に、本章の議論を総括する（第4節）。

第2節　立法・行政からの分析

　以下では、両法領域の規範体系を確認し、両法領域の中心的法規を概観することで、両者が現在いかなる関係を有しているのかを検討する。先に都市計画法領域に係る規範体系と関係法規の分析、続いて、記念物保存法領域の規範体系と関係法規の分析を行う。なお、本章で取り扱う記念物の定義については、前章第1節で確認したものと同義である。

第1款　都市計画法領域の規範体系からの分析

I　連邦の規律

1　都市計画法領域の持つ規範体系

　都市計画法領域は、基本法74条1項18号に基づき、競合立法管轄とされている。この定めに基づき、連邦が建設法典等の関連法を規律しているとともに、州において連邦法を具体化するための法律（州建築規制法等）等が定立されている。本款においては、ドイツ都市計画法領域[1]に分類される法令のうち、最も中心的な役割を果たす建設法典（Baugesetzbuch, BauGB）および、建設法典の実行のために定められた州建設規制法（Landesbauordnung, LBauO）を基本的に取り上げることとする。なお、当該法領域に係る諸法の関係性や法

1　ドイツ都市計画法の基本構造について、藤田宙靖『西ドイツの土地法と日本の土地法』（創文社、1988年）26頁以下。

の内容は度々わが国の研究においても取り上げられているため、適宜、先行研究を参照しつつ、記念物保存法領域との関連がある部分に着目して議論を進める。

ドイツ都市計画法領域においては、土地利用一般に係る総合計画を規律する法令と、道路、空港等対象事項ごとの部門計画を規律する法令とが存在する。そのうち本款において取り扱うのは、総合計画に係る法令である。総合計画に係る法令は、国土整備法（Raumordnungsgesetz, ROG）を頂点として、州が策定する州発展計画ないし州国土整備計画、それから行政管区（Regierung）等が策定する広域地方計画に関係する各州の法律（Landesplanungsgesetz, LPlG。ただし、名称は一定でない）、さらにその下にゲマインデが策定する建設管理計画等について規律する建設法典が存在する。

そして、建設法典における建設許可審査の具体的な基準、さらには違法建築の取締りに関する警察規制（いわゆる建築警察）の内容を定めたものが、各州の建設規制法である。州建設規制法には、他法に基づく許可規定との調整に係る規定等も定められている。

2　国土整備法

国土整備法は（以下、本項において「法」）、ゲマインデの計画よりも広域かつ総合的な州計画を規律する法律である。記念物保存との関係につき、本法によれば、国土整備の原則として、文化——自然記念物を含んだ歴史的な特徴を有する成熟した文化景観を保護すべきことが規定されている（法2条2項5号）。かつ、空間に影響をもたらす計画あるいは決定は、本法に定められた国土整備の目的および原則に拘束される（法4条）。そのため、国土整備法2条2項5号の原則は上位計画の原則として、建設法典等の下位の計画に影響する。加えて、本法に基づく州ないし行政管区の計画（広域地方計画等）について、その策定段階に記念物保存官庁が関与しうることが規定されている（法9条1項、2項）[2]。

2　ちなみに、部門計画については、景観計画等、一部記念物を保存対象としたものが存在する。例えば、ドレスデンの2018年に策定された景観計画（Stadtratsbeschluss vom 17. Mai 2018）には文化記念物への配慮が見られる（TeilB）。

3 建設法典

建設法典は、ゲマインデが策定する計画について規律した法律である。ゲマインデの策定した計画を通じて、当該ゲマインデ管轄地域内に一定の区域が設定され、当該区域の建設利用方法や建設可能な建築物の種類[3]が定められる。そして、土地の所有者等から申請された建設案が、関連区域に設定された計画に適合しているか否かを審査する基準についても、建設法典に定めが存在する。そのほか、都市の再開発や歴史的都市の保存等特定の目的でもって策定可能な特別な都市計画に関する定めも存在する。以下、条文に沿って分析を行う。

⑴ 建設管理計画の一般原則

建設法典（以下、本項の条番号の記載において「法」）の中心的な規律である、建設管理計画の制度においては、一般原則から各計画区域個別の条文に至るまで、記念物保存利害に配慮する規定が存在する。はじめに、本項において、一般原則の記念物保存に係る部分を確認する。

建設法典によれば、ゲマインデは、都市計画上の発展あるいは要請があれば、そしてその限りにおいて、建設管理計画を策定しなければならない（法1条3項1文）。建設管理計画は、その内容において、国土整備の目的に適合させること（同条4項）、および、都市の持続的な発展に寄与することが求められる（同条5項1文）。そして建設管理計画策定を通じて積極的に貢献すべき課題として、都市のデザイン（Gestalt）および街並み・景観を建築技術の観点から保存し、発展させることが挙げられる（同条5項2文）。都市のデザイン、街並み、景観は、それぞれ直接記念物を意味するのではないものの、記念物に深く関わる概念として、都市計画法上記念物を保存することの大綱的指標の役割を果たす[4]。

これに加えて、建設管理計画策定にあたり、特に配慮しなければならない利害として、記念物保存に係る利害が挙げられる。すなわち、(a) 既存の地区

---

3 各区域の建設可能な建築物の具体的な種類等は建設利用令（Baunutzungsordnung, BauNVO vom 21. November, 2017（BGBl. I 3786））に規定される。

4 Krautzberger, Martin/Krautzberger, Handbuch Denkmalschutz und Denkmalpflege, Aufl. 5, 2022, S. 462f.

の保存・修復・継続的な発展・適応（Anpassung）・改築（Umbau）、ならびに、中心的領域（Versorgungsbereiche）の保存・発展（同条 6 項 4 号）、(b) 建築芸術（Baukultur）、記念物保存・保護の利害、そして、歴史的・芸術的・都市計画上保存価値のある地区ならびに街並み・景観の形成に係る利害への配慮が規定される（同条 6 項 5 号）。

　記念物保存・保護の利害とは、州記念物保存法において捉えられている利害全体と基本的には同等である。ただし、都市計画という目的との関連において、その利害に影響すると判断される対象は変化し、例えば、州記念物保存法上は保存の利益があると判断されるも、都市計画においては全く影響をもたらさないもの（建築物が有する、歴史的に重要な内装、付属物等）は本条に該当しない。また、州記念物保存法によって保存対象と見なされていないものが、建設法典で記念物保存・保護の利害を有すると判断されることもある。この都市計画の目的による利害判断を変化させるという基準は、以降の建設法典においても通用している[5]。

　同条 6 項の配慮規定に基づいても、本条文に規定された利害の重要性が絶対的なものとして評価されるわけではなく、他の関連利害とともに計画において衡量される。かつ、州記念物保存法は、建設法典の利害の優劣に係る基準そのものを変えることは許されない[6]。しかしながら、本条文により、記念物保存の利害を衡量に算定することを明示的に要求され、かつ、計画に関係する行政官庁の参加規定（法 4 条）との関連において、記念物保存官庁が計画に関与する可能性の存在することを明らかにしている。

　そして、建設管理計画策定にあたっては、関係する利害を衡量しなければならないという「計画衡量」の原則が定められており（法 1 条 7 項）、同条 6 項 5 号と併せて、建設管理計画策定に際して、記念物保存に係る利害を衡量しなければならないと学説において理解されている。不十分な衡量手続は、建設管理計画の欠陥となりうる。

(2)　建設管理計画の策定手続

　建設管理計画策定の手続において、計画策定を主導するのはゲマインデで

5　Krauzberger, a. a. O., (Fn. 4), S. 466ff.

6　Krauzberger, a. a. O., (Fn. 4), S. 468ff.

ある。他方、計画を通じて担当領域が関係する他の行政官庁は、計画の草案および計画策定の理由について、意見を述べることを求められる（法4条2項1文）にとどまる。法1条6項5号等の規定からすれば、記念物保存の利害が関係するケースのありうることは明らかであり、したがって、記念物保存官庁が本条により計画に関与する場合は多い。ゲマインデは、建設法典上の任務の範囲内において、策定予定の建設管理計画に関連する重要な利害を抽出し、これらが記念物の利害に関するものか検討を行い、検討結果に応じて適切な記念物保存官庁を参加させなければならない。この手順を怠れば計画策定に係る調査の欠陥となり、かつ、このような手続参加の瑕疵が計画の実質的な瑕疵を構成する要因となる場合がある[7]。

　意見聴取手続において、記念物保存官庁は、あくまで自身の職務領域の限りで発言をするが、それは都市計画上の利害には直接関わらない可能性の存在する事項も含めて、あらゆる職務領域に係る事項を伝達する。提供された意見の採否に係る判断は、ゲマインデの裁量に委ねられる。計画参加に係る規定に従って記念物保存官庁が提出した意見は、ゲマインデにとって計画衡量の前提条件となる。この前提条件を適切に反映しつつ、記念物保存に係る決定を建設管理計画において行うに際しては、ゲマインデの都市計画担当と記念物保存官庁との信頼ある密接な連携と、記念物保存官庁の積極的な貢献とを要する[8]。

(3)　建設管理計画の種類と各計画の記載事項

　建設管理計画においては、原則的に、州法によって記念物とされる対象物に関する情報が記載される（法5条4項1文、法9条6項）。建設管理計画には、ゲマインデの領域全体における土地利用方針について定めた土地利用計画（Flächennutzungsplan、以下、「Fプラン」）と、Fプランに基づいて、領域内の特定の区域の具体的な利用法について定めた地区詳細計画（Bebauungsplan, 以下、「Bプラン」）とが存在するが[9]、情報の記載に関する規定は双方に存在す

7　衡量や手続参加等、手続に係る違法については法214条も参照される。

8　Krauzberger, a. a. O., (Fn. 4), S. 474f.

9　FプランおよびBプランにおいて定めることが可能な地区の種類（地区ごとに建設できる建築物が異なる）については、建設利用令（a. a. O., (Fn. 3)）に規定されている。

る（Fプランについては法5条4項1文、Bプランについては法9条6項）。

　法5条4項1文により、土地利用の方針を定めるFプラン（予備計画とも表現される）において、他法の既存の決定の情報が記載されるため、ここに記念物保存法上の決定が含まれる。ただし、記念物保存の利害に係る全ての情報が記載されるわけではなく、あくまで都市計画法上の目的、利害に関連するものが対象である[10]。そして、次の段階に位置するBプランにおいても、記念物の情報は記載される。拘束計画とも表現される通り、Bプランは建設管理計画におけるそれまでの計画衡量の結果が示される場であり、法1条6項5号、同条7項といった記念物保存の利害の保障・発展に係る利害衡量の結果が具体化されるという意味において重要である。また、実際に建設行為等を行うに際しては、各州の建設規制法に基づく許可を要することとなるが、当該許可審査の前提として、許可申請行為がBプランに適合していなければならないことに鑑みれば、Bプランに区域内の記念物の情報が内包されていることにより、当該区域の建設行為に少なからず影響をもたらす。そのため、Bプランにおいても州法の定める記念物の情報の記載が原則的に求められることの意義は小さくない。

　法9条6項においては、①Bプランに関係する、あるいは、②都市計画上の評価にとって必要ないしその目的に適合している限りで、記念物の情報を記載する[11]。

　なお以上の二つの条文にいう「州法によって保存される記念物」は、州記念物保存法に基づき、かつ、実際になんらかの保存措置を受けている記念物に限定されるものではない。記念物リストへの登録の有無[12]、そのほか命令

10　Krauzberger, a. a. O.,（Fn. 4）, S. 472f.

11　両条文の相違点として、法5条4項に比して、法9条6項は、記載すべき情報の範囲につき詳細な記述をおいている。しかし、都市計画と全く関係ない情報が記載されることは、都市計画策定の必要性（法1条3項）および原則（法1条6項）からしても考えにくいため、法9条6項の限定がFプランに比して明確な相違点を生み出しているとはいえない（Vgl. Wolfgang Schrödter, Schrödter（Hrsg.）, Baugesetzbuch, 2015, §9 Rn. 371.）

12　多くの州においては、州記念物保存法において規定された、記念物の定義への該当性をもって、法律上の保護を享受する記念物たる資格を決定する。しかし、一部の州においては、担当官庁が管理する記念物リストへの登録に基づき、当該資格を決定する。また、記念物リストへの登録を、法律上の保護を享受するための要件としない州においても、記念物の存在を公示する制度として、記念物リストが運用されている。

や条例による措置等の具体の行政行為の有無は問題にならず、州記念物保存法において定められている記念物の定義に該当するものであればよい。反面、州記念物保存法においてその特別な価値が明文をもって規定され、保存のための措置が法律に基づいて行われている記念物に対しては、ゲマインデはBプランにおいて特別に配慮をしなくてはならない、と解されている。州記念物保存法の保存活動および保存の目的を連邦による都市計画において侵害することは可能な限り避けるべきであるとされるためである（詳しくは本節第2款）[13]。

⑷　Bプランの建設区域設定と建設行為の許否基準

　建設管理計画のうち、Bプランにより、ゲマインデ内の各区域における建設利用の可否および建設可能な建築物の用途が定められる。そして、各区域における建築物の建設、変更あるいは利用変更は、原則的に定められた用途の範囲内において認められる（法29条1項）。他方、他の公法規定は、建設法典の規定による修正、変更を受けずに適用されるため（同条2項）、州記念物保存法による記念物保存は、基本的にBプランに基づく建設行為等に影響を受けずに行われる。

　建設等の利用の可否を決定付けるBプランの区域設定は三種類、原則Bプラン（および建設利用令）で定められた規格内での建設行為等が許可される区域（完全なBプラン設定区域、法30条）、当該区域自体にはBプランが定められていないが、隣接する都市の特徴を阻害しない範囲で建設が認められる区域（不完全なBプラン、連担建設区域、法34条）、原則建設行為が許可されない区域（外部区域、法35条）である。

　各区域について、特に以下の二つの区域はBプランの設定の仕方が詳細でない、あるいはBプランそのものが存在しないため、建設行為の許否の方針が、別途、条文において規定されており、そこに記念物保存との関連が見て取れる。

　まず、連担建設区域については、特に街並みを侵害してはならないことが規律されている（法34条1項2文後段）。この規定における街並みとは、法1

13　Krauzberger, a. a. O., (Fn. 4), S. 474f.

条6項5号に規定された街並みと基本的には同義である。しかしながら、本規定に基づき規制される程度の街並みに対する侵害とは、判例によれば、①単に「侵害」することよりも重大な程度の侵害で、醜悪化の基準（つまり、建築物の美的効果を念頭に置いた基準）とも異なる基準において判断され、かつ、②対象地区（街並み）について、一般人が知覚する程度の特別な重要性が存在することとされる[14]。法34条において具体的にいかなる建築物が建築可能となるかの問題については、Bプラン（法9条）、および、Bプランの内容に係る建設利用令の規律を参照しながら、ゲマインデによって判断される。

次に、外部区域においては、原則的に建設行為が禁止されているため、特別な建設案のみが許可され、建設が行われる。許可審査の際に調整を行わなければならない利害として、記念物保存および街並み・景観の醜悪化防止に係る利害が挙げられる（法35条3項1文5号）。同条1項に定められた用途での建設案（優遇建設案）の審査にあたっては、この利害と対立（entgegenstehen）しないことが、そして、同項以外の用途で申請される建設案（非優遇建設案。同条2項）の審査にあたっては、この利害を侵害（beeinträchtigen）しないことが求められる。

⑸ 収 用

都市計画の実施のため、法85条1項に定められた特定の目的のためにのみ土地の収用が可能となる。前記の目的のなかには、保全条例が適用される区域において、街並みを特徴付ける建築物、歴史的・芸術的意義を有する建築物を保全する目的をもって（法172条3項から5項。保全条例の説明は後述）行われる収用が存在する（法85条1項6号）。かつ、収用に係る他の州法の規定は、建設法典の規定による修正変更を受けずに適用されるため、州記念物保存法に定められた、記念物保存のための収用行為も並列して行われうることとなる（同条2項2号）。

⑹ 再開発措置

建設法典第2部「特別都市計画」（法136条以下）においては、建設管理計

---

14 Krauzberger, Martin/Krautzberger, Handbuch Denkmalschutz und Denkmalpflege, Aufl., 3, 2010, S. 603f.

画の策定とは異なり、特定の目的のために区域を設定し、特別な計画の下で当該目的を達成すべく規制を行うことのできる手法が用意されている[15]。以上の特別な仕組みのうちには、記念物保存に大きく貢献するものが存在する。以下において、これらを取り上げる。

再開発措置とは、除去すべき弊害が発生している地域において、当該弊害の除去により、対象区域の状況を本質的に改善ないし改変する措置を指す。除去すべき弊害とは、法136条2項によれば、「既存の建築物あるいはその他の状態によって、ある地域が、健康的な生活および労働条件、あるいは当該地域の居住者、労働者の安全に関する一般的な要求に、気候変動防止および気候適応の配慮の下においても、適合していない場合（1号）」または、「ある地域が、地域の状態および機能に基づいて義務付けられる任務の達成に際して、著しく侵害される場合（2号）」に、その存在が認定される。そして、再開発については、頻繁に記念物に関連した問題が発生する。例えば、歴史的建造物が密集した都市や町村における、今日的な生活・交通需要にそぐわない環境を改善するといったものである。このような都市や町村の再開発にあたっては、多くの場合、記念物の価値を損なわずに開発や火災防止といった問題にいかに対応するかという技術上の複雑な問題が生ずることが知られている[16]。

再開発措置の執行に際しては、前記の弊害が確認されることに加え、再開発措置が遵守すべき原則を満たすことが求められる。この原則は、公共の福祉に資すること（法136条4項1文）、かつ、原則的に所定の目的に資するものであること（同項2文）、そして、関係利害を衡量すること（同項3文）である。そのなかでも資するべき目的については、(a)連邦の領域内のあらゆる地域における建築物の構造（Struktur）が文化的な需要を満たしつつ発展すること（同項2文1号）、(b)既に存在する区域を維持・修復・発展させることにより、街並み・景観を改善し、記念物保存の需要に配慮すること（同文4号）が挙げられている。同項2文に関しては、一般都市計画における目的を定めた法1条6項との関係において、特に、再開発措置に係る側面を強調したも

15　本制度は、元々は都市建設促進法（Stadtbauförderungsgesetz. StBauFG）に規定されていた制度である。都市建設促進法に係る歴史的な背景および展開については前章第3節第2款参照。

16　Martin, a. a. O., (Fn. 4), S. 514.

74 第2章 記念物保存と都市計画の法領域間関係

のとされる[17]。したがって、この強調された目的に係る利害は、本制度におい
て特に重要視される利害ということとなる。

　再開発措置は、対象区域の選定、再開発計画の策定といった準備行為
（Vorbereitung. 法 140 条以下）と、計画履行のための土地整理措置および建設措
置を中心とした実施行為（Dürchführung. 法 146 条以下）という大きく二つの行
為に分けられる。

　前記の準備行為および実施行為に際しては、関連する公的任務の担当者
（öffentlicher Aufgabenträger）の関与が求められており、所管事項につき意見を
述べる（法 139 条 2 項）。再開発措置が典型的に用いられるのは歴史的価値の
高い古都であり、したがってこのような場合には記念物保存官庁が関わるこ
とが想定される[18]。

　再開発措置の準備行為は、事前調査、再開発の対象区域の選定、目的の設
定、計画策定等（法 140 条各号）から構成される。このうち事前調査は、候補
地における記念物の所在、記念物の状態等を把握するための行為として記念
物保存への配慮という観点から重要である[19]。また、実施行為のうち建設措
置について、建設法典に定められた他の制度を建設措置の手段として利用す
ることが可能である。そして利用可能な制度には、記念物保存の利害と関連
の深い修復措置（法 175 条以下）が含まれている。そのため再開発措置におい
て、歴史的価値の高い建築物の修復を、記念物保存の利害が尊重された修復
措置の規定に基づき行うことが可能となる（法 148 条 2 項 1 文 1 号）。

　なお、この再開発措置のほか、修復措置や建築物の歴史・芸術・都市計画
上の重要性を維持するための措置を行うにあたり、特別な費用助成制度が用
意されている（都市計画助成制度）（法 164a 条 1 項、3 項）[20]。また連邦は、基本
法 104b 条（連邦による財政援助）に基づいて再開発を行うゲマインデあるい
はゲマインデ内の団体に投資を行う目的をもって州に対する財政支援を行う
ことが可能である。その際、財政支援を行うか否かを検討するにあたって重

17　Stephan Mitschung, Battis/Krautzberger/Löhr, Baugesetzbuch Kommentar, 15. Aufl., 2022, §136 Rn. 29.

18　Krauzberger, a. a. O., (Fn. 4), S. 483f.

19　Martin, a. a. O., (Fn. 4), S. 514f.

20　Köhler/Fieseler, Schrödter（Hrsg.), a.a. O, (Fn. 11), §164a, Rn. 1, 30ff.

視すべき点の一つに、記念物保存・保護の利害への特別な配慮を行いつつ都市中心部および地区の中心部の機能を強化する目的をもって行うための支援であるという点が挙げられている（法164b条2項1号）[21]。

(7) 保全条例

地域における都市としての特徴を維持するために、Bプランあるいは条例において地域内に特定の区域を設定したうえで、当該区域内の建設物の建設、解体、変更、利用変更[22]に特別な許可留保を付すことができる（保全条例。法172条1項1文1号、2文）[23]。

本制度は、その目的・効果からも明らかな通り、都市や町村の保存・修復に資するものであり、故に記念物保存とその適用領域が頻繁に重なる。同様に、記念物保存と関係の深い再開発措置との関係は、基本的には再開発措置が優先し、再開発措置が導入されない限りにおいて、保全条例が公布される。再開発措置における許可留保等の制限は、一連の再開発過程が終了すれば解除される比較的短期の制度であるのに対し、保全条例は、長期間当該地域の都市環境を維持する効果を有した制度であるという点において差異が存在する[24]。

保全条例区域における建築物の建設、解体、変更、利用変更の許可審査にあたっては、(a)解体あるいは変更を申請する建築物が、それ自体あるいは他の建築物との関係において、街並み・都市の姿・景観[25]を特徴付けるものである場合、または、(b)当該建築物が都市計画上、特に歴史的・芸術的な重要性を有する場合は、許可申請を拒否することが可能である（法172条3項1文）。特に建設許可に関しては、建設しようとしている建築物によって区域の都市デザインが侵害される場合に、担当官庁が許可付与を拒否することができる

---

21 Köhler/Fieseler, a. a. O., (Fn. 11), §164b, Rn. 1, 11ff.
22 対象行為の概念については、建設法典の他の条文における解釈による（建設、変更、利用変更なら29条1項）。建設物の解体については、建設案に関する建設法典第1部に規律が存在しないため、関連規定によることとなる。
23 Mitschung, a. a. O., (Fn. 17), §172 Rn. 1ff.
24 Mitschung, a. a. O., (Fn. 17), §172 Rn. 1ff.
25 本条にいう街並み・都市のデザイン・景観の意味内容は、他の建設法典の条文と同様に、都市計画の目的で変化する。

との要件も付加されている（同項2文）。この許可の拒否事由は、例示ではなく厳格な限定列挙である。かつ、拒否事由において、同条1項が定めている保全条例を公布する目的との整合性が要求されており、1項の具体化とも表現することが可能である。

　保全区域の設定手続への参加の方法は、区域設定の形式によって異なる。Bプランによって設定する際は、建設法典のBプラン策定手続に係る規定を用いる一方で、条例によって設定を行う場合においては、Bプラン策定手続規定の準用は認められていない[26]。したがって、条例によって区域設定を行う場合、記念物保存官庁の参加が当然に認められるわけではないものの[27]、実務上の支障をきたすことから、通常は条例に規定を設ける等の手法を用いて記念物保存官庁が手続に参加することが確保される[28]。区域設定手続において重要となるのは、予定区域内において、建設等の行為により都市町村の景観等の保存に対する危険が生ずる恐れの有無を先行して調査することである。とりわけこの調査において、実務上、関係事務を管轄する官庁、特に記念物保存官庁による資料提供が行われており、記念物保存にとって重要な意義を有する[29]。

　保全区域における許可審査については、法172条3項1文の拒否事由への該当性が審査される。そして、前記該当性に係る審査の基準は、裁判例によって形成されてきた。

　裁判例によれば、問題となる建築物が街並み・都市のデザイン・景観を特徴付けるものか否かという点が検討される。特徴の有無は、専ら視覚的な効果の有無により判断される。裁判例の表現を借りるならば、保全条例とは、そのような視覚効果を有する建築物の、特徴を示す機能を保護する制度である[30]。この点において、記念物保存との違いが生ずる。記念物保存は、建築物の機能に着目するのではなく、歴史的・芸術的価値を有する建築物そのもの

26　付言するならば、保全条例の名の通り大抵は条例の手段が用いられる。

27　Köhler/Fieseler, a. a. O.,（Fn. 11）, §172, Rn. 18.

28　Mitschung, a. a. O.,（Fn. 17）, §172 Rn. 30.

29　Mitschung, Battis/Krautzberger/Löhr, Baugesetzbuch Kommentar, 13. Aufl., 2016, §172 Rn. 24. 最新版では削除されている。

30　OVG Rheinland-Pfalz, Urt. v. 31. 7. 2008, 1 A 10361/08, juris, Rn. 44; OVG Hamburg, Urt. v. 12. 12. 2007, 2 Bf 10/02, juris, Rn. 38; BVerwG, Urt. v. 3. 7. 1987, 4 C 26/85, juris, Rn. 17.

を保存することを意味する。したがって、保全条例の許可審査にあって、州記念物保存法による保護を受けていることは重要性を持たない。この点に鑑みるならば、同条3項1文後段において「歴史・芸術上の重要性」と規定されている趣旨は、記念物保存のそれと完全に同義ではなく、あくまで都市計画上——つまり都市の外観に関してなんらかの視覚的意義を有していることとの関連で理解される[31]。

　なお、保全条例の許可審査に係る前記の規定にかかわらず、他の州法の規定は、その内容の修正変更を受けずに適用される。これについては、条文上、「とりわけ、記念物の保存・維持に係る州法の規定」を対象にすると規定されているように、記念物保存との調整を念頭に置いたものであることを看取できる（法173条4項）。

(8)　修復命令

　都市計画上の必要に応じて（法175条2項）、ゲマインデは特定の建設行為等を命令することができるが、この命令のうちの修復を命ずる措置は、記念物保存との関わりを持つことを指摘しうる。

　都市計画上の命令は、Bプラン区域内であれば、計画の履行を直接義務付ける手法の一つとして用いられ、Bプラン区域外においても、積極的な土地利用を行うための手段となる。また、命令を発する事前手続として、ゲマインデ、土地所有者、その他関係者全員による協議が行われるため（同条1項）、土地利用に係る公益を実現する目的をもって、これら関係者の協働を促すことが可能となる。命令を発する要件は、当該命令によって解消すべき弊害または欠陥（Mängel）が存在することである（法177条1項1文）。このうち欠陥とは、消耗、経年劣化、天候の影響あるいは第三者の行為に基づく作用によって、①建築物の特定の利用が看過できないほどに侵害される（同条3項1文1号）、②建築物が外部の影響によって通りや場所の景観が看過できないほどに侵害される（2号）、③建築物が改修の必要があり、そして、その都市計画上特に歴史的あるいは芸術上の重要性から保存され続けるべきと判断される（3号）場合を指す。

31　Vgl. Mitschung, a. a. O., (Fn. 17), § 172 Rn. 73ff.

また、修復とは、対象の建築物を設立当初の姿に復元することを指すのではなく、あくまで劣化等による影響を排除し、建築物を適切に利用可能な状態へ回復させることを意味する[32]。この点において、元の建築様式の再現等が問題となる記念物保存法上の修復とは異なる。

　同項1文3号にいう都市計画上保存すべき歴史あるいは芸術上の意義は、他の建設法典の条文と同様に、あくまで都市計画上の目的に基づいたものであり、この意義の下に求められる保存行為も都市計画上の目的に即した限りでの保存で足りる[33]。

　そして、同項2文によれば、同項1文の理由のほかに、関連する州法の規律に基づき、記念物の保存および維持という理由から欠陥の除去が必要とされる場合、修復命令は記念物保存に係る州官庁の同意を得て発しなければならない。かつ、修復命令の発布にあたっては、当該修復措置が記念物保存の理由から行われる場合、その理由が特別に書面に記載されなければならない（同項3文）。同項2文および3文は、州法である記念物保存法と連邦法である建設法典との調整を行うために設けられた規定である[34]。

　加えて、前述の通り、修復命令は実務上、再開発計画を実施する際に利用されることが多く（法148条2項1号参照）、この点においても、制度上記念物保存とのつながりを想起しうる[35]。

　さらに、他の制度と同様に命令に関しても、州法の規定、特に記念物保存に関する規定が、本条文にかかわらず適用されることとされており（法175条5項）、記念物保存との関連を踏まえて州の立法権限にあらかじめ配慮した制度となっている。

Ⅱ　州の具体的規律

　続いて州建設規制法の条文について分析を行う。州ごとに内容が異なるものの、多くの州が有する条文について、州建設規制法のモデル法（Musterbauordnung, MBO[36]。以下、「モデル法」）ほか、適宜、各州の建設規制法の規

32　Mitschung, a. a. O., (Fn. 17), § 177 Rn. 10.

33　Mitschung, a. a. O., (Fn. 17), § 177 Rn. 15f.; Köhler-Fieseler, a. a. O., (Fn. 11), § 177, Rn. 34f.

34　Köhler/Fieseler, a. a. O., (Fn. 11), § 177, Rn. 36ff.

35　Krauzberger, a. a. O., (Fn. 4), S. 485f.

36　Musterbauordnung, vom 23. September, 2022.

定を例示しつつ記述する。

1 州建設規制法の条文

(1) 州建設規制法に基づく個別の条例

州建築規制法に基づいて、個別に条例を発布することによって、特定の建築物の構造等に影響をもたらし、創造的な建築技術（意匠）を伝承したりして、効果的に記念物を保存することが可能となる[37]。この条例は通常、ゲマインデのBプランよりもさらに限定した区域において設定され、より詳細に規制を施すために用いられる[38]。

(2) 建設行為等に係る一般的義務

モデル法52条によれば、原則、建築物の建設、変更、利用変更、除却に際し、建築主など対象物の関係者は都市計画法をはじめとする関係公法の遵守義務が課される。そして、モデル法58条2項1文によると前記関係者が公法規定を遵守しているかを建築監督官庁が監督する[39]。そして建設許可のみならず許可免除、簡略化された許可を要する場合も、記念物保存法および当該法律が保護する記念物の利害を守らなければならない（モデル法59条2項）[40]。

(3) 手続参加・関与

建設案の申請（Bauvorlage）は、各州法において定められた範囲の申請者（Bauvorlageberechtigeten）によってなされる。審査手続において、関係公的機関が参加することが州法において求められているため、当該規定を根拠として、記念物保存官庁または記念物専門官庁（保護職員）が参加する場合があ

37　BA BauO §81; RP BauO §88. ラインラント・プファルツ州建設規制法88条には、条例の実施規則策定（同条5項）あるいは条例の規制に対する例外措置（同条7項）につき、記念物保存官庁の判断を事前に介在させることが定められており、本条例制度が記念物保存との深い関係を有することがうかがえる。

38　Krauzberger, a. a. O., (Fn. 4), S. 489.

39　BA BauO §54 Abs. 2 Satz. 1; BE BauO §58 Abs. 1; BR BauO §58 Abs. 2; RP BauO §59 Abs. 1 Satz. 1; SL BauO §57 Abs. 2, u. s. w.

40　BA BauO §55 Abs. 2; BE BauO §59 Abs. 2; BB BauO §59 Abs. 2; BR BauO §59 Abs. 2; HA BauO §59 Abs. 2, u. s. w.; Martin, a. a. O., (Fn. 1), S. 620f.

80　第 2 章　記念物保存と都市計画の法領域間関係

る[41]。

(4)　許可審査における他法の公益への配慮

　州建設規制法には、建築物の規格とそれに反して作られた違法建築の除却
等を定める建築警察規定のほか、建設法典に基づき B プランが設定された区
域において建設行為の申請に対し区域や関連の公法に適合しているかなどを
審査し許可付与の当否を判断する都市計画関連の規定が存在する。なかでも、
建設許可に係る規定は、州記念物保存法上の許可との関係において重要であ
る。モデル法 64 条 1 文 3 号には、建設許可申請が他の公法上の許可等と規
律が重なる場合についての規律であるが、建設許可のために許可が行われな
かったり、建設許可に吸収され一体的に審査されたりする他方の手続につい
て他方の趣旨・要請との整合性を建設許可内で審査できる[42]。簡略化された
許可手続等においても同様に他の公法上の要請との調整が求められる（モデ
ル法 63 条)[43]。

(5)　例外措置

　通常は認められない建築物の規格を認める例外措置（モデル法 67 条）に関
しても、その認否における建築監督官庁の審査においては、公法上保護され
た周辺地の利害や公益を踏まえた判断がなされる。この判断に係る利害とし
て記念物保存が含まれる。
　敷衍すると、記念物の多くは、現行の州建設規制法よりもはるか以前に建
てられたものであり、したがって、記念物は現行の建築規格を満たさない場

41　Martin, a. a. O.,（Fn. **14**), S. 619.

42　BA BauO §60 Abs. 1 Nr. 3; TH BauO §63 Satz. 1 Nr. 3; MV BauO §64 Satz. 1 Nr. 3; HE BauO §66 Abs. 1 Satz. 1 Nr. 3; BE BauO §64, u. s. w.

43　BA BauO §59 Abs. 1 Nr. 3; TH BauO §62 Abs. 1 Satz. 2 Nr. 3; NW BauO §64 Abs. 1 Nr. 3; MV BauO §63 Abs. 1 Satz. 1 Nr. 3; HE BauO §65 Abs. 1 Satz. 1 Nr. 3, u. s. w. 建設許可免除の場合におい
ては、通常、州記念物保存法等各個別法の許可が吸収されずに、執行される。これに加えて、州
建設規制法の原則規定において、許可免除の場合にあっても他の公法規定の定めに反した行為を
してはならないことが規定されているため、実務上において、他の規定への配慮がなされる（Mar-
tin, a. a. O.,（Fn. **14**), S. 618.）。一部の州においては、州記念物保存法に基づく許可留保は、州建設規
制法における許可免除の影響を受けないことが特別に明記されている（NS BauO §59 Abs. 3 Satz.
2; RP BauO §62 Abs. 1 Nr. 1（a))。

合が多い。しかしながらそうであるからといって、現行の規格に符合させるために、記念物としての価値を大きく損なうような変更を行うことは、記念物保存の観点からは本末転倒といえる。そのため州建設規制法には、記念物等の特別な建築物に対する規制を免除する例外措置が存在する[44]。

2 近年の州建設規制法の傾向と記念物保存

州建設規制法は、建設法典、国土整備法等の広域を管轄する都市計画法が誕生するよりも以前から、建築警察法として、記念物保存行政の重要な役目を担ってきた（詳細は前章）。

しかしながら近年、州建設規制法は改正され、特に許可手続の面において大幅に州建設規制法の役割が変化している。多くの州は、規制緩和、民営化、時間ないし費用上のコスト削減の目的をもって、州建設規制法に基づく許可をそもそも不要とする条項、または許可手続の簡略化を認める条項を多数設けることとなった。今やほとんどの建設行為は、州建設規制法による許可そのものを必要としなくなっており、手続的義務から解放されている[45]。

そして、建設許可を不要とされた反面において、建設行為に関係する他の公法に基づく許可——本章においては州記念物保存法に基づく許可——の重要性が増すこととなった。すなわち、州記念物保存法による許可審査をもって、本来は州建設規制法において判断されるはずであった建設行為の公法的観点からの妥当性に関する判断を可能な限り補うという運用が増加している[46]。というのも、前述の通り、州建設規制法に基づく建設許可は、他の関係公法規定からの要請を満たすことが許可付与の条件となっており、かつ、他の公法規定が遵守されることは、許可が不要な場合および簡略化された許可においても必要な事項であるためである（モデル法52条、59条、63条）。

---

[44]　BA BauO §63; BE BauO §67; BB BauO §67; NS BauO §66; NW BauO §69, u. s. w.; BW BauO §56には、例外措置が認められる場合として、記念物の保存と利用のための例外が明文にて取り上げられている（同条2項2号）。

[45]　Martin, a. a. O.,(Fn. 14), S. 616f.; Gurlit, Hendler Reinhard/Hufen Friedhelm/Jutzi Siegfried, Landesrecht Rheinland-Pfalz, 9. Aufl., 2021, S. 260ff.

[46]　現在は、関係する公法的規律であるという理由において、記念物保存の利害の侵害に対する配慮が行われているものの、かつては、一部の州建設規制法において記念物保存利害に対する侵害を回避すべきことが、条文に明記されていた時期も存在した（Vgl. Bayerische Bauordnung, vom 2. 7. 1982（GVBl S. 419）§72 Abs. 3 Nr. 1; Martin, a. a. O.,(Fn. 14), S. 619.）。

以上の、州建設規制法の規制緩和および手続の迅速化の流れに起因して、二つの重大な問題が発生しているとの指摘が一部の学説においてなされている。

学説によれば、以下のことが指摘される。すなわち、多くの州において、州建設規制法の適用を受ける建設行為であれば、当該行為に州記念物保存法上の規律が関係していても、建設行為のコントロールは、本来、州建設規制法担当官庁が主導して行う筈である。しかしながら現在は、州建設規制法上の許可が不要ないし簡略化される一方で、州記念物保存法による許可を中心とした、形ばかりの「建設許可」が、建設行為等の公法的な観点からの妥当性を確保する術とされている。つまり、土地利用に関して重大な効果を有し、かつ、そのために様々な関係利害を調整したうえでなされるはずの建設許可手続に係る責任が、あくまで記念物保存に係る事項のみを審査する――したがって元々の建築監督官庁の役割に比して、弱く不十分な権限しか有さない――記念物保存官庁に移されていることとなる。以上のことから、一つは、責任負担の配分の変更の問題が、今一つは、公法上の他の利害との調整不足による規律密度の低下の問題が生じている[47]。

今日においてなお州建設規制法の許可を要するものは、防火・断熱工事、空閑地、駐車場等、限られた視点からの許可にとどまっている。

第2款　記念物保存法領域の規範体系からの分析

Ⅰ　州による規律の概要

1　概念整理と基本法上の位置付け

⑴　概念整理

詳細は前章第1節を参照されたいが、本章において検討する記念物（Denkmal）は、特に各州の記念物保存法に定められている対象物を指す。そして引き続き、特に限定のない場合は、記念物のうちでも建築物等の不動産を念頭に置いて論ずることとする。動産の記念物も存在し、州記念物保存法に基づき法的保護を享受するが、これらは都市計画法領域との関連という点においては、不動産と異なり希薄な関係性を有するためである。

47　Martin, a. a. O., (Fn. 14), S. 616f.

また、州記念物保存法において規定されている行政の活動には、高権に基づく活動を指す記念物保存（Schutz）と、非高権的活動を指す記念物保護（Pflege）とが存在する。具体的には、許可留保、制裁等の高権的措置を用いて、記念物の現在の状態を維持する保存（Schutz）と、記念物所有者への助言、広報活動、調査活動等の非高権的措置を主要な内容とする保護（Pflege）といった基準において区別されている[48]。この二つの活動を区別せず、総合して記念物保護とする場合も存在するものの[49]、本章、それから以降においても、両者を上記の区別に従い区別して論ずることとする。

⑵　基本法に基づく管轄の確認

まず、記念物保存法領域の規範体系についても基本法による位置付けを確認する。ただし、記念物保存を含む文化の保護活動自体は、基本法5条3項に基づき、その自由が保障されているのに対して、文化保護に係る立法および行政権限の所在については、明確にこれを定めた条文は存在しない。そのため、立法権限につき、基本法上連邦の専属的立法権にも競合立法権にも属さず、基本法70条1項に基づいて州が立法権限を有することとなる。そして行政権限についても、州が基本的に権限を有する。

多くの州の憲法においては、記念物の保存あるいは保護、または文化の保護が、州・ゲマインデ・ゲマインデに属する団体の任務であることが明記されている[50]。記念物保存法領域に属する法令とは、各州の記念物保存法とそ

---

[48]　Janbernd Oebbecke, Ehlers/Fehling/Pünder, Besonderes Verwaltungsrecht, Bd. 2, 3. Aufl., 2013, §42, Rn. 1; Martin, a. a. O., (Fn. 4), S. 1f.

[49]　Vgl. Hansjörg Melchinger, Die Eigentumsdogmativ des Grundgesetzes und das Recht des Denkmalschutzes, 1994, S. 38ff. ドイツのような区別が日本法に存在しないこともあり、わが国の先行研究においては、記念物保存含め、記念物保護法と訳されることが多い（参照、野呂充「ドイツにおける都市景観法制の形成（一）～（三・完）」広島法学26巻1号（2002年）117頁以下、同巻2号（2002年）105頁以下、27巻4号（2004年）65頁以下、野呂充＝アンドレアス・シェラー「ドイツ連邦共和国フライブルク市の都市景観行政（一）（二・完）」広島法学27巻2号（2003年）377頁以下、同巻3号（2004年）109頁以下、南川和宜「文化財保護と所有権保障―ドイツ記念物保護法制における期待可能性原則」修道法学25巻2号（2003年）421頁以下、井川博文「ドイツにおける面的記念物保護制度の研究―ヘッセン州とノルトライン＝ヴェストファーレン州を中心として」日本建築学会計画系論文集608号（2006年）219頁以下、同「ドイツ・ヘッセン州の記念物地誌―ドイツ記念物保護手法の研究」日本建築学会計画系論文集619号（2007年）245頁以下、同「ドイツにおける記念物周囲の保護手法について―ドイツ記念物保護手法の研究（2）」日本建築学会計画系論文集645号（2009年）2571頁以下）。

れに付随する法規命令等のみならず、税法等も包摂されるものの、その中心は当然のことながら州記念物保存法である。本章においても、州記念物保存法を専ら取り上げることとする。そして、州記念物保存法について、本章においては、特に都市計画法との関連を分析するうえで必要な範囲において、これを紹介することとする。

2 保存価値を有する記念物

⑴ 都市計画上の意義

ある物が記念物であると認められるためには、州記念物保存法に定められた定義を満たさなければならない。通常、記念物の定義として、一定の観点における公的な価値・重要性を有すること、および条文に規定された類型に該当する対象物であることが要求される。

学説および判例において、歴史的価値、文化的価値などの価値を有することを指す概念として Denkmalfähigkeit の表現が用いられる（対象物に公益が存在することを指す概念として Denkmalwürdigkeit が存在する）[51]。

そして、この Denkmalfähigkeit の概念については、歴史、文化、学術的な価値のほか、多くの州において、都市計画上の価値ないし意義を有する物も記念物として認められる[52]。都市計画上の価値ないし意義とは、歴史的な価値を有する都市およびそのような場所に係る都市計画において、①個別の建築物の外見が有する、街並みあるいは景観に対する重要性、②建築物につき、その存在する地区全体におけるシンボルとしての重要性、③街路、広場に面した人目に付く建築物のように、空間を構成あるいは環境と特徴付ける構成要素としての重要性、④地域形成・保全において、特に視覚上・外見上統一

---

50 BW-V §3c Abs. 2; BA-V §3, §83 Abs. 1, §142 Abs. 2; BE-V §20 Abs. 2; BB-V §34 Abs. 2; BR-V §11 Abs. 3; HE-V §62; MV-V §16 Abs. 1; NW-V §18 Abs. 2; NS-V §6; RP-V §40; SL-V §34 Abs. 2; SA-V §11 Abs. 3; LSA-V §36 Abs. 4; SH-V §13 Abs. 1; TH-V §30 Abs. 2. ハンブルク州憲法には、記念物および文化保護に係る規定が存在しない。

51 Davydov, a. a. O., (Fn. **4**), S. 147; Dieter Martin, Denkmalschutzgesetz Mecklenburg Vorpommern, 2007, S. 73, 79f.; Strobl, Strobl/Sieche/Kemper/Rothemund, Denkmalschutzgesetz für Baden-Württemberg, 4. Aufl., 2019, S. 93ff.

52 BA DSchG §1 Abs. 1; BB DSchG §2 Abs. 1; TH DSchG §2 Abs. 1; NS DSchG §3 Abs. 2; BE DSchG §2 Abs. 2; RP DSchG §3 Abs. 1Nr. 2; HE DSchG §2 Abs. 1; MV DSchG §2 Abs. 1; BR DSchG §1 Abs. 1; HH DSchG §1 Abs. 1; SH DSchG §2 Abs. 2; SA DSchG §2 Abs. 1; SAA DSchG §2 Abs. 1.

性をとるための基準としての重要性、⑤歴史的都市における都市計画のコンセプトにとって本質的な意味を有するという重要性、といった要素に即して判断される[53]。都市計画法において保護される価値と類似しているものの、州法としての権限を越えて価値ないし意義を保護することは許されない。そのため、上記の都市計画上の視点から記念物を保存する措置は、具体の都市計画の意図とは関係なく行われ、かつ、土地法の管轄領域（土地の建設利用）に直接関わらない範囲において、前記要素に当てはまる建築物の有する歴史・文化・芸術的側面の保存が行われる[54]。

(2) 街並み、景観等都市計画法と類似した対象物

Denkmalfähigkeitの要件を満たし公的な価値が認められた不動産であれば[55]、法律による保存の対象と認められる。通常、州記念物保存法においては、建築物、発掘物といった対象物の種類ごとに、別途、具体の規定が定められている[56]。そして、ほぼ全ての州において、保存・保護の対象として、街並み、景観といった、都市計画法においても保存される類型のものが含まれる[57]。多くの場合、これらの類型は、複数の建築物およびその付属物を総合的に保存対象として観念することによって把握される（具体の文言は、Gesamtanlage、Denkmalbereich、Ensembles、Denkmalzone 等、様々である）。すなわち、建築物

---

[53] Gottfried Kiesow, Denkmalpflege im Deutschland, 4. Aufl., 2000, S. 91f.; Jan Nikolaus Viebrock, Hessisches Denkmalschutzrecht, 4. Aufl., 2018, S. 104; Martin, Martin/Mieth/Graf/Sautter, Brandenburgisches Denkmalschutzgesetz, 2. Aufl., 2007, S. 82.

[54] Viebrock, a. a. O.,(Fn. 53), S. 104f.; Wiechert, Schmaltz/Wiechert, Niedersächsisches Denkmalschutzgesetz, 2. Aufl., 2012, S. 48ff.; Ernst- Rainer Hönes, Denkmalschutz in Rheinland-Pfalz, 4. Aufl., 2023, S. 291f.

[55] 不動産あるいは動産、つまり「物（Sache）」であることが要求される（vgl. Martin, a. a. O.,(Fn. 4), S. 106f.）。

[56] NW DSchG §2; BB DSchG §2 Abs. 2; RP DSchG §4; MV DSchG §2 Abs. 2; BA DSchG §1 Abs. 2, Abs. 4; NS DSchG §3 Abs. 1; BE DSchG §2 Abs. 1, u. s. w. このような規定は、一般的に、対象物を限定する趣旨ではなく、あくまで典型的なものを強調したものとされるが、実務上は、列挙された種類にほぼ限定されている運用も存在するようである（Martin, Haspel/Martin/Wenz/Drewes/Schmidt, Denkmalschutzrecht in Berlin, 2008, S. 89）。

[57] BW DSchG §2 Abs. 3, §19; BA DSchG §2 Abs. 3; BE DSchG §2 Abs. 1, Abs. 3; BB DSchG §2 Abs. 2; HH DSchG §4 Abs. 1 Satz. 1, Abs. 3; HE DSchG §2 Abs. 1, Abs. 3; MV DSchG §2 Abs. 3 Satz. 2; NW DSchG §2 Abs. 3, §5; RP DSchG §4 Abs. 1 Nr. 2, Satz. 2, §5; SA DSchG §2 Abs. 3 Nr. 2, Abs. 5, §21; LSA DSchG §2 Abs. 2 Nr. 2; SH DSchG §2 Abs. 1, Abs. 3, §10; TH DSchG §2 Abs. 1 Satz. 2, Abs. 2–Abs. 5.

の集合体（Mehrheit）、そこに付随する街路、および広場の景観、街並みは、それらを構成する一つ一つの物全てが記念物としての価値を有していない場合であっても、全体の外見および構造に Denkmalfähigkeit が存在することに着目し、これが保存対象とされる。

　建設法典等に定められている街路の景観または街並みといったものを保存する制度（例えば保全条例）との違いは、一つに、その経緯——ユネスコや欧州議会の条約等において、関連物全体を総合的に保存する記念物保存の制度の導入を求められたことへの対応——、そして今一つに、その保存対象——建築物、都市の機能でなく都市構造、外見の有する、歴史的・学術的等の価値——に存する[58]。

3　許可付与の基準

　州記念物保存法の規律対象とされる行為をしようとする場合、行為者は、記念物保存官庁（Denkmalschutzbehörde）の許可を受けなければならない[59]。許可を要する行為には、①記念物の外観、利用方法の変更、②修理・修復、③除却、④移転といった記念物そのものに対する行為だけではなく、⑤記念物周辺（Umgebung）[60]における建設行為、記念物周辺の建築物の変更・除却行為も含まれる[61]。ただし、記念物周辺における行為の場合、当該行為が記念物の状態または外観に影響するときに限って許可が必要とされる[62]。

　記念物保存官庁により許可が付与されうる要件は、申請された行為が、①記念物保存の公益と対立しないこと、②記念物保存に優先する、他の公益も

58　Dimitrij Davydov, Davydov/Hönes/Stellhorn/Ringbeck, Denkmalschutzgesetz Nordrhein-Westfalen, 7. Aufl., 2024, S. 96f.; Spennemann, Eberl/Spennemann/Schindler-Friedrich/Gerstner, Bayerisches Denkmalschutzgesetz, 8. Aufl., 2020, S. 127ff.; Hönes, a. a. O.,（Fn. 54）, S. 310f.

59　Vgl. HE DSchG § 18; NW DSchG § 9; RP DSchG § 13, u. s. w.

60　州によっては、周辺（Umgebung）の語の前に「直接の（unmittelbar）」等の修飾語が付されている場合が存在する。しかし、「周辺」が示す地理的範囲について、多くの州がメートル等の客観的指標によらず、記念物に対して一定の影響を及ぼす範囲といった基準の下にこれを判断している（Wenz, Martin, a. a. O.,（Fn. 56）, S. 215f., 244f.; Davydov, a. a. O.,（Fn. 53）, S. 228f.; Davydov, a. a. O.,（Fn. 58）, S. 196ff.）。その限りにおいては、表現の差異を原因として、「周辺」の範囲が変化することはないと考えられる（井川・前掲注 49）「ドイツにおける記念物周囲の保護手法について」2573頁以下）。

61　Vgl. HE DSchG § 18 Abs. 1; NW DSchG § 9 Abs. 1; RP DSchG § 13 Abs. 1, u. s. w.

62　Vgl. HE DSchG § 18 Abs. 2; NW DSchG § 9 Abs. 2, u. s. w.

しくは私益が存在すること、または、③記念物への影響がわずかであること
もしくは影響が一時的であること、等である[63]。換言すれば、申請行為が記念
物保存利害に対し親和的であること（Denkmalverträglichkeit）が許可の認めら
れるケースであるといえる。

　申請された行為が記念物に親和的か否かを測る基準は、客観的には定まっ
ていない。これは、後述する都市計画法上の建築許可、計画決定等において、
記念物保存の利害を衡量する際にも問題になる。とはいえ、記念物に親和的
であることに係る一定の指標は、都市計画法上の記念物保存（後述第3款）の
概念を明らかにする過程、あるいは国際条約等の原則から導かれうる[64]。

4　両法の許可間の調整

　多くの州の法令上、建設許可等が必要とされる場合においては、州記念物
保存法に基づく許可は建設許可に吸収され、州記念物保存法上の許可を個別
に審査することは求められない[65]。この際、①記念物保存官庁等の同意が建
設許可に際して必要な旨を州記念物保存法に定めているケース[66]、②建設許
可の手続に記念物保存官庁等が参加する旨を州記念物保存法に定めている
ケース[67]、③州建設規制法において、関係する公法的規律を管轄する機関が
建設許可手続に参加する旨を定め、または、建設許可の審査基準に他の公法
的規律を遵守すべきことを規定するケース[68]等、各州法においては、州記念
物保存法上の許可が吸収される場合においても同法の保護する利害が衡量の
対象とされることを制度的に保障する仕組みがとられている[69]（前記第1款II
1 (4)参照）。

63　Vgl. HE DSchG §18 Abs. 3; NW DSchG §9 Abs. 3; RP DSchG §13 Abs. 2, u. s. w.

64　Krauzberger, a. a. O., (Fn. 4), S. 481ff.

65　BA DSchG §6 Abs. 3; NW DSchG §9 Abs. 4; BB DSchG §20 Abs. 1 Satz. 1; NS DSchG §10 Abs. 4;
BE DSchG §12 Abs. 1; MV DSchG §7 Abs. 6 Satz. 1; SL DSchG §10 Abs. 5; SA DSchG §12 Abs. 3;
LSA DSchG §14 Abs. 8.

66　BB DSchG §20 Abs. 1 Satz. 2; BE DSchG §12 Abs. 3; MV DSchG §7 Abs. 6 Satz. 2; BR DSchG §10
Abs. 7; SL DSchG §10 Abs. 5; SA DSchG §12 Abs. 3.

67　LSA DSchG §14 Abs. 8; TH DSchG §6.

68　BA BauO §55 Abs. 2, u. s. w.

88 第2章 記念物保存と都市計画の法領域間関係

5 都市計画官庁との関係

記念物保存に関わるものとして中核的な役割を果たす組織は、記念物保存官庁である。記念物保存官庁は多くの州法において、最上級官庁としての州担当省、最も住民に身近な存在として、行政行為権限を行使する主要な組織としての下級官庁、および下級官庁の監督者または最上級官庁への連絡役としての地位を有する上級官庁から構成される、三層構造となっている[70]。

(1) 下級官庁、委員会

州記念物保存法によっては、下級記念物保存官庁と下級建築監督官庁とを同一主体とすることが規定されている[71]。また、多くの州において、助言機関として州に設置される州記念物保存委員会の委員に、都市計画関係官庁が選任されることが定められている[72]。都市計画官庁と建築監督官庁とが同一の主体であるか否かは、州の立法政策および官庁を担う主体の規模に依存する[73]。

(2) 最上級官庁

多くの州においては、記念物保存行政は文化事業担当省が担う。しかしながら、一部の州においては、都市計画担当省が記念物保存を担当する。そのほかにも、例えば、ノルトライン・ヴェストファーレン州においては、文化

---

[69] 州記念物法に基づく許可が建設許可に吸収されない州の例としては、ラインラント・プファルツ州記念物保存法が存在する。本法には、他の法律に基づく許可との間における優先順位に係る規定は存在せず，州建設規制法65条5項には建築監督官庁が、他の関連官庁から承認決定を得なくてはならないと定められている。ラインラント・プファルツ州上級行政裁判所1999年11月17日判決（OVG Rheinland- Pfalz, Urt. v. 17. 11. 1999, 8 A 10537/99, juris）において、州記念物保存法に基づく許可は、建築許可手続における建築監督官庁の審査の対象外であり、州建設規制法の規定によって吸収されえない、と判示されている（Rn. 52）。Vgl. Hönes, a. a. O., (Fn. **54**), S. 248; Gurlit, a. a. O., (Fn. **45**), S. 257.

[70] 他方において、最上級記念物保存官庁および下級記念物保存官庁の二層で構成されている州が一部存在する。Vgl. BE DSchG §6; BB DSchG §16; HE DSchG §4; MV DSchG §3; NS DSchG §19; SL DSchG §21; BR DSchG §4. またハンブルクは、法律全体において、権限ある官庁が存在するとは記載されているものの、当該官庁そのものに関する定めが存在しない。

[71] NS DSchG §19 Abs. 1; HE DSchG §4 Abs. 2 Satz. 1; BW DSchG §3 Abs. 1 Nr. 3; SA DSchG §3 Abs. 2 Satz. 2; LSADSchG §4 Abs. 3.

[72] TH DSchG §25 Abs. 2, Abs. 5; HE DSchG §6 Abs. 2.

[73] Muckel/Ogorek, Öffentliches Baurecht, 2. Aufl., 2014, S. 80f.

担当省が存在するにもかかわらず、記念物保存は建設事業担当省が担うこととされている。2017 年に省庁再編があり、記念物保存および都市計画は、「郷土、自治、建設、平等担当省（Ministerium für Heimat, Kommunales, Bau und Gleichstelung）」の管轄となった[74]。このことに関連して、当該省の大臣の発言によれば、歴史・文化遺産の保存を郷土保全の一面として行うことが重視され、同じく郷土形成の重要な要素たる住居・居住地の確保と併せて、これらの課題が都市計画、都市建設促進と関連付けられることとなる[75]。

バーデン・ヴュルテンブルク州においても、文化事業担当省（Ministerium für Kultus, Jugend und Sport）および、学術・研究・芸術省（Ministerium für Wissenschaft, Forschung und Kunst）が存在するものの、都市計画とともに、記念物保護は経済・労働・住宅建設省（Ministerium für Wirtschaft, Arbeit und Wohnungsbau）に属する事業となっている。当該省に対しては、空間利用に対する社会・経済上の要請に応ずることが予定され、記念物保存、都市建設促進、都市発展を総合的に行い、これにより、生きがいのある魅力的な都市の形成・維持を確保することが期待されている[76]。

(3) その他の組織

そのほか、後述のバイエルン州の場合のように、記念物保護職員（他州においては、記念物専門官庁等と呼称される）等、直接には記念物保存に関わらない組織・職員が建築許可手続に参加すること等についても定められている。

---

[74] Vgl. Bekanntmachung über Änderungen der Geschäftsbereriche der obersten Landesbehörden, vom 13. 7. 2017.

[75] Ausschuss für Heimat, Kommunales, Bauen und Wohnen, Apr 17/55, S. 10; Bericht der Landesregierung an den Ausschuss für Heimat, Kommunales, Bauen und Wohnen, Zu TOP 1: Einführung in die Politischen Schwerpunkte der Landesregierung in den Bereichen Heimat, Kommunales, Bauen und Wohnen in der 17. Wahlperiode, S. 2ff. なお、2024 年現在は「郷土、自治、建設、デジタル化省（Ministerium für Heimat, Kommunales, Bau und Digitalisierung）」が記念物保存事務を担っている。名称に違いはあるものの、郷土保全と都市計画とともに記念物保存が行われるという姿勢は依然存在する。

[76] 2024 年現在は、「州の発展および生活担当省（Ministerium für Landesentwicklung und Wohnen）」が記念物保存を担当している。こちらも引き続き、都市計画や都市建設促進、都市再生といった事務と記念物保存を共同の所管としていることに変わりない。

6 記念物保護計画（Denkmalpflegeplan）

　一部の州においては、管轄区域に存在する記念物の所在、その特徴、当該記念物の取扱い方針等を計画に記載、整理することによって、当該区域のなかで建設行為等を行う際の影響をあらかじめ可視化する制度が存在する[77]。一般に記念物保護計画と称される。

　この計画は、ゲマインデ（記念物保存官庁等とは限らない）が策定主体となる[78]。またこの計画は、建設管理計画、保全条例にその結果が反映されることとされるために[79]、都市計画制度と強い関連性を有するものとなっている。

　他方、記念物保護計画制度を有さない州においても、計画策定時に記念物専門官庁の同意を要することが明文をもって定められている場合がある[80]ほか、計画策定手続を規律する各州の地方自治法（Gemeindeordnung ないし Kommunalordnung）の定めに基づいて、関係機関としての記念物専門官庁等が手続に参加する場合がある[81]。このことにより、記念物保存の専門的な知見の取込みも確保されている。

　記念物保護計画自体に法的拘束力は存在しないものの[82]、本計画は、①都市の発展に関わる計画の一部として先見的な記念物保護活動の指針としての役割を有するうえ、②本来記念物保存・保護行政の方針に関わる業務を行う州ではなくゲマインデが記念物の将来の取扱いに関する計画を、建設管理計画等とともに担うことが可能になるという点において、都市計画法と記念物保存法の密接に関係性を示す制度であるといえよう[83]。

77　NW DSchG §30 Abs. 4; TH DSchG §3; HH DSchG §10; BE DSchG §8 Abs. 3; BB DSchG §6.

78　NW DSchG §30 Abs. 4; BB DSchG §6.

79　HH DSchG §10 Abs. 2; NW DSchG §30 Abs. 4 Satz. 3, u. s. w. Vgl. Martin, Fehner/Martin/Paulus/Winghart, Thüringer Denkmalschutzgesetz, 2005, §3, S. 3.

80　TH DSchG §3 Abs. 1.

81　Vgl. Martin, a. a. O., (Fn. 53), S. 110; Wenz, a. a. O., (Fn. 56), S. 202ff. ベルリン州記念物保存法における記念物保護計画の策定主体は、権限ある記念物保存官庁より定められた者である。しかしながら、計画の策定にあたっては、記念物保存官庁の命令において、擬制的に、計画に対して同意が与えられたものとされる（Die Beteiligung der Denkmalfachbehörde（Landesdenkmalamt）an den Entscheidungen der unteren Denkmalschutzbehörden nach §6 Abs. 5 Satz 1 i. V. m. §5 Abs. 2 Nr. 13 DSchG BE（AV-Einvernehmen）, vom 30. 11. 2006, 1.2）。

82　Vgl. Martin, a. a. O., (Fn. 79), §3, S. 3.; Martin, a. a. O., (Fn. 53), S. 110.; Davydov, a. a. O., (Fn. 58), S. 378.

83　Davydov, a. a. O., (Fn. 58), S. 379ff.; Martin, a. a. O., (Fn. 53), S. 109f.

II　具体例——バイエルン州

　以上に見てきた通り、都市計画法領域と州記念物保存法とは、条文上、密接な関連を有している。しかしながら、州記念物保存法および州建設規制法は、州によって差異が存在するため、より詳細にこれら二つの法領域の関わりを分析しようとすると、あくまで代表的な事例としていずれかの州を取り上げて検討するという手法に頼らざるをえない。以下においては、都市計画との関係が条文において最も詳細に規定された州の一つであるバイエルン州を例にとって、記念物保存法[84]および建設規制法[85]の条文を分析することとする。

1　定　　義

　バイエルン州記念物保存法（以下、本項IIにおいて「法」）によれば、記念物は、歴史的、芸術的、学問的あるいは民俗学上の観点のほか、都市計画上の意義から、公益にとって重要な物と定義される（法1条1項）。

　前記の定義に当てはまる対象物は、過去の時代から存在する建築施設またはその一部である建築記念物（Baudenkmal、同条2項）および、地中にある、または地中から掘り起こされた、先史ないし原史に属する物である土地記念物（同条4項）に区分される。そして、それぞれの区分ごとに、記念物は不動産と動産とに区別される。さらに、建築記念物には建築施設の付属装備のほか（同条2項）、建築施設の集合体（Ensemble）、建築物そのものは単体で記念物の条件を満たさずとも、これらの建築物を内包する特定の地点、広場、街路沿いの景観等も、総体として建築記念物に含まれる（同条3項）。

2　都市計画策定に際しての配慮

　法3条によれば、ゲマインデは業務遂行に際し、特に建設管理計画において、記念物保存および保護の利害に適切に配慮するとされる。さらに、建設管理計画との関連では、とりわけ記念物の集合（Ensemble）の保存に係る利害への配慮が重視される。このことにより、ゲマインデには記念物保存への配慮義務が生じ、特に建設管理計画において記念物保存法の目的を達成するう

84　Gesetz zum Schutz und zur Pflege der Denkmäler（Denkmalschutzgesetz）, vom 25. 7. 1973（GVBl. S. 328）.

85　Bayerische Bauordnung, vom 14. 8. 2007（GVBl. S. 588）.

えでの基本的な方向性を示すことが義務付けられる。前述の通り、建設法典
において建設管理計画の作成過程の複数の局面について記念物保存に配慮す
べきことが明文をもって定められている（建設法典 1 条 6 項 5 号等）こととの
関係において、本条文は州記念物保存法の側からも前記の関係性を確認・補
完をする規定であるといえる。加えて、本条文に基づき記念物の状態に影響
をもたらす行為に係る決定に際してゲマインデは、記念物保存の利害を厳格
に保護し、記念物に親和的な判断を行うことを要請されるほか、記念物に関
連する決定への関与、手続参加等、当該関連事項の手続規定を遵守すること
も、要請される[86]。

3　建設許可への包含

　記念物のうち、都市計画法と特につながりの深い建築記念物について、法
6 条は、その除却、変更、移転を企図する者（同条 1 項 1 文 1 号）、あるいは
保存されている記念物の付属物を除却し、変更し、移転し、建築記念物から
切り離すことを企図する者（同項 1 文 2 号）は、許可（Erlaubnis）を得なけれ
ばならないとする。
　そして、同条 3 項によれば、本法による許可を必要とする行為が、同時に、
建設許可、あるいは建設許可の関係で建築監督官庁の同意等（以下、「建設許
可等」）を要する場合には、本法による許可は建設許可に吸収され、州記念物
保存法に基づく許可付与は行われない（同条 3 項 1 文）。この条文に基づき、
州記念物保存法上の許可審査が統合された建設許可の審査、あるいは建築監
督官庁の同意の審査においては、記念物保存の利害が衡量に包摂される。建
設許可付与の基準について規定するバイエルン州建設規制法 68 条 1 項 1 文
によれば、建設許可は、許可手続内にて衡量されるべき関係の公法的規律と
対立していない場合に付与され、そして、建築監督官庁は、申請された行為
が他の公法的規律に違反している場合に建設許可付与を拒否できる。建築許
可において、州記念物保存法の許可が吸収された場合、記念物保存法はここ
でいう関係公法的規律に含まれることとなるため、建設許可等の審査におい
て記念物保存の観点から重大な懸案事項が提出されることにより、建設許可

86　Spennemann, a. a. O., (Fn. 58), S. 162ff.

等の付与が拒否されることも可能性として存在する（仮に、州記念物保存法上の許可が、建設許可等を要する場合において吸収され、かつ、全く考慮されないとすれば、記念物の多くが建築記念物であることから、州記念物保存法上の許可制度による保存は、ほとんど存在意義を失う）[87]。裁判例においても、建設許可等における州記念物保存法を踏まえた衡量の必要性について説かれてきた[88]。

　また、州建設規制法が、個別の建築規制の前提たる上位の都市計画法、すなわち、建設法典等に従うことからしても、建設許可等の審査にあたって記念物保存の利害を衡量の対象から完全に除外することはできない。先述の通り、建設法典においては様々な規定、特に、建設許可の直接の前提となる各建設区域に係る規定に記念物保存に係る利害への配慮が定められている（建設法典 34 条、35 条）。

　そのほか、バイエルン州建設規制法の他の条文においても、例えば 8 条において、建設される建築物が形、原材料、色等において醜悪なものとしてはならないことが明記されているほか（同条 1 文）、建築物によって街路沿いの景観、地点の景観、その他景観を醜悪化してはならないことが定められている（同条 2 文）ことからも、建設許可等における州記念物保存法および記念物保存の利害が関わりを持ちうることが指摘できる[89]。

4　記念物保存法上の許可への包含

　他方、州建設規制法において行うべき許認可が州記念物保存法の許可に吸収される場合も存在する。すなわち、法 6 条 3 項 3 文において、記念物に用いられうるような特別な建材の使用について、下級建築官庁が個別に同意を付すことが必要となる（州建設規制法 20 条に対する特例）。しかし、この同意を必要とする建築物が、建築許可等、建築監督官庁の許認可を免除されるべき建築物（前款Ⅱ 1（4））であったときには、州記念物保存法上の許可を通じて、それらの同意、および、通常の規格に適合しない建材を用いることについての、例外措置（前款Ⅱ 1（5））の許可は包含され、記念物への影響という観点の下で許可および同意が審査される[90]。

87　Gernstner, a. a. O.,（Fn. **58**）, S. 242f.

88　VG Bayreuth, Urt. v. 20. 3. 2014, B 2 K 14. 79, juris, Rn. 31ff.

89　Gernstner, a. a. O.,（Fn. **58**）, S. 242ff.

94　第 2 章　記念物保存と都市計画の法領域間関係

　記念物および記念物を構成する材料が現行の規格から乖離したものとなる
事例は、時代を経れば減るほど増加することから、当該規定の存在により、
これらの事例を州建築規制法と州記念物保存法とにおいて、各々独立、並行
して行う場合に比して、申請者および行政の負担が軽減され、かつ、記念物
保存・保護の要請も徹底されうる。このことから当該条文は実務においても
高く評価されている[91]。

　以上に述べたように、州建設規制法上の建設許可等と州記念物保存法上の
許可とについては、州記念物保存法上の許可の対象行為に建設許可等が求め
られる場合においては、より広く利害を衡量する建設許可等にこれを吸収せ
しめ、州建設規制法上の例外措置も建設許可の下で行われる。他方、対象行
為に建設許可等が必要とならない場合は、州建設規制法上の例外措置の許可
と特殊な建材使用に係る（下級建築監督官庁の）同意と、州記念物保存法の許
可とが、記念物保存法上の専門的な諸要件の下に統合されて判断がされる[92]。

5　組織形態

　組織の面においても、二つの法領域が関連しあっている。法 11 条は、記念
物保存官庁に係る規定である。バイエルン州において、記念物保存を行う官
庁は、下級記念物保存官庁、上級記念物保存官庁、および最上級記念物保存
官庁の三層で構成されている。

　敷衍すると、まず、組織の中核として活動を行う下級記念物保存官庁は、
バイエルンにおいて原則的にクライスの行政官庁（同条 1 項 1 文）であり、ク
ライスに属さない地域はゲマインデがこれを担う。しかしながら、規模の大

90　補完的に、バイエルン州建設規制法 63 条においては、通常の建設規制法上の規格を満たさない
　　建築物に関する例外措置に係る許可制度が定められている。この例外措置の許可（Zulassung）の
　　付与に際しては、バイエルン州憲法（Bayerische Verfassung, vom 2. 12. 1946（BayRS 100-1-S））（3
　　条 1 項「バイエルン州は法治国家であり、文化国家であり、そして社会国家である。……」、同条
　　2 項「州は、自然環境上の生態系および文化的伝統を守る」、141 条 1 項 3 文「州、ゲマインデお
　　よび公法人の優先すべき任務に、特徴的な地点の景観およびその他景観を大事にし、保存するこ
　　とも含まれる。」、同条 2 項「州、ゲマインデ、公法人は、芸術、歴史、自然記念物ならびに景観
　　を保存・保護すること、および、傷付けられた芸術、歴史記念物を以前の用途に従って再利用す
　　ること……を、任務とする。」）に基づいて、記念物に親和的な裁量審査の行われることが要請さ
　　れる。

91　Bayerische Landtag, Drs. 16/375, vom 3. 2. 2009, S. 19.

92　Gernstner, a. a. O., (Fn. 58), S. 242ff.

きいクライスにおいて、下級建築監督官庁の事務が当該クライスに属するゲマインデに委任されている場合は、下級記念物保存官庁の事務もまたゲマインデに委任される（同項2文）。本条文により、規模の大きいクライスにあっては、記念物保存行政と建築行政との連携が確保される。

次に、上級記念物保存官庁は行政管区が担っている（同条2項）。上級記念物保存官庁は、通常、決定主体となることはなく、最上級記念物保存官庁への連絡や下級記念物保存官庁の監督を行う。ただし、同条4項2文によれば、バイエルン州建設規制法73条1項[93]の定める政府による特例的な同意を得たうえで、建設許可等が免除される建設案に関する、州記念物保存法上の許可審査業務について、上級記念物保存官庁が下級記念物保存官庁に代わって行うことを認められる[94]。

最後に、バイエルン州においては、最上級行政官庁として文化に関わる省（Bayerisches Staatsministerium für Wissenschaft und Kunst）が存在し、記念物保存を担当している。ただし、前述の通り、記念物保存法6条3項1文に基づいて、記念物保存法上の許可がバイエルン州建設規制法の建設許可等に吸収される場合においては、都市計画を担当する省（Bayerisches Staatsministerium für Wohnen, Bau und Verkehr）が最上級行政官庁としての権限を有する。しかしながらこのことは、許可手続において最上級記念物保存官庁を完全に排除することを意味しない[95]。

高権的な活動を行う記念物保存官庁のほかに、バイエルン州においては、(a)高権的業務への手続的関与や記念物リストの管理等に関する専門家として、省庁に配置される州記念物保護職員（法12条、Landesamt für Denkmalpflege）、

---

93 バイエルン州建設規制法73条1項によれば、本来は手続の省略が認められない建設案につき、(a)連邦、州、または地区における、設計業務の指導および建築業務の監督の事務が委任され（同項1文1号）、かつ、(b)建築に係る行政事務について、少なくとも一定の専門的キャリアを有し、所定の給与区分に属する職員を配置することにより業務の質を確保しており、そのほか適切な専門家も十分に確保している（同文2号）場合には、政府の同意を得て（同項2文）、建設案の建設許可、許可の委任、届出、建築監督（バイエルン州建設規制法57条5項、58条、68条、77条および78条）を免除することが認められる。

94 Spennemann, a. a. O., (Fn. 58), S. 330f.

95 Spennemann, a. a. O., (Fn. 58), S. 330f. バイエルン州政府事業部門規則（Verordnung über die Geschäftsverteilung der Bayerischen Staatsregierung, StRGVV, vom 28. 1. 2014, GVBl. S. 31）の15条3項は「複数の省庁が一つの事項に関連する場合、それら省庁は互いに協力しなければならない。重点的に関わる省庁が主導する権限を負う」としている。

(b)記念物保存官庁および州記念物保護職員の活動に対し、助言および支援を行い（法13条1項1文）、記念物保存官庁を通じて決定手続に関与することの認められる（同条1項2文）郷土保全員（Heimatpfleger）、(c)立法期間ごとに設置され、州政府に対し助言を行う、州記念物委員会（法14条、Landesdenk-malrat）が存在する。

　以上の組織については、それぞれ都市計画行政との関連性の存在を指摘できる。まず、(a)記念物保護職員については、業務の例示として、記念物保存法とその実施規定の執行、および関連法規定の執行に協力すること（法12条2項3文1号）が掲げられている。この条文を根拠に、当該職員は建設許可手続等に関与することが可能となる。協力の内容は、建築監督官庁等との協議を通じて、各行為に反映され、その結果、多様な協力が確保される[96]。次に、(b)郷土保全員による助言等の意思表明は、最終の決定に影響を及ぼすものではないものの[97]、バイエルン州建設規制法65条の規定に基づき、記念物保存・保護、特に郷土保全に関わる建設許可手続であれば、郷土保全員は当該手続に参加することを認められる[98]。最後に、(c)州記念物委員会の構成員には他の省庁が含まれている（法14条2項1文4号[99]）。

6　許可審査における組織の連関

　法15条には、州記念物保存法の許可審査手続について規定されている。当該手続について、必要に応じて建設許可の手続規定が準用される。

　まず、許可を要する行為を行おうとする者は、権限ある記念物保存官庁に申請書類を提出しなければならない。申請書類を受け取った記念物保存官庁は、直ちに当該書類をゲマインデに送付し、意見を求める（同条1項1文）。その際、バイエルン州建設規制法75条および76条の措置（違法建築の工事中止、違法建築の除却および利用禁止）に関する規定は、建築記念物の許可について準用される。

96　Schindler-Friedrich, a. a. O., (Fn. 58), S. 341.

97　Spennemann, a. a. O., (Fn. 58), S. 357ff.

98　Spennemann, a. a. O., (Fn. 58), S. 360f.

99　本条文は2018年1月1日より施行された改正法である。それより以前においては、（当時の）法14条1項7文において、記念物保存法担当省庁のほか、都市計画担当省庁は全ての委員会に招待されることが定められていた。

続いて、許可付与に係る審査が記念物保存官庁において行われる。その際、下級記念物保存官庁は州記念物保護職員に意見を聴取する（同条 2 項 1 文）[100]。

他方、州記念物保存法に基づく許可が吸収された建設許可の申請に際しても、バイエルン州建設規制法 65 条に基づいて、関係する公的機関に対する意見聴取が求められる。本条については、州記念物保護職員および郷土保全員を意見聴取の対象とするのが通常である[101]。同条 1 項 1 文には、建設許可に際して意見聴取を要する対象機関について、「その関与または協議を要することが法律で規定されている機関（1 号）」、「当該機関の意見が欠如している状態においては、建設許可を評価することは不可能な機関（2 号）」が挙げられている。いずれにせよ州記念物保護職員に対する意見聴取は必要となる[102]。

州記念物保存法の許可および州建設規制法の建設許可の双方について、前記の意見聴取規定に反した決定は違法とされる可能性がある[103]。ただし、バイエルン州行政手続法 45 条 1 項 5 号は、必要な参加手続が後に追完された場合においてはその手続瑕疵は治癒されたと判断される場合がある。また、通常、州記念物保護職員の不参加のみを理由としては、許可決定の取消しを求めることはできない（バイエルン州行政手続法 46 条）。しかしながら、記念物保護の観点について唯一の権能を有する官庁によって、申請案に対する専門的な評価が手続においてもたらされうる、かつ、もたらされねばならないという意味において、州記念物保護職員に対する意見聴取は決定的かつ本質的である。この点に鑑みれば、意見聴取手続における瑕疵が許可決定を取り消す要因になりうると解されている[104]。

---

[100] また、同項 2 文によれば、バイエルン州建設規制法 65 条 1 項 3 文（建築申請に係る意見は、建築監督官庁の要請があってから原則 1 ヶ月以内に提出しなければならない。）が準用される。

[101] ただし、郷土保全員は、州記念物保存法 13 条 1 項に基づき、記念物保存官庁を通じてのみ、所掌事務を行う。Vgl. Spennemann, a. a. O.,（Fn. 58）, S. 358ff.

[102] 記念物保存官庁ではなく、州記念物保護職員であることについては、法 12 条 2 文 3 文 1 号参照。郷土保全員がこれに代わる場合も存在する（法 13 条 1 項 1 文）。

[103] Martin/Spennemann, a. a. O.,（Fn. 58）, S. 375f. 現在は Soll-Vorschrift（聴取すべき）という表現になっているが、通例は引き続きこれを義務と考えているようである。

[104] Martin/Spennemann, a. a. O.,（Fn. 58）, S. 375f. なお、法 15 条 3 項によれば、バイエルン州建設規制法 69 条（建設許可および部分許可の有効期間）も建築記念物および土地記念物への許可に対して準用される。

7 優先順位の評価

以上、バイエルン州記念物保存法と州建設規制法の関連規定を整理してきた。バイエルン州記念物保存法と都市計画法との関係性について、以下を指摘することができる。すなわち、(a)ゲマインデに係る都市計画の諸規定は、記念物保存の利害に配慮することを義務付け、(b)そのうえで、州記念物保存法上の許可を建設許可等に原則として吸収せしめ、記念物保存の利害を過不足なく衡量すべきことを定める。また、(c)許可手続にあっては、建設許可に際して州記念物保護職員に対する意見聴取が原則として確保されている。(d)さらに、組織法上も、規模の大きいクライスに属するゲマインデにあっては、建築監督官庁と記念物保存官庁とを一つの組織に集中させ、より緊密な業務連携を可能としたほか、州記念物委員会の構成員に関係する省庁を加えるなどして、組織上の連携体制が整備されている。

また、建設許可等と州記念物保護法上の許可等との優先順位に関しては、州記念物保存法上の許可においては、専ら記念物への影響の程度によって、許可の付与が判断されるのに対し、建設許可においては、単純な技術上の要素のほか、関連する公法的規律により求められる諸利害の総合的な衡量の行われる点において、より適切な調整の役割を果たすことが可能である。この点を勘案するならば、前記のようなドイツ法の整理は合理的なものと評価できよう[105・106]。

第3款　両法領域の連関の限界

前款において、都市計画法領域と記念物保存法領域との条文上、および組

---

[105]　また、歴史的な観点からしても、このような法構造には理由があるといえる。すなわち、非高権的な記念物保護活動が19世紀後半より内務省下の学芸員（現在の州記念物保護職員）によって担当され、その後現在の文化教育省が20世紀に誕生し、州への記念物保存行政権限の集中を試みたものの失敗している。そして同時期において、高権的な記念物保存行政が、建設行政、特にゲマインデの建築警察行政によって担われていたことに鑑みれば、このようなバイエルン州記念物保存法の構造もそれほど不思議ではない（Winfried Speitkamp, Die Verwaltung der Geschichte, 1996, S. 233ff.）。

[106]　本稿の叙述とは直接の関係はないものの、バイエルン州文化教育省についても、その設立の背景の中心にあった課題は、国家による教会支配および教会権力との関係の整理、さらには、教育における宗教性の排除ないし許容であり、歴史的に見ても記念物保存は重要な要素とはなっていない。

織上の連関を確認した。国土整備計画から建設管理計画に至るまで、そして、これらの諸計画を前提とする個別の建設許可においても、都市計画法領域の法令には州記念物保存法との連関が見出されたほか、記念物保存の利害は都市計画法領域の枠内において配慮されていることが明らかとなった。

　本款においては、これまで確認してきた規範体系上の連関の背景を分析する。とりわけ、都市計画法領域において、記念物保存利益の保護に関連性を有する規律の解釈、運用が争われた裁判例と、学説とを分析することを通じて、法領域間の接合限界、そして、法領域間関係の分析の根底に存在する視座を明らかにしたい。

Ⅰ　都市計画上の記念物保存

1　州の立法管轄権限と連邦法

　建設法典等都市計画に係る連邦法は、記念物保存の利害への配慮を要請するとの文言を置くことにより、記念物保存に関係する内容を規律している。ただしこの点につき、連邦と州との間における権限分配の原則（Trennungsprinzip）の観点から、記念物保存の利害に係る規定が連邦法に存在することの正当性を疑問視する立場がある。すなわち、ドイツ基本法の下、都市計画法と記念物保存法については立法管轄が異なるものとなっており、そして、権限分配の原則によれば、連邦と州は、基本法に従い各々に割り当てられた権限を、独自にかつ単独の責任でもって行使しなければならない。この原則に反することは、基本法に別の定めがない限りは禁止される。権限分配の原則およびその背景にある連邦制は、法治国家原則や民主主義原則によって具体化されていると考えられる。権限分配の原則への違反は、これら国家の基礎にとって重要な原則への影響が懸念されるため、立法・行政・司法の場においてその適切な実行は重要である。

2　保全条例の正当性

　この連邦制および権限分配の原則の重要性から、記念物保存と関係を有する都市計画法上の条文の正当性について、議論が起こった。とりわけ、1970年代以降における州記念物保存法および都市計画法の再編成の時期において、この問題は大きく取り上げられ、連邦建設法（現在の建設法典）の条文の憲法

適合性が裁判において争われるに至った。

当時において最も問題視されたのは、連邦建設法 39 h 条（当時。現在は建設法典 172 条以降）に規定された保全条例であった。当該条文によって、都市計画上、特に都市の状態を保存する必要のある区域について、ゲマインデは B プランあるいは特別な条例を策定することが可能となる。かつ、B プランあるいは条例の下で、建設行為を行おうとする者は、当該行為が都市の環境を害さないか否かという観点から審査を受け、担当官庁の許可を得なければならない（詳細は本節第 1 款）。

保全条例の規定に関しては、これが州の記念物保存行政に係る立法権限を侵害しているのではないかとの指摘が立法過程等において相次ぎ、さらには、連邦建設法の制定後において、当該条文およびそれに基づく条例等は連邦と州の間の立法権限配分を侵害しているとの訴訟が裁判所に提起されることとなった。

この問題に関する最も著名な連邦憲法裁判所の判断は、同裁判所1987年1月 26 日決定[107]である。この決定は、担当の自治体により公布された保全条例につき、原告が規範統制訴訟[108]を起こしたものの訴えが斥けられたため[109]、保全条例の根拠条文である連邦建設法 39h 条の憲法適合性を争点として提起された憲法異議に関するものである。憲法異議のなかで原告は、本条は州の有する立法権限を侵害しているとの主張を行った。前審であるニーダーザクセン州上級行政裁判所の判決においては、連邦建設法 39h 条の規定の憲法適合性を前提として、当該保全条例は法律に適合していると判断されていた[110]。

これに対して連邦憲法裁判所は、ニーダーザクセン州上級行政裁判所の前提に係る判断は合憲であると述べた。判断の要旨は以下の通りである。

保全条例の規定は記念物保存法と接点を持っているものの、そのことを

---

107 BVerfG, Beschul. v. 26. 1. 1987, 1 BvR 969/83, DVBl 1987, 465（465f.）.

108 規範統制訴訟とは、行政裁判所法（Verwaltungsgerichtsordnung, v. 19. 3. 1991（BGBl. Ⅰ S. 686））47 条に定められた、客観訴訟の一種である。個人の主観的権利の侵害なしに、公布された法規が、根拠法令に適合しているか否か等の審査を求めることができる（Antrag. 主観的権利の侵害を根拠とした提訴（Klage）とは異なる）（Vgl. Friedhelm Hufen, Verwaltungsprozessrecht, 13. Aufl., 2024, § 19 Rn. 1ff., § 30 Rn. 1ff.）。審査の申請先は、上級行政裁判所に固定されている（§ 19 Rn. 5f.）。

109 Vgl. OVG Lüneburg, Urt. v. 27. 4. 1983, 1 C 1/82, DÖV 1983, 640ff.（640）.

110 OVG Niedersachsen, a. a. O.,（Fn. 109）.

もって、連邦建設法 39h 条 3 項 1 号および 2 号が、州に立法権限のある記念物保存規定そのものになることを意味しない。むしろ、本条は、都市計画法における記念物保存法への放射効（Ausstrahrungwirkung）——都市計画上の記念物保存——を規律している。これは、基本法 74 条 18 号（競合立法管轄）にいう土地法の管轄規定に基づくものである[111・112]。

その後、都市計画法上の記念物保存関連規定を正当とする立場は、憲法裁判所のみにとどまらず、行政裁判所によっても採用されることとなった。代表的な裁判例は、連邦行政裁判所 1987 年 7 月 3 日判決[113]である。同判決は、保全条例の区域内に土地を有する原告が自身の土地上の建設物を除却する許可の申請を行政側に拒否されたことから、除却の許可の義務付けを求めた事件についての判断である。行政による許可申請拒否は、除却の対象となっていた建設物が州の学芸員によって記念物としての価値を認められていたためである[114]。前審であるノルトライン・ヴェストファーレン州上級行政裁判所判決[115]において、連邦建設法 39h 条 1 項 1 号および 2 号の憲法適合性については（行政裁判所の立場においては）未解決であること等を理由として原告の主張を認容したため、行政側が上告した。

これに対し連邦行政裁判所は、連邦建設法 39h 条 1 項の憲法適合性について、連邦憲法裁判所 1987 年 1 月 26 日決定と同様の立場をとることを明言した[116]。かつ、土地法を根拠とした保全条例と記念物保存法との差異につき見解を付している。すなわち、二つの法は立法目的が異なるため、ともに保存という行為のための法であっても、その規律目的において差異が生ずる。記念物保存は、歴史的な観点から建築物の保存・維持を行うのに対して、土地法が建築物の保存に関わるのは、現代の人々が社会において共同生活を営むための、実際上の都市機能に着目した結果である。そのような都市計画上の

---

111 BVerfG, a. a. O., (Fn. 107), 465.

112 Krautzberger, a. a. O., (Fn. 4), S. 463f.; Rabeling, Die Belange des Denkmalschutzes und der Denkmalpflege in administrativen Abwägungsenrscheidungen, 2012, S. 14ff.; Lenski, Öffentliches Kulturrecht, 2013, S. 236; Germelmann. Kultur und staatliches Handeln, 2013, S. 620.

113 BVerwG, a. a. O., (Fn. 30).

114 加えて原告は、当該建設物につき、老朽化による倒壊の危険があることを、取壊しの根拠の一つとしていたが、行政側においてその危険性は認められなかった。

115 OVG Nordrhein-Westfalen, Urt. v. 29. 8. 1984, 7 A 2012/83 （判例集未登載）.

116 BVerwG, a. a. O., (Fn. 30), Rn. 7, 15.

効果に関係する限りにおいて、記念物保存の利害は保全条例で配慮される利害と結び付く。

個別の建築物を保存することについても、二つの法への適合性は独立して審査され、そのため、どちらかの目的にのみ資する建築物も存在すれば、双方の目的に資する建築物も存在する。このことからすれば、連邦建設法39h条も、記念物保存法の目的とも結果的に関わる場合があるものの、そのことによって都市計画上の目的は減ぜられることはなく、あくまで都市計画上の機能の保持のために本規定は適用される[117]。かつ、その反面において、建設管理計画が州記念物保存法と同様の目的の実現のために用いられることは許されず、あくまで都市計画上の目的に資する範囲でのみ、記念物保存に関わることが許される[118]。

このような裁判理論は、「都市計画上の記念物保存の理論」と呼ばれており、連邦において記念物保存に係る立法権がそもそも与えられないことに対しての（記念物保存の問題に対して、連邦法によって州法の内容に関わる規律が可能であるという点において）唯一の例外である[119]、等の評価が一部の学説において行われている。

Ⅱ　都市計画法上の記念物保存理論の広がり

他方、裁判例のなかには、保全条例のみならず、他の都市計画法上の法的仕組みについても、「都市計画上の記念物保存の理論」に類似する考え方を用い、これらを解釈しているものが存在している。学説上は、これを「都市計画上の記念物保存の理論」の転用と表現する者[120]、あるいは、保全条例その他の制度全てに通底する思考として「都市計画上の記念物保存の理論」を位置付ける者がある[121]。

1　建設管理計画

代表的な裁判例としては、ゲマインデが設定する建設管理計画（特にＢプ

117　BVerwG, a. a. O.,（Fn. 30）, Rn. 15ff.

118　Lenski, a. a. O.,（Fn. 112）.

119　Germelmann, a. a. O.,（Fn. 112）.

120　Rabeling, a. a. O.,（Fn. 112）, S. 15ff.

121　Krautzberger, a. a. O.,（Fn. 4）, S. 463.

ラン）と記念物保存利害との関わりについて、連邦行政裁判所が下した一連の判決を挙げることができる。建設管理計画設定の根拠法たる建設法典は連邦法である。しかしながら、他方において、建設管理計画を設定するのはゲマインデであり、かつ、州記念物保存法に基づき記念物保存事業を行う中心的な権限主体もまた、多くの場合に下級記念物保存官庁の役割を負うゲマインデである。前記の構造からすれば、ゲマインデが、――明示的にせよ黙示的にせよ――自らに課された記念物保存の任務を遂行するために建設管理計画を設定することも理論的な可能性としては存在することとなる。このことは、連邦法の管轄である都市計画法の制度において記念物保存を実現することを可能とするため、結果として、州の立法管轄権が侵害される恐れはないかが問題となった[122]。

　この問題に関し、そもそも記念物保存・都市保存といった、都市の発展に一見直接結び付かないような目的をもって都市計画を設定することは、法律上許容されるのか否かという点に引き付けて、裁判において議論がされた。

　連邦行政裁判所 1990 年 12 月 18 日判決[123]においては、自然保護および景観保護を見据えた農業用地設定を目的とした B プランについて、そして、連邦行政裁判所 1992 年 6 月 23 日判決[124]においては、観光に特化した特別な区域を設定する B プランについて、どちらの計画もともに、土地の開発・土地利用の発展を阻害し、建設等が制限される B プランであって、建設法典 1 条 3 項、同条 6 項[125]に反する、との主張の当否が争われた。これに対し裁判所は、州の一部の区域において、特定の建築行為を阻害する結果となる B プランが設定されたとしても、そのことのみによって当該 B プランが違法かつ無効となるとはいえないし、かつ、都市の現況を変更するものではなく、（自然保護、観光産業等のために）既存の都市構造を維持することを目的にした B プランであっても、それは建設法典にいう都市計画上の諸目的を逸脱するものとはい

122　Rabeling, a. a. O., (Fn. 112), S. 15f.

123　BVerwG, Beschul. v. 18. 12. 1990, 4 NB 8/90, juris.

124　BVerwG, Beschul. v. 23. 6. 1992, 4 B 55/92, juris.

125　本節第 1 款参照。改めて概略のみ述べると、1 条 3 項において、建設管理計画策定は都市計画上の発展と秩序の維持に必要な限りにおいて行われることを義務付け、同条 6 項においては、策定に際して特に配慮すべき利害が例示されている。同項 5 号において記念物保存の利害等が含まれる。

104　第2章　記念物保存と都市計画の法領域間関係

えないと判断した[126]。

　これらの裁判例の考え方を受けて、連邦行政裁判所 2001 年 5 月 18 日判決[127]は、都市保存等の目的により設定された B プランと記念物保存行政との境界について見解を示している。

　本判決は、B プランの策定に対して規範統制訴訟が提起された事案に関するものである。原告は、ベルリン州内の村が設定した B プランによって、自身の土地が私的所有の緑地（建設法典 9 条 1 項 15 号）として空閑地になることが決定されたことを受け、当該 B プランが記念物として保存すべき歴史的価値を有する地区を保存するために、すなわち、記念物保存の目的で設定されたものであるために B プランとして許されないものである、と主張した。

　本判決において裁判所は、B プランは記念物保存に資するものの、伝統的な都市の利用構造、または、眺望および街路に面した風景という都市の特徴と質とを将来に向けて保存することを目的としたものであり、建設法典 1 条 3 項に適合した、都市計画上、正当な目的を有しているため、州記念物保存法との関係において問題となることはない、と判断した。

　さらに、この見解の前提として、記念物保存に係る建設管理計画の正当性について、裁判所は、以下のように判示している。

　すなわち、建設法典 1 条 3 項によれば、ゲマインデは「都市計画上の発展と要請にとって必要であれば早急に、かつ、必要な限りにおいて」建設管理計画を設定しなくてはならない。この条文から明らかな通り、基本法 28 条 2 項の下でゲマインデに計画高権が付与されていても、都市計画上の必要がない限りは、建設管理計画を立てる法的根拠は存在しない。そして、建設法典 1 条 6 項 5 号により、建設管理計画の設定にあたっては、記念物保存および記念物保護の利害に配慮（berücksichtigen）しなくてはならない。加えて、建設法典 1 条 7 項に基づいて、建設管理計画の設定にあたっては公的ないし私的な利害が適切に衡量されなくてはならない。以上のことから、ゲマインデが記念物保存の目的を達成すべく建設管理計画を設定すること（「都市計画の装いでもって記念物保存を行うこと」）は許されず、建設管理計画を策定する際に、記念物保存および記念物保護の利害を衡量することがゲマインデに義務

126　BVerwG, a. a. O., (Fn. 123), Rn. 14ff.; BVerwG, a. a. O, (Fn. 124), Rn. 2ff.
127　BVerwG, Urt. v. 18. 5. 2001, 4 CN 4/00, juris.

付けられるにとどまる[128]。

　以上の裁判例によって、記念物保存の利害に係る B プランの許容性につき計画策定の目的に即した整理がなされた。

　なお B プランにおいて、建設法典の規定に基づき配慮の対象とされる記念物保存の利害とはいかなるものであるのかという点については、バイエルン州上級行政裁判所 2004 年 2 月 16 日判決[129]が詳しく説示している。

　本判決は、B プラン設定予定区域にある自己所有の土地で住宅の建設許可を申請したものの、策定された B プランの内容と適合しないとの理由で許可の付与を拒否された原告が、B プランは原告の建設計画を阻止する目的において設定された違法なものであるとして規範統制訴訟を提起した事案に関するものである。

　本事案で注目すべき点は、当初の B プランの草案においては、原告の建設案は限定的ながら認められる見込みが存在したものの、策定手続において、バイエルン州記念物保護職員が専門的観点から意見を述べたことにより、最終的な B プランの内容は、原告の建設案とは両立しない内容となったことである。ちなみに、最終的に公布された B プランは区域内の教会およびその周辺の景観を維持する目的で策定されている。

　判決において裁判所は、これまで紹介してきた裁判例の判断を踏襲し、特定の建設利用等を禁止しあるいは建設を制限することになる B プランであっても、それ自体は建設法典に反しないこと、そして、記念物保存を目的とし、そのために B プランを用いることは連邦と州の権限配分に反して許されないことを確認したうえで、本事案の B プランは建設法典に適合したものである、と判断した。このとき、B プランを通じて確保される教会および周辺の景観の保護という目的は、記念物保存の利害とは関係しているものの、「記念物保存法の範囲における考察からは独立した、都市計画上の利害」に則っている。この都市計画上の利害に基づいて、教会および周辺の歴史的な街並みによって都市計画の観点における質が将来的に保持されることを目指して、当該 B プランは公布されている[130]。

128　BVerwG, a. a. O., (Fn. 128), Rn. 8, 15ff.

129　VGH Bayern, Urt. v. 16. 2. 2004, 26 N 01, 2887, juris.

130　VGH Bayern, a. a. O., (Fn. 129), Rn. 2ff., 17f.

106 第2章 記念物保存と都市計画の法領域間関係

以上の裁判例によれば、B プランにおける記念物保存の利害の取込みに際しては、B プランおよび記念物保存法の間における目的の差異に基づいて二つを厳格に区分したうえで、都市計画の目的に資するとの観点から、記念物保存法から独立した形で都市の保存や景観の保護が行われている。

このような「都市計画上の記念物保存の理論」に類似する結論が、保全条例に限らず導かれることは、保全条例のみならず建設法典のあらゆる側面において、強弱の差はあるとしても、記念物保存の利害に一定程度配慮がされている現状に照らすならば特に奇異に映るものではない。

2 その他制度への拡大

そのほか、都市計画法領域の法令では、建設管理計画の上位計画である国土利用計画に関する裁判例においても「都市計画上の記念物保存の理論」と同様の考えが用いられた裁判例が存在する。

例えば、ラインラント・プファルツ州上級行政裁判所 2006 年 12 月 7 日判決によれば、国土整備法に基づく地域国土整備計画（regionaler Raumordnungsplan）の目的に地域の景観を特徴付ける記念物を視覚的・眺望上の侵害から守ることが含まれていることは、国土整備法上（および州記念物保存法上）違法ではないとする。すなわち、国土整備法においては、「持続的な空間の発展」（1 条 2 項）という指針の具体的な表現として、国土整備の原則が規定されている。そして、国土整備の原則の一つに、歴史および文化の観点から地域の属性を維持すること、また、文化景観が地域に特徴的な記念物の保存とともに保護されること（2004 年時の 2 条 2 項 13 号。現在の 2 条 2 項 5 号）が位置付けられている。これにより、国土整備法上の原則の具体化として、国土整備法に基づく地域国土整備計画ないし州計画において、記念物保存の利害が取り込まれる。以上から、国土整備法上、持続的な空間の発展という指針の下で記念物保存の利害が国土整備計画に取り込まれていることがうかがえる[131]。

第4款 小 括

本節において、ドイツ記念物保存法領域とドイツ都市計画法領域の関係性

について、規範体系および組織体制から明らかにすることを試みた。結果、両法領域の主要な法制度において、強く関連する他方の法領域の規律に配慮し、時に協力する関係が見られた。そして、その関連は、連邦制という基準でもって、その限界を定められていることが明らかとなった。以下、本節の成果を敷衍しつつまとめる。

都市計画法領域において中心的役割を果たす建設法典は、建設管理計画やその他の特別な目的を有する都市計画を策定する際の目的規定や、計画策定上の原則を規定するほか、配慮すべき利害として記念物保存の利害を掲げている。また、建設管理計画の上位計画として位置付けられ、より広い地域を計画の対象とする州計画、およびその他の国土整備計画についても、国土整備法の原則規定のなかに記念物保存の利害への配慮が明文をもって定められている。

このように、建設法典、国土整備法等に置かれた計画目標や計画策定の原則に係る諸規定を通じて、上位の広域計画から下位の詳細な計画の段階に至るまで、記念物保存の利害への配慮を求めることによって、原則、記念物保存の利害を無視した行為は許されない法的な仕組みが確立されている。

そして、都市計画決定における記念物保存法制との連関は、実体的な規律のみならず、組織法上の規律や許可決定手続を通じて、念入りに確保されている。連邦法およびバイエルン州の法制度を例として確認したように、具体の組織および許可決定の手続が、建設法典のほか、州の建設規制法および記念物保存法において定められている。

許可決定手続については、まず連邦法のレベルにおいて、原則として建設が禁止される外部区域における建設行為に係る規律や、特定の区域の保存や再開発等を目的とする都市計画に係る規律においては、明確に記念物保存の利害に配慮した許可決定が求められている。そして州法のレベルにおいては、

131　OVG Rheinland-Pfalz, Urt. v. 7. 12. 2006, 1 C 10901/06, juris, Rn. 27ff., 36. なお、同様の指摘として、ザクセン州上級行政裁判所 2005 年 4 月 7 日判決（OVG Sachsen, Urt. v. 7. 4. 2005, 1 D 2/03, juris）Rn. 94.）も挙げられる。ただし、これら国土整備法上の記念物保存利害に係る判決は、保全条例や B プランの場合ほど、明確に都市計画上の記念物保存の考えに類似しているとは言い難いとの評もある（Vgl. Rabeling, a. a. O.,（Fn. 112）, S. 16.）。とはいえ、国土整備法およびそれに基づく州計画等の国土整備計画に従って建設管理計画が策定されること、そして、建設管理計画等においても国土整備の目的には拘束されることを踏まえれば、判決の説示の意義は小さくない。

一部の州では、建設許可手続に記念物保存の変更等許可手続を吸収せしめ、一体的な運用を可能とする制度が構築されている。そのほかの州においても、それぞれの許可手続は独立して行われるものの、州建設規制法および建設法典の定めに従い、建設許可の付与に際しての衡量過程で記念物保存の利害に配慮することが要請され、さらに、州記念物保存法に基づいて記念物保存の利害に配慮した都市計画上の措置が行われるものとされる州も存在する。

　また、業務の担い手たる行政組織に関しては、都市計画法領域および記念物保存法領域の双方において、最上級組織である担当省庁から法律執行の主体となる下級組織に至るまでが、三段階あるいは二段階の組織構造となっている。そのなかで、州法および下級組織を担う行政主体の規模によって下級都市計画策定官庁あるいは下級建築監督官庁（この二つの官庁も、州法および行政主体の規模によっては同一主体となる）と、下級記念物保存官庁とが同一の組織とされることがある。また最上級官庁についても、一部の州においては都市計画行政のなかに記念物保存を包摂することを通じて、これらを同一の省庁が管理することとしている。

　前記の立法状況については、都市計画法行政において記念物保存を積極的に位置付ける方向へと動いた戦後の世界的な潮流を、ドイツの立法者と行政とが忠実に受けたものと評価できよう。もっとも、これまで確認してきた両法領域の立法上の密接な関係性にあって、建設法典の各条文を通じて都市計画上の諸価値との関連が要請されていることには、注意を要する。都市計画法領域の様々な局面において記念物保存への配慮がされているとはいえ、それは全面的に州記念物保存法と同様の事務を執行することを意味するのではなく、当該業務はあくまでも都市計画行政に関連を有する範囲において行われる。この要請は、後に確認するように、記念物保存法領域の固有の任務・意義の維持という観点からは、特に重要な要素となる。

　以上のように、連邦法である建設法典をはじめとする都市計画法領域においては、多くの記念物保存の利害に配慮した条文が存在する。しかしながら、他方において、基本法に基づき連邦と州の間には法領域ごとに立法管轄および行政管轄の区分が存在する。それによれば、記念物保存は原則的に州法の管轄である。そのため、都市計画法領域に記念物保存利害に配慮する条文が存在することは基本法に違反するのではないかとの疑いが生じ、立法過程や

裁判において議論された。

　数々の裁判例によれば、都市計画法領域における記念物保存利害への配慮は「都市計画法上の記念物保存の理論」と呼ばれ、土地法の目的に関わる限度において——すなわち、連邦法の管轄の限度において——、土地利用等に関係する限りで記念物保存に影響を及ぼすものと説明される。これらの判断によって、都市計画法領域に記念物保存の利害を取り込み、都市計画法領域の枠内において、すなわち、連邦法の枠内において、各種の記念物保存に資する行為は立法管轄内のものとして根拠付けられる。「都市計画上の記念物保存の理論」が裁判例において明示的に採用されたのは、建設法典 172 条の保全条例についてのみであるものの、他の制度についても、これと類似した考え方が用いられていることは、複数の裁判例や学説の指摘からうかがえる。

　連邦法の枠内において州法の管轄事項について規律を行うことの可能性を、記念物保存法の学説は特に注視している。例えば、記念物保存法において、特に都市計画法およびその他部門計画法のなかで記念物保存の利害に係る配慮が保障されることは重要である、との指摘が存在する。この主張の背景には、記念物保存法の違反は主観的権利の侵害に結び付きにくく（次章において、この点に係る近年の裁判例の動向を略述する）、記念物の変更や取壊しの許可決定取消訴訟の審査において、記念物保存の利害と他の利害との衡量について審理が行われたとしても[132]、記念物保存の利害のために許可決定が覆る可能性は低いからである。よって、他の法領域における様々な規範を介して、記念物保護の利害が衡量の対象とされる体制をあらかじめ整備することの意義は小さくないとされる[133]。

　都市計画法における記念物保存の利害に係る立法上の配慮について、都市計画法領域によって記念物保存法領域を強化するものであるとする評価はその点において正当である[134]。また前章において確認したように、地域文化の維持が記念物保存法領域にとって重要な要素の一つであるならば、州の権限を侵害しない範囲での、都市計画法領域における記念物保存への配慮は、記念物保存法が位置付ける固有の重要な利益を保護することにもつながってい

132　VwGO, §114 Satz. 1.

133　Germelmann, a. a. O., (Fn. 112), S. 700f.

134　Krautzberger, a. a. O., (Fn. 4), S. 466.

るといえよう。

第3節　両法領域の連関と司法

　ここまでの叙述において、両法領域間の規範体系上および組織上の関係、そして、それらの関係を基礎付ける連邦と州との権限配分の要請を分析してきた。

　以上のような法領域間の関係性は、ドイツ連邦制における司法管轄に対しても同時に意義を持ちうる。すなわち、連邦裁判所と州裁判所とでは、各々の審査できる法律が異なるため、例えば、州法に立法管轄を持つ記念物保存法に係る審査は州裁判所が審査の権限を有するといったことが発生するからである（本節第1款）。さらに両法領域の有する関係性は、利害衡量における裁判統制の面においても影響をもたらす。一方の法領域において他方の法領域が保護する利害への配慮を要請する条項が置かれること、さらには、基本法や関連規定の総体を体系的に解釈することにより、法領域に割り当てられた任務、および当該任務を通じて保護される利害への評価が高められうるのである（本節第2款）。以下においては、これら法領域間の関係が司法権の行使に与える影響を検討する。

　なお、第1款で紹介する一連の裁判例は、わが国の行政法理論における第三者訴訟の原告適格論にとっても重要な示唆をもたらす判決であるため、次章において詳細に論じているところである。本節においては、次章と内容が重なるものの、特に法領域間関係が司法権にもたらす影響という視点から、これら裁判例の意義を論ずることとしたい。

第1款　法領域と司法管轄──次章の導入

Ⅰ　連邦行政裁判所による規範の体系的考慮

　連邦行政裁判所2009年4月21日判決[135]は、基本法を含めた規範体系内において、連邦裁判所が権利保護の可能性を最大限に模索する姿勢を示したも

135　BVerwG, Urt. v. 21. 4. 2009, 4 C 3/08, NVwZ 2009, 1231（1231ff.）.

のと評価されている。

　当該事件は、ラインラント・プファルツ州内において記念物を所有する原告が、隣地における農業用サイロ建設計画の申請に対して担当行政官庁が建築許可を付与したことにつき、許可の取消しおよびサイロの除却命令の義務付けを求めたものである。サイロおよび記念物が存在した土地は、建設法典上外部区域（建設法典 35 条）の土地であり、かつ、州建築規制法に基づき、建築許可を不要としていたため、州記念物保存法上の許可審査のみが行われた（前節第 2 款参照）[136]。

　第一審、第二審ともに、訴えを却下している。第一審[137]は、記念物保存は専ら公益を本質とするものであるため、州記念物保存法の規定は第三者に主観的権利をもたらさないとして、原告適格を否定した。第二審[138]においても同様の判断がなされた。なお第二審においては、基本法 14 条 1 項に係る見解が加えられている。すなわち「基本法 14 条 1 項を通じ、所有物の私的利用が過度に制限されるという、期待可能性を超えた保存措置に対する防御権は認められる。しかしながら、これを超えて記念物保存を求める客観的な規定の遵守を請求する権利が記念物所有者に認められることまでを（同条は）義務付けてはいない[139]」。第二審の判決に対して原告らが、基本法 14 条 1 項への違反を主張して上告したところ、連邦行政裁判所判決が原告救済の可能性を示し、州法の解釈を含めた具体的な審査を尽くさせるために破棄差戻判決を出した。

Ⅱ　判決が示した法領域に基づく司法管轄

　連邦行政裁判所判決が示した法領域間関係にとって注目すべき論点は大きく三点ある。すなわち、①基本法を頂点とした法領域の規範体系にあって、連邦の裁判所が審査することのできる法規の範囲を連邦制に基づいて厳格に区分し、州記念物保存法の具体的な解釈を避けたこと、そのうえで、②記念物という財産の性質および記念物所有者に通常課せられる義務の内容を踏ま

136　Vgl. VG Trier, Urt. v. 12. 12. 2007, 5 K 784/07, TR, juris, Rn. 2.

137　VG Trier, a. a. O.,（Fn. 136）.

138　OVG Rheinland-Pfalz, Urt. v. 14. 5. 2008, 8 A 10076/08, juris.

139　OVG Rheinland-Pfalz, a. a. O.,（Fn. 138）, Rn. 21.

えて、基本法それ自体が原告の権利救済に係る独自の審査基準を提供すると
したこと、さらに③連邦法である建設法典の記念物に対する配慮規定から、
建設法典独自の審査基準が提供されることに言及したこと、である。学説で
は特に②の点が注目されているが、学説の展開および関連の議論については
次章に譲り、ここでは②と③の内容につき敷衍する。

1　基本法による最低限の保護

　本事案において論点となったのは争われた建設許可に対して、対象物の周
辺地に記念物を有する原告が原告適格を有するか否かという点であり、この
ことは連邦の裁判所が有する司法管轄に基づき基本法の下で判断される。そ
して連邦行政裁判所は、州記念物保存法が記念物所有者に所有記念物の保存
義務を課していることに着目し、この保存義務が基本法14条1項2文にい
う所有権の内容および限界を形成しているとする。基本法による所有権の保
障および法律による所有権の内容形成を行うに際して、立法府は、所有者の
財産利用の利益と保存義務を通して確保される公共の福祉との間を適切に調
整する任務を課されている。つまり、基本法14条1項は、保存の目的に対し
て不釣り合いな所有者の負担を避けること、財産の私的利用ができる限り開
かれるようにすることを要請している。この要請を踏まえると、記念物の隣
接地における建設案の許可について、当該建設案が記念物の価値を著しく侵
害する（erheblich beeinträchtigen）可能性のある場合には、記念物所有者に対し
建設案に異議を唱える権利が与えられなければならない[140]。以上から、基本
法14条1項に基づく「最低限の」第三者保護が原告に与えられると連邦行政
裁判所は述べた[141]。

2　建設法典35条による保護

　建設法典35条1項によれば、外部区域における建設案が許容されるのは同
条3項にいう公益と矛盾しない場合である。そして同項1文5号にいう記念
物保存の利害は、通常、消極的な形であれ積極的な形であれ、州法を通じて
具体化される。しかしながら、連邦行政裁判所によれば建設法典は連邦法と

140　BVerwG, a. a. O., (Fn. 135), 1231ff.

141　BVerwG, a. a. O., (Fn. 135), 1234..

して独自の機能を有しており、重大な違反に対し州法の具体化とは独立して、違反是正のために適用される固有の審査基準を形成する。すなわち、建設法典の条文は、州法とは異なる、連邦法上の記念物保存に係る独自の最低基準を保障したものであるとするのである。

連邦行政裁判所曰く、建設法典から導かれるこの基準は州法の規定との関係において、連邦法の許す範囲での記念物保存のための受け皿としての機能（Auffangfunktion）を有する。このような機能を有する規定の存在は、州法の立法権限との関係において問題にならない。同条は、あくまでも土地法の観点から、35条3項に定められた公益に配慮しているだけであり、当該公益に関する立法権限が連邦に存するか否かにかかわらず認められるためである[142]。とはいえ、審理対象とされる建設案について州記念物保存法の許可が与えられている場合には、原則的に、建設法典35条3項5号にいう「記念物保存に関する利害」は侵害されていないと見るべきであると連邦行政裁判所は指摘する。なぜならば、州記念物保存法の許可が付与される資格を有しているということは、当該建設案につき客観的に対象物の有する記念物としての価値に必要な配慮が既に行われていることを原則的に意味するからである。以上のことから、建設計画法上の判断に係る作用を伴った形で、州記念物保存法の許可の付与をもって問題の建設許可は容認される[143]。

Ⅲ　州行政裁判所の対応

連邦行政裁判所判決は最終的な結論として、連邦法に基づく権利救済を可能性を指摘したうえで州法の解釈を含めた具体的な判断を州裁判所に委ねた。このことから以降の州裁判所は、同様の事件について連邦行政裁判所が自らに与えられた司法管轄のなかで可能な限り示した権利救済の趣旨を、十分に踏まえたうえで州記念物保存法の解釈を行うことを求められた。次章にて連邦行政裁判所以降の州の判決も複数紹介しているが、ここでは特に積極的に連邦の意図を取り込んだとされるヘッセン州上級行政裁判所2010年3月9日判決[144]を簡単に紹介しておきたい。

142　BVerwG, a. a. O., (Fn. 135), 1233f

143　BVerwG, a. a. O., (Fn. 135), 1234.

144　VGH Hessen, Urt. v. 9. 3. 2010, 3 A 160/10, juris.

1 判決の内容

本判決は、隣地の所有者に住宅取壊しおよび新設に係る建設許可が付与されたことに対して、記念物所有者の原告が許可取消し等を求めて提起した訴えに対するものである。第一審判決は、連邦行政裁判所 2009 年 4 月 21 日判決を引用したうえで、州記念物保存法において記念物所有者の負担および許可制が定められていることから、基本法14条1項の限度において原告適格を認めたうえで認容判決を出した[145]。

対して裁判所は、第一審の判決を取り消し、本件許可のうち取壊しの許可について原告適格を付与するために必要とされる著しい侵害を認定せず、その余の請求も棄却した[146]。もっとも本判決は、前記の連邦行政裁判所判決を踏まえ、基本法と州記念物保存法の関係を意識した権利保護基準（原告適格認定基準）を導き出した点において、注目に値する。

州上級裁判所は、州記念物保存法上の措置によって記念物の価値に対する著しい侵害を生ずる可能性が存在する場合に隣人である当該記念物の所有者が防御権を有するとした連邦行政裁判所の説示を踏まえると、ヘッセン州記念物保存法の規範から記念物保存法上の配慮要請を導くことが可能であるとした。当該要請は、ヘッセン州記念物保存法 7 条 1 項 2 文（現行法の 9 条 1 項 2 文。以下同様。「記念物保存官庁は、あらゆる決定に際して」、記念物所有者の「正当な利益を考慮しなければならない」）、および、同法 16 条 2 項（現行法の 18 条 2 項。同条によれば、記念物の周辺において建設等を行おうとする者は、その行為が記念物の「存在または外見に影響を及ぼしうる」場合は、許可を申請しなければならない）の解釈により導かれるとされる[147]。

以上の規範から生ずる客観法的な配慮要請から主観的な防御請求が導かれるための重要な要件は、記念物の価値に対する著しい侵害である[148]。すなわち、記念物保存法において、記念物の隣地における建設案が、建設法の場合と同様に、明白で耐え難い侵害を引き起こすか否かが問題となる。しかしながら、本件においてはそのような侵害は見受けられないと結論付け、訴えを

---

145 VG Frankfurt, Urt. v. 25. 8. 2009, 8 K 2609/08. F（V）, juris, Rn. 43ff.
146 VGH Hessen, a. a. O., (Fn. 144), Tenor.
147 VGH Hessen, a. a. O., (Fn. 144), Rn. 61.
148 VGH Hessen, a. a. O., (Fn. 144), Rn. 62f.

退けた[149]。

2　規範体系的考慮に基づく権利保護

　本判決の特徴は、連邦行政裁判所判決において示された、周辺との関係における記念物所有者の所有権保護の必要性に関する判断を足掛かりとして、州記念物保存法自体に原告の利益を調整する機能を見出したことにある[150]。

　記念物保存法における配慮要請の根拠規範として、判決は、記念物保存官庁の任務一般に関する原則、および周辺の建築等に対する許可に関する州記念物保存法の条文を挙げている。しかしながら、前記の二つの条文のみをそのまま解釈した場合には、第三者である記念物所有者の利益を保護する規範を導くことは困難である。連邦行政裁判所判決が指摘した、基本法による所有権保障の観点、および、州法を憲法適合的に解釈することの要請を介して初めて、前記の配慮要請を導くことが可能となったといえる。記念物保存法における配慮要請は、基本法が州記念物保存法にもたらした第三者保護の手法であると評価できる。

第2款　権限配分に基づく利害衡量の理論

　ここまで、記念物保存法領域と都市計画法領域の規範上の関係を整理するとともに、以上の規範上の関係性を構築するうえで重要な視点である、連邦と州の権限配分の遵守という点を紹介した。そして、連邦制の権限配分の視点、そして、規範体系全体の考察が司法統制に与える影響の一例として、第三者である記念物所有者の原告適格認容に係る一連の裁判例を紹介した。

　本款においては、両法領域の交錯が司法上にもたらす影響の別の局面として、計画衡量をはじめとする衡量[151]の判断要素に係る裁判理論と学説の展開を概観する。紹介する判決および学説においては、これまで指摘してきた連邦制の権限配分の思考、そして、個別法のみではない規範体系全体を通じた

149　VGH Hessen, a. a. O.,(Fn. 144), Rn. 66. なお、本判決においては、上告不受理の決定がされている（VGH Hessen, a. a. O.,(Fn. 144), Rn. 73, BVerwG, Beschul. v. 16. 11. 2010, 4 B 28/10, juris（上告不受理決定に対する抗告の棄却決定））。

150　Raimund Körner, Denkmalshutz und Eigentumschutz- Neues aus der Rechtsprechung, LKV 2013, 57ff.(59); Schrüer/Kullick, Das denkmalschutzrechtliche Abwehrrecht, NZBau 2012, 224ff.(225).

116 第2章 記念物保存と都市計画の法領域間関係

利益保護の動きが見られる。

Ⅰ 計画衡量における記念物保存利害の評価

1 基礎的議論の確認

　両法領域にまたがる衡量が求められる局面の代表例として、建設法典1条
7項における衡量要請が挙げられよう。計画衡量およびその統制手法に関し
ては、わが国において多数紹介がされている[152]。そのため、本章においては
必要な限りでの紹介にとどめる。

　計画に際して関係利害の衡量を要求する計画の衡量要請は、建設法典にお
いて明文化されたものの、それより以前から裁判例ならびに学説において議
論がなされていた。現在、衡量要請は法治国家における計画の基本的な前提
と位置付けられている[153]。そして、裁判例と学説双方において、衡量要請を
明らかにすべく検討課題となったのは、計画衡量とはいかなるものであるか
（衡量の定義）、そして、必要な計画衡量を行わないとはいかなることを指す
のか（衡量の欠如）、である。

　まず、計画衡量の定義につき、計画衡量の内容は以下の三段階における裁
量行為であると定式化した裁判例が存在する。それによれば(a)利害を調査し、
当該利害を計画に取り込む段階、(b)それぞれの利害を評価する段階、(c)利害
同士で調整を行う段階である[154]。

151　衡量（Abwägung）の語が用いられた場合、ドイツにおいては、まず計画衡量のことを指す。計
　　画の策定に際して、関係利害の調整を行うことを意味する。これに対し、一部の学説は、計画の
　　みならず、許可審査に際して関係利害の考慮を行うこともまた、衡量と表現する（利害衡量を行
　　う行政官庁に比較的大きな裁量の存在する計画衡量の場合と異なり、許可付与の条文に拘束され
　　た状態でなされる利害衡量であることを強調し、追認衡量（nachvollziehend Abwägung）と称さ
　　れることがある）。追認衡量を含めた広義の衡量概念は、ある決定方式のなかで異なる利害の評
　　価を行うという点に、計画と許可決定との共通性を見出し、これを統合したものであるといえる
　　（Felix Weyreuther, Rechtliche Bindung und gerichtliche Kontrolle planender Verwaltung im Bereich
　　des Bodenrechts, BauR 1977, 293ff.(297); Rabeling, a. a. O.,(Fn. 112), S. 21ff.）。これを受けて、本稿に
　　おいてはドイツの計画衡量に係る議論を中心に取り扱っているものの、それは、計画においての
　　み通用する議論であるということを特段意味していない。

152　高橋滋『現代型訴訟と行政裁量』（弘文堂、1990年）、山田洋『大規模施設設置手続の法構造─
　　ドイツ行政手続論の現代的課題』（信山社、1995年）等参照。また、衡量要請にまつわるドイツ
　　の議論の包括的研究として、海老沢俊郎『行政裁量と衡量原則』（信山社、2021年）191頁以下。

153　Johannes Grüner, Die Einschränkung der planerischen Gestaltungsfreiheit durch Optimierungs-
　　gebote und Abwägungsdirektiven, UPR 2011, 50ff.(51); Rabeling, a. a. O.,(Fn. 112), S. 52.

次に、必要な計画衡量を行わない（衡量の欠如）とはいかなる状態を指すのかという点について裁判例は以下の場合を挙げている。つまり、(a) 計画衡量がそもそも行われない場合、(b) 事案の性質上、計画衡量の対象としなくてはならなかった利害を取り込まなかった場合、(c) 計画衡量の対象利害につき評価を誤った場合、(d) 計画に係る公益につき、それぞれの客観的な重要性を不均衡に取り扱った場合である。以上の欠如の場合分けは、建設法典 2 条 3 項で「計画衡量にとって重要な利害は、建設管理計画策定時に、調査し、評価しなければならない」と規定されたことにより、先の裁判例が提示した衡量の定義の三要素と関連付けられている。

改めて、衡量要請の根拠は建設法典 1 条 7 項であるが、本条は建設管理計画の策定に際して公的ないし私的な利害を相互に衡量しなくてはならないと規定する。加えて、同条 6 項 5 号によれば、建設管理計画策定時において記念物保存・記念物保護の利害に特に配慮しなくてはならない。建設法典の前身たる連邦建設法には当該条項は存在していなかったものの、「住民にとって、社会的、そして文化的な意義」、「歴史的、芸術的、都市計画上の意義から保存する価値を有する地区、建設物、街路、広場」に着目した条項は以前より存在していた。建設法典の条文において、これら概念が統合され、かつ、記念物保存・記念物保護という他の法律において既に制度化された概念が採用されることとなった[155]。

2　記念物保存の利害の評価

建設法典 1 条 7 項の衡量要請については、同条 6 項において記念物保存利害が衡量の対象利害であることが明記されている。このことから、計画衡量において記念物保存の利害はどの程度まで評価されるのか、という点が議論

---

[154]　Grüner, a. a. O.,(Fn. 153), 51, u. s. w.; これに対して、学説においては、計画衡量を大きく二段階に分けて論ずる説、裁判例の三段階モデルをさらに細分化した四段階で論ずる説が登場した。しかし、これら学説はどちらも通説とはなっていないようである（Rabeling, a. a. O.,(Fn. 112), S. 52ff.）。

[155]　衡量の要請の一方で、計画とは、将来の事柄について決定を行うことを目的とするのであるから、その当然の性質として、計画者にある程度、計画形成の裁量が認められる（計画形成の自由）。以上のことからすれば、計画の衡量要請は、計画形成の自由を制限する要素を有しており、さらに衡量を裁判上統制することで、計画形成の自由がより一層制限される可能性も生ずる（Vgl. Grüner, a. a. O.,(Fn. 153), 51）。

されている。

この点に関連して、他の衡量対象となる利害との関係につき裁判例および学説[156]においては、記念物保存の利害といえども他の利害に絶対的に優越する評価を下されるわけではないことが多くの学説で指摘されている。ただし、相対的な優位を建設法典の前記の規範から導き出しうるか否かという点については、これを肯定する学説が存在する[157・158]。

この相対的優位を踏まえ、建設法典の衡量規定は、記念物保存法領域にとって権利保護機能の強化する要素になると学説において考えられてきた。計画に係る利害関係者（計画区域内の土地所有者等）にとって記念物保存の利害に係る適切な衡量を求める訴訟を提起することの可能性を検討する余地が生ずるためである。

このような見解が提唱される背景としては、前章において触れたような記念物保存利益の保護に関する困難性等がある[159]。

Ⅱ　衡量理論の司法上の展開と記念物保存

衡量要請は以上のように、全体の傾向として計画内の様々な利害との関係

---

[156]　Christoph Moench, Die Entwicklung des Denkmalschutzrechts, NVwZ 1984, 146ff.（153）; Battis, a. a. O.,（Fn. 17）, § 1 Rn. 62. 裁判例に関しては、Vgl. BayVGH Urt. v. 9. 11. 1981, 14B 1186/79, 14B 86A, 1186, BayVBl 1982, 497ff.; BayVGH Urt. v. 19. 12. 1983, 8 B 81 A. 2459, NVwZ 1984, 816.

[157]　Moench, a. a. O.,（Fn. 156）, 153; Watzke, Zur Konkurrenz von Denkmalschutz- und städtebaulichem Erhaltungsrecht Teil 2, ZfBR 1981, 57ff.（59）; Eberl, Das Recht des Denkmalschutzes in der Bundesrepublik Deutschland und seine Beziehungen zum Städtebau, BayVBl 1980, 710ff.（712）.

[158]　関連して、Ｂプランにおける記念物保存に係る利害の配慮不尽が、違法となりうる可能性を指摘した裁判判決としてニーダーザクセン州上級行政裁判所の判決がある（OVG Lüneburg, Beschul. v. 22. 10. 2003, 1 MN 123/03, juris, Rn. 22）。

[159]　Vgl. Battis, a. a. O.,（Fn. 17）, § 1 Rn. 90ff.; Rabeling, a. a. O.,（Fn. 112）, S. 26ff. とりわけ裁判上の保護について補足するならば、前項 1 において、連邦行政裁判所が、建設許可に対して第三者たる記念物所有者に、基本法を介して原告適格を認めた裁判例を紹介したが、連邦行政裁判所の裁判例以前においては、記念物保存法の利益の裁判上の保護——特に記念物保存を求める第三者の訴え——について、成功しないことが通例であった。伝統的な裁判例においては、記念物保存という任務は公益にのみ基づいて行われ、所有者が当該任務に関係を有するとしても、あくまで任務遂行主体は行政官庁であるために、任務を規律した州記念物保存法の規定からは、所有者の主観的権利は導かれないとされていたことが指摘できる（OVG Nordrhein-Westfalen, Beschul. v. 9. 6. 1989, 7 B 745/89, BauR 1989, 592（592f.）; OVG Berlin, Beshul. v. 18. 7. 2001, 2 S 1/01, juris; Davydov, a. a. O.,（Fn. 58）S. 226ff.）。したがって、許可の段階での紛争解決に係る困難性が計画衡量における記念物保存利益の価値向上を求めた背景の一つにあると思われる。

において、記念物保存利害の配慮に資するものと解釈しうる。以下では続けて、衡量された記念物保存利害に係る論点を紹介することで、記念物保存利害と都市計画利害との利害調整に係る司法上の理論について検討を行う。

1　衡量に基づく決定の優位

　まず、衡量要請を遵守した結果として策定されたBプランおよび当該プランに基づく執行措置（建設許可等）と、州記念物保存法に基づく許可決定との関係について検討する。

　Bプランおよびその執行措置においては、建設法典等の規定に基づいて記念物保存を含めた様々な関係利害が衡量される。そしてBプランに基づく執行のうえで必要と判断されるならば、記念物保存に不利な決定を下すことも法律上は可能である。反対に、州記念物保存法に基づく許可決定については、その裁量判断において記念物保存の利害を最大限に尊重することが法律の目的からして前提とされる。そのため、Bプランの執行措置に関する決定と、州記念物保存法に基づく許可決定との間において、判断の結果が異なる場合も生じうる。このとき、都市計画法領域における判断の際に、記念物保存利害が既に衡量の対象とされたにもかかわらず、州記念物保存法における判断がこれを後から覆しうるのか、という点が議論となった。特に、二つの決定の担当自治体がともにゲマインデであった場合は、ゲマインデの計画形成の自由が存在する一方において、記念物保存官庁としての義務も併存することとなり、ゲマインデ内部の任務衝突の問題としても取り上げられている[160]。

　この論点が意識されたことの背景の一つに、基本法に定められた連邦法の優位が存在する。基本法31条において「連邦法は州法に優先する」とされるため、連邦法である建設法典等に基づく決定と、州記念物保存法の決定の重なりが、本条によって処理されうるのか否かが注目された[161]。学説においては、原則的にBプランの優先を肯定する見解[162]や、反対に原則的に記念物保

160　Rabeling, a. a. O., (Fn. 112), S. 59f. この議論は、1980年代を中心として展開されたが、その背景には、前章において触れた1975年前後の時代の潮流が存在しているように思われる。すなわち、建設法典および各州の記念物保存法が整備され、これらの法律における、ヨーロッパの要請を受けて取り入れた双方の利害に配慮した規定同士が、いかにして調整されるべきなのか、という解釈上の要請が生じた、といえよう。

120　第 2 章　記念物保存と都市計画の法領域間関係

存法を優先させる見解[163]も呈示されたが、通説は、いずれに対しても絶対的
な優先は認めず、それぞれ根拠法の異なる視点の検討に基づき独立してなさ
れる決定であるとする立場をとっている。

　絶対的優先を認めない立場のなかでも具体的な根拠は論者によって異なる。
例えば、建設法典の構造上、いずれかの決定を常に優先させるような解釈は
不可能であること[164]、都市計画法と記念物保存法の目的、要求は異なるにも
かかわらず、これらを比較し優劣をつけること自体が疑問であること[165]、等
が挙げられている。いずれにせよ重要なことは、都市計画法に基づく決定と
記念物保存法に基づく決定との間には価値序列は存在せず、その限りにおい
て、根拠法および立法管轄の差によって衡量結果の優劣が生ずることはない、
ということである。

　もっとも、以上のことからは、衡量要請の規定に基づき記念物保存利害は
他の利害（少なくとも建設法典に記載のない利害）に対して相対的に高く評価さ
れる可能性を有するということである。かつ、衡量が適切に行われ計画が発

161　Rabeling, a. a. O.,（Fn. 112）, S. 65f.; Richard Bartlsperger, Denkmalschutz zwischen staatliher Fachver-
　　waltung und städtebaulicher Planifizierung, DVBl 1981, 284ff.（294f.）; Petra Wriedt, Die Rechtsnatur
　　des Denkmalbereichs und seine Berücksichtigung im Bauplanungsrecht, 1997, S. 78ff. また、都市計画
　　法領域についてではないが、Vgl. Reinhard Mast/Wolfgang Karl Göhner, Lösungswege im Widersreit
　　zwischen Klimaschutz und Denkmalschutz, DVBl 2012, 1140ff.（1142）.

162　原則的に、B プランによる計画衡量が優先されることを肯定する見解は、(a) B プランにおいて、
　　既に記念物保存利害を含んだ衡量が行われているにもかかわらず、州記念物保存法に定められた
　　衡量によって後から結果が覆ることは、ゲマインデの計画高権が十分に保障されておらず不合理
　　であること（Bartlsperger, a. a. O.,（Fn. 161）, 288）、そして、(b) 州の権限においてなされる記念物保
　　存と連邦法たる建設法典の管轄の下行われる B プランとであるならば、B プランを優先すること
　　が基本法 31 条（連邦法の優位）に鑑みて適当であること（Bartlsperger, a. a. O.,（Fn. 161）, 294f.）等
　　を主張する。

163　州記念物保存法による衡量を重視するという見解において、(a) 衡量に誤りのないB プランとは、
　　州記念物保存法との間において発生する紛争を克服する可能性を残したものを指す。そして、紛
　　争克服可能性を有した州記念物保存法との適切な関係は、抽象・一般的な計画衡量のみでは成立
　　せず、州記念物保存法基づいた判断によって B プランの判断が修正・補強される余地を残すこと
　　で成立すること（Michael Kummer, Denkmalschutzrecht als gestaltendes Baurecht, 1981, S. 138ff.）、(b)
　　B プランによる計画衡量を優先させる論理のために、州記念物保存法上許されない行為が認めら
　　れた場合、それはゲマインデの自治体としての自己決定権の重大な侵害と考えられること、等が
　　指摘される（Bernhard Stüer, Denkmalschutz vor Bauleitplanung?, BauR 1989, 251ff.（253f.）; Kummer,
　　a. a. O.; Wriedt, a. a. O.,（Fn. 161）, S. 81ff.。ただし、Wriedt は基本的には州記念物保存法の許可決
　　定が尊重されるとしながら、建設管理計画がゲマインデの自治事務に関わることであるという観
　　点から、絶対的な優位ではないとする（Wriedt, a. a. O.,（Fn. 161）, S. 86ff.）。

出された場合にあって、州記念物保存法の許可規定等に照らし、別途、都市
計画行為による記念物の侵害について判断を行うことは権限配分上も問題が
ない。

2 衡量における利害評価および裁判統制理論

　また、両者の決定間における相対的な優先と関連して、計画決定等におい
て記念物保存利害が司法上いかに評価されるのかについて、最適化要請
（Optimierungsgebot）に係る議論がドイツには存在する[166]。最適化要請の理論
が展開された背景には、衡量の持つ次のような性質がある。すなわち、衡量
の判断は個別の許可決定ないし計画決定に左右されることは免れず、利害の
価値・重要性には絶対的な評価は存在しない。その結果、衡量の対象利害に
係る評価基準は、一定にはなりえず、連邦行政裁判所1983年8月12日決定[167]

---

[164]　Karl-Oskar Schmittat, Denkmalschutz und gemeindliche Selbstverwaltung, 1988, S. 136f., 155, 167f.
すなわち、建設法典29条1項において、建設物の建設、変更あるいは利用変更に係る建設案に
ついては建設法典30条以下の規律（Bプラン策定区域および非策定区域に関する規律）に従うこ
ととされているが、この条文には、建設物の取壊行為が関係する建設案が対象から除かれている。
そのため、例えば建築記念物の取壊しに係る規律においては、建設法典は「中立」の立場をとっ
ており、記念物を侵害するような建設案が提出されても、30条以下の規定を根拠とした記念物保
存利害への配慮はできないこととなる。このような状況下にあって、常にBプランに基づく決定
を優先させる状況が存在するとは考えられないとの意見がある一方で、それ以外の建築記念物の
変更等に関しては、都市計画法の規律が及ぶこととなるが、これに対しては建設法典29条4項
（現在の29条2項）のいうように、関係公法たる記念物保存法が、建設法典の規律とは独立して
機能するものとされる。

[165]　Winfried Brohm, Der Schutz erhaltenswerter Bausubstanz, DVBl 1985, 593ff.(599) は、ゲマインデ
という同一の主体において、記念物保存行政も都市計画行政も統一的に行うこと自体を推奨して
いる（ただしこの「統一」の程度がどれほどのものかは不明である）。この見解によれば、一部
の州において採用された、記念物の集合をゲマインデの条例によって保存する手法に着目し、ゲ
マインデが都市計画行政（建設管理計画の設定はゲマインデの任務）とともに、これを行うこと
により、双方の権限の衝突を回避できる可能性が指摘されている。しかしその一方で、現実的に
は、記念物保存の独自の許可留保制度や予算措置が伴いうる保存活動の特徴に触れ、結局、これ
を都市計画法との関係において、同列に整理することはできず、各々が独立して併存する二元的
状況は避けられないとも述べられている。同様の主張としては、Rabeling, a. a. O., (Fn. 112), S. 67f.
がある。

[166]　衡量に係る規定が様々に存在している現況にあっても、記念物保存利害に対する評価は十分で
ないと見る見解はある。これのような見解は、建設法典をはじめとする都市計画法典領域上の規
範において環境利害が同じく衡量対象と捉えられるようになったことから、一層、顕著なものと
なった。

[167]　BVerwG, Beschul. v. 12. 8. 1983, 4 B 16/83, juris.

122　第2章　記念物保存と都市計画の法領域間関係

によれば、連邦法上の適切な衡量を求める要請（法治国家的要請）をもってしても、被衡量利害の評価に係る一般的な基準は設定できない[168]。

　しかしながら、このような衡量の本質を踏まえてなお、裁判例および学説においては衡量の裁判上のコントロールに係る基準を探究する動きが活発になった[169]。その際、比較的活発に議論されたものが最適化要請である[170]。以下、最適化要請の特徴を確認したうえで、記念物保存の利害への適用の可能性について言及する学説を紹介する[171]。

　最適化要請について最初に言及がされたのは、連邦行政裁判所の1985年3月22日判決においてである[172]。本判決は、新設される連邦高速道路の建設予定区域に自己の土地の一部が該当することとなった原告により、高速道路の建設計画確定決定が争われた事案に関するものである[173]。

　第一審においては原告が敗訴したものの、第二審において、原告の土地に関わる部分に限って計画確定決定を取り消す判断が示された[174]。第二審によれば、当該計画確定決定は、高速道路建設計画の根拠法である連邦高速道路法（Bundesfernstraßegesetz, BFernG）の定める計画指針（Planungsleisätze）に明確に違反しているとされた。連邦高速道路法によれば、高速道路新設に際して可能な限り広い範囲において問題のない交通の確保されることが目的とさ

168　BVerwG, a. a. O.,（Fn. 167）, Rn. 4; Rabeling, a. a. O.,（Fn. 112）, S. 82f.

169　計画衡量の裁判上の統制に関するドイツ法の判例、学説については、既にわが国において詳細に研究がなされている。さしあたり、芝池義一「西ドイツ裁判例における計画裁量の規制原理」法学論叢 105 巻 5 号（1979 年）1 頁以下等。

170　最適化要請については、憲法上、国家任務として設定された事項につき、この内容を具体化するという文脈においても用いられている（Tzung-Jen Tsai, Die verfassungsrechtliche Umweltschutzpflicht des Staates: zugleich ein Beitrag zur Umweltschutzklausel des Art. 20a GG, 1996, S. 114f.）。本稿においては、特に言及がない限り、計画衡量の裁判統制に用いられる文脈においてのみ使用している。

171　なお、特にイミシオン防止法について最適化要請の概念を改め、これを発展させようという見解が存在する（Abwägungsdirektiv, Vgl. Grüner, a. a. O.,（Fn. 153）, 55ff.）が、本稿はイミシオン防止法について個別に議論は行わないため、割愛する。また、より積極的な「衡量の指示（Abwägungsdirektiv）」という概念が用いられる場合が存在するが、これは意味内容からして別物との評価が一部学説においてされる（Bartlsperger, Planungsrechtliche Optimierungsgebote, DVBl 1996, 1ff.（6）; Dreier, Die normative Steuerung der planerischen Abwägung, 1995, S. 219.）。

172　BVerwG, Urt. v. 22. 3. 1985, 4 C 73/82, juris; Rabeling, a. a. O.,（Fn. 112）, S. 84.

173　BVerwG, a. a. O.,（Fn. 172）, Rn. 1

174　VG Regensburg, Urt. v. 25. 9. 1979, R/0 V79, UPR 1982, 310, VGH Bayern, Urt. v. 30. 3. 1982, 8 B 80 A 10（判例集未登載）。

れており、ここから生ずる高速道路建設計画の指針は、計画衡量においても
その重要性を侵害されることのない事項である。この点を踏まえ、第二審は
原告の土地所有権の侵害を生ずる当該建設計画決定の連邦高速道路法違反を
認めた[175]。

　これに対して本判決は、前記目的規定に基づく計画指針の重要性は強調さ
れるものの、あくまで計画衡量のなかにおいて他の目的等と比較され、その
価値を減ぜられうる場合もあるとする一方で、衡量における統制理論として
最適化要請も存在するため、特定の利害については特別な重要性を認められ
ることも指摘した。最適化要請は、計画衡量内で可能な限り広く特定の利害
を保護することを要請し、かつ、特定の利害に関係する目的規定が特別な重
要性を認められ、その限りにおいて計画形成の自由を制限することが重要な
特徴であるとされる[176]。結論として、連邦行政裁判所は、原審が連邦高速道
路法の解釈を誤っているものとして、事案を差し戻すことを決定した[177]。

　以上のことから最適化要請は、計画衡量の司法上の統制密度を高める方向
でなく、逆に計画者の裁量の余地を拡大する方向において提示された判例理
論であったことがわかる。ただし前述の通り、計画という事柄の性質上、一
定の形成裁量は認められて然るべきであることからすれば、最適化要請の理
論を通じて裁判所は、計画形成の自由を認めつつ、衡量の統制を図る手法を
提示したと評価することもできる。そして、前記の判決を受けて、学説にお
いては、例えば、建設管理計画の目的基準の全てに最適化要請の根拠たる資
格を認める見解[178]や、特定の計画目的基準についてのみ（例えば、建設法典1
条5項）、その資格を認める見解等、最適化要請が認められる規範の範囲に関
する議論が展開されている[179]。

　さらに学説においては、最適化要請の効果についても言及された。そこで
は、①対象利益への侵害を最小限にとどめるべきとの要請に基づき、裁判に
おける計画のコントロール密度を上昇させるとともに、②単に行政の計画形

175　BVerwG, a. a. O.,（Fn. 172）, Rn. 2.

176　BVerwG, a. a. O.,（Fn. 172）, Rn. 8f.

177　BVerwG, a. a. O.,（Fn. 172）, Rn. 11.

178　Ulrich Penski, Rechtsgrundsätze und Rechtsregeln, JZ 1989, 105ff.

179　Vgl. Hoppe, Die Bedeutung von Optimierungsgeboten im Planungsrecht, DVBl 1992, 853ff.（854）.

成裁量を尊重するのみではなく、積極的に利害調整の方向性を変化させる効果をもたらすこと等が認められている。

3 記念物保存と最適化要請

前記のような特徴を有する最適化要請を、記念物保存利害が衡量される場面において利用される可能性について問題提起をした学説[180]が存在した。以下においては、この諸学説を分析し、記念物保存利害が最適化要請の対象となりうるのかについて検討する。

(1) 州記念物保存法の配慮規定

記念物保存利害と最適化要請との関係については、根拠法の個別条項による検証を行う必要があるものの、記念物保存の利害を規定する州記念物保存法の条項は州ごとに様々であるため一義的な判断を示すことは不可能である。

このことを踏まえつつ、学説においては他の法律に基づく公的な計画の策定または措置の執行に際し、記念物保存の利害に適切に配慮することを求める規定、例えば、ノルトライン・ヴェストファーレン州記念物保存法3条1文を素材として議論が行われている。一般にこのような規定が存する場合には、都市計画法上の計画または決定に際しての利害衡量のなかに記念物保存の利害も含まれることとなる[181]。しかしながら、ここからさらに進んで、記念物保存の利害に最適化要請の適用があるものと解し、当該利害に特別な重要性を与えられるか否かについては、学説上見解の対立がある。衡量における一定の方向付け、利害の重み付けとしての効果は認めるものの、州記念物保存法の条文を根拠として最適化要請の適用を認める見解は見られない。

最適化要請を配慮の条文から導くことの困難性について、①上のような条文にいう記念物保存利害への配慮は、当該利害を原則的に特別に配慮せよとの含意はないと解釈されること、②建設法典等都市計画に係る計画決定ないし許可決定における衡量のように、連邦法に基づきなされる衡量にあっては、州記念物保存法の条文から記念物保存利害に対する最適化要請が生ずること

---

180 このことを指摘する見解として、Klaus-Peter Dolde, Das Recht der Bauleitplanung 1984/85, NJW 1986, 815ff.(817).

181 建設法典の側からしても、例えば建設法典35条3項1文5号等からこのことが肯定できよう。

を理由として、当然に連邦法に基づく衡量の結果を制限しうるかという点について疑問の生ずること、等が挙げられる[182]。後者においては、前述の通り、都市計画法（B プラン）に基づく衡量決定と州記念物保存法に基づく決定との間に、確固たる序列はなく、相互に独立しているとする見解が通説的なものであることも、その根拠の一つとされている。

(2) 記念物保存と国家目標

　その一方で、基本法上の国家目標規定と最適化要請との関連性を指摘する見解が学説において存在し注目に値する。この学説は、国家目標が具体的な基準を定めるのではなく一定の目標に向かって国家を積極的に行動付ける規範[183]であることに着目し、そのことを根拠として、国家目標として規定されている公益は最適化要請の適用を受ける利害たりえると主張する[184]。以下、この学説に注目しつつ、記念物保存の国家目標性に係る議論を紹介する。

　学説においては、記念物保存、そしてこれを含む文化保護を基本法上の国家目標と位置付けることができるか否かについては、かねてよりドイツで活発に議論されてきた。

　まず、記念物保存は文化保護の一側面であるということは、基本法 5 条 3 項の保護対象であることを意味する。文化保護活動は、基本法 5 条 3 項にいう芸術の自由そのものの行使とは言い難いものの、文化作品の保存・保護は、芸術活動、創作活動の基礎となる行為であるため、対象に入れて差し支えな

---

[182]　Schmittat, a. a. O.,(Fn. 164), S. 132f.; Moench, Reichweite und Grenze des Denkmalschutzes, NJW 1983, 1998（2005）; Rabeling, a. a. O.,(Fn. 112) S. 87ff.; 補足的に、ノルトライン・ヴェストファーレン記念物保存法 3 条 1 文の立法趣旨を見ても、そのような記述は読み取れない。

[183]　国家目標規定の議論自体は、元々、基本法 20 条および 28 条について提唱されたものである。学説によると効果として、あらゆる国家活動において、国家が当該国家目標規定にかなう行動をとることが方向付けられることが挙げられていた（Ipsen; J. Isensee/Isensee/Kirchhof/Peter, Aufgaben des Staates, 2006, §73 Rn. 6ff.）。その後、憲法学上の位置付けとして、憲法の原則（Verfassungsprinzip）をより具体化したもの（Unterfall）とされ、国家の将来の活動の基礎・指針を導き出すための規定であると提唱された（Vgl. Scheuer, Staatszielbestimmngen, Schnur（Hrsg.）, Festschrift für Ernst Forsthoff, 1972, S. 325ff.(S. 330); Merten, Über Staatsziele, DÖV 1993, 386ff.(370ff.); Lücke, Soziale Grundrechte als Statzielbestimmungen und Gesetzgebungsaufträge, AöR 107（1982）, 15ff. (21f.)）。一般的に認められている効果としては、国家に当該規定にかなう行為義務を課すことや、立法、関係法律の執行、裁判審査における関係法律の解釈の基準を提供することである。

[184]　Rabeling, a. a. O.,(Fn. 112), S. 85ff.

126 第2章 記念物保存と都市計画の法領域間関係

いものと解されてきた[185]。これ以上に明確に文化保護等一般に対して国家との関係についての言及は基本法において存在しない（海外への輸出等一部の分野においては規定がある）。文化保護についてこのような規律の消極性の根拠として文化高権が挙げられる。ただし近年、この文化高権の意味は学説において一義的とはいえず、これに、絶対的あるいは非常に強力な州の管轄権の意味内容を認めない見解も存在する[186]。

　そこで、文化高権の理論ないし基本法の体系上から、実際に州へ文化関連事項が委ねられている一方で、「ドイツにおいては、文化の保護および文化の振興が国家目標規定（Staatszielbestimmung）[187]として定められているのか」、かつ前提として「ドイツは文化国家（Kulturstaat）[188]であるか」といった命題が、長い歴史のなかにおいて現在に至るまで幾度となく取り上げられてきた。しかしながら、この点については、現時点に至るまで明確な回答は存在していないと評される状態にある[189]。

　国家目標規定と文化との関係については、かつて連邦憲法裁判所が基本法5条3項は国家目標規定であると指摘したことがある。この判決[190]において、

185　Germelmann, a. a. O.,（Fn. 112）, S. 610f.

186　Lenski, a. a. O.,（Fn. 112）, S. 95ff.; Germelmann, a. a. O.,（Fn. 112）, S. 335f.

187　この国家目標に類似の概念として、国家目的（Staatszweck）が存在する。これと国家目標は同じ用法で用いられる場合も存在するが、言葉の由来が異なるため、本来は同義の用語ではないとの指摘も存在する（Vgl. Isensee, a. a. O.,（Fn. 183）, §73 Rn. 6ff.）。

188　本来、文化国家という概念定義は、ドイツにおいて複数の文脈において用いられる。主な文脈は二つ存在し、一つは、本稿において取り扱う、憲法学上の国家目標規定の議論に係る国家目標としての文化国家である。今一つは、政治、憲法政策上の意味における国家観としての文化国家である。国家観としての文化国家に関する議論とは、文化それ自体の発展を、国家が積極的に保護あるいは振興するべきであるといった、国家の姿、姿勢に係る議論である。基本的に、この文脈においては、市民等の文化活動の自由を維持したうえで、国家のアイデンティティに欠かせない文化をいかにして維持・発展させていくか、その国家と市民等文化の中心的な担い手との関係についての見解が提示されているが、以上のような国家観が直接、法的議論に結び付くことはないことや、現在の憲法の状況と連動した議論になっていないこと等が指摘されている（Lenski, a. a. O.,（Fn. 112）, S. 55ff.; Germelmann, a. a. O.,（Fn. 112）, S. 33ff.; Oppermann, Kulturverwaltungsrecht, 1969, S. 28f.）。

189　問題が未解決状態となっている状態に関する最大の原因は、検討対象の不明確さにあろう。「文化国家」が何を表すのか、という問題はもちろん、「文化」の概念定義すら論者によって多様である（ミヒャエル・クレプファー、三宅雄彦訳『講演　文化は国家目標たりうるか？』比較法学41巻2号（2008年）271頁以下（274頁以下）；Germelmann, a. a. O.,（Fn. 112）, S. 32f.; Lenski, a. a. O.,（Fn. 112）, S. 63ff.）。

190　BVerfG, Urt. v. 5. 3. 1974, 1 BvR 712/68, BVerfGE 36, S. 321.

連邦憲法裁判所は、基本法 5 条 3 項の条文が、芸術の自由のための客観的な価値決定として現代国家に存在するのみではなく、同時に国家目標規定の意味において、文化的生活を維持し支援する任務と併せて、文化国家であることを認識させる、と述べた[191]。

しかしながら、基本法 5 条 3 項および本判決のみを根拠に、文化の保護あるいは振興が国家目標であると認める見解は少ない。むしろこの点は、反対説が多く存在する。

否定的な主張は、文化活動は国家（Staat）に干渉されえない自由なものでなければならないという考えがドイツにおいて根強く、かつ、基本法 5 条 3 項もこれを絶対的自由権として位置付けているのであるから、国家目標という名目で国家（Staat）が文化関係事務に関わる余地を与えることには警戒を要すると考えられるためである[192]。また、連邦制との関係で、連邦と州が有している文化高権とが対立を起こしかねないとの危惧も呈されている[193・194]。

---

191 BVerfG, a. a. O.,(Fn. 190), S. 331. ほかに、これに続くものとして、BVerfG, Beschul. v. 29. 11. 1989, 1 BvR 1402/87, 1 BvR 1528/87, BVerfGE 81, S. 108.

192 Lenski, a. a. O.,(Fn. 112), S. 62ff.; Germelmann, a. a. O.,(Fn. 112), S. 31ff.; クレプファー・前掲注 189） 276 頁以下。

193 Germelmann, a. a. O.,(Fn. 112), S. 32; Lenski, a. a. O.,(Fn. 112), S. 64ff. クレプファー・前掲注 189） 276 頁以下。

194 ドイツの文化の自由に対する意識は強く、このことは国家目標規定追加に関する基本法改正の議論においても見られた。しかしながら、最終的には基本法 20a 条が追加され、環境保護が初めて国家目標規定として明文化されたのに対し、併せて議論となっていた文化国家条項の挿入は見送られた。検討を行った政府委員会においては、まず、(a) 文化国家条項を採用することで連邦の影響力が向上する可能性が存在するが、これに対し、連邦および戦争直後の占領国が、この分野について連邦が権限を付与されるべきではないとの強い意識を持っていたこと（Vgl. Wienholtz, Arbeit, Kultur und Umwelt als Gegenstände vrfassungsrechtlicher Staaatszielbestimmungen, AöR, 109 （1984), 532（543ff.))、そして、文化国家条項採用の反射として、州に多大な権限が認められてきたことについて、改めて調整を行う必要が生ずることが指摘された。また、(b) 既存の基本法および州憲法を解釈することでは解決できないような文化に係る問題が特に認識されなかったことが指摘されるとともに（他方、委員会においては、解決が求められる問題の代わりに、将来において達成されるべき目標を盛り込むことが提案された。すなわち、ゲマインデの文化活動をより実効的なものにすること、そして、補完性の原則の下、ゲマインデ、州、および連邦の任務配分を適正なものにすること等が列挙され、そのような目標達成のために文化国家条項を置くことは可能である、との提案がされている（Vgl. Wienholtz, a. a. O.,(Fn. 205), 543ff.))、(c) 文化に対する基本法の開放性、文化政策に対する国家の謙抑性および寛容さへの影響に対する強い懸念も示された。とりわけ(c)については、前記のような文化に対する国家の非制限的態度は、自由主義国家の本質的な要素であるとまで主張され、国家目標としての文化条項は、これに対する制限となる恐れがあるとの評価も示されている。文化国家条項が断念されたのは、以上のような理由による。

逆に国家目標性を積極的に肯定する説は、実際上の規律状況を重視する。各州の州憲法において、文化の保護あるいは振興が国家目標として規定されている州は少なくない。また、かつてのワイマール憲法[195]、東西ドイツの統一条約[196]において、文化国家的性格が明文において定められていた[197]。そして、これらの時代から現在に至るまで、文化を保護・振興する姿勢に後退が生じているものとする評価はなされていない。以上の点に加え、基本法5条3項等の規定を総合的に勘案するならば、文化の保護あるいは文化振興は国家目標と位置付けられていると解している[198]。

以上の国家目標性に係る議論と並行して、ドイツの学説の一部においては、文化の保護についても最適化要請を導き出すことが可能である、との主張が呈されている。これらによれば、最適化要請により、例えば、ドイツ憲法における客観的な価値指標として、個別法の解釈、適用の指針となる効果、国家に対し具体的かつ内容上厳格に制限された限りでの文化保護・振興を促進させる行動義務を課す効果、他の国家目標との衡量に際して、憲法内で文化に高い重要性を付与し、文化保護・振興の保護ために最大限努力することを求めるといった効果を想定することができるとされる[199]。

都市計画法における衡量のなかに記念物保存の利害を最大限に尊重する要

195　150条1項「芸術、歴史および自然記念物ならびに景観は、国による保存および保護を享受する」。Vgl. Die Verfassung des Deutschen Reiches, vom 11. 8. 1919（Bundesgesetzblatt Ⅲ, 401-2）.

196　Vertrag zwischen des Bundesrepublik Deutschland und der Deutschen Demokratischen Republik über die Herstellung der Einheit Deutschlands vom 31. 8. 1990（BGBl. 1990 Ⅱ S. 889）.

197　Martin, a. a. O.,（Fn. 14）, S. 97.

198　Martin, a. a. O.,（Fn. 14）, S. 97; Hönes, Handbuch Städtebaulicher Denkmalschutz Teilband Ⅰ, 2015, S. 22, 94ff.; Rabeling, a. a. O.,（Fn. 112）, S. 89ff.; Germelmann, a. a. O.,（Fn. 112）, S. 38ff, 129ff., 608f. 対して、この見解に懐疑的なものとして、クレプファー・前掲注 189）272 頁以下がある。ただし、クレプファーは、憲法政策上の意味で、「連邦の州の間、個々の行政庁の間の管轄権の配分を定めること、文化や経済に関連する基本権をつくる等、文化活動や経済活動を行う各人の、国家に対する法的地位を定める」限りにおいて、文化の国家目標規定について捉えることが可能であるとする（282 頁）。

199　Vgl. Rabeling, a. a. O.,（Fn. 112）, S. 85ff.; Germalmann, a. a. O.,（Fn. 112）, S. 131f. ただし、Germelmann によれば、このような国家目標たる文化保護・振興から生ずる効果については、不完全なものとされがちである。その理由は、まず、このような国家目標に基づく効果が取り上げられる機会が少なく、問題にならないこと、さらに、もう一点として、仮に前記効果の求めに反した行いを国家が行っても、これがただちに国民の主観的権利の侵害に結び付きにくいために、裁判統制が弱いことにあるという。

請を導き出そうとするこのような主張は、両法領域の関係性に着目する本章の観点からは、特に注目に値するものといえる[200]。

第3款　小　　括

　本節においては、権限分配の原則という基本法上の要請の下、複数の法領域間において存在する立法上、組織上の関係が司法に及ぼす影響を分析した。

　法領域間の規範上の連関、権限配分上の調整は、ドイツの連邦制に基づく司法管轄の視点からも重要な意義を持つ。まず、第1款において紹介した裁判例に見られるように、連邦の立法管轄権および連邦裁判所の司法管轄権の範囲内において、連邦法を介し、記念物保存の目的を達成するための権利保護基準の形成という動きが、裁判例において生じている。続けて、都市計画法領域における衡量とその裁判統制についても、両法域の間の関係性を意識した議論が展開されている。建設法典の計画決定に関しては、計画衡量の要請が存在し、建設法典の規定に従って記念物保存利害が衡量の対象利害の一つとして取り込まれることが予定されている。このことを通じ、記念物保存の利害は、他の利害に対して相対的に優先される可能性を有している。この衡量要請は、記念物保存法領域との関係においては裁判上の保護を強化する方向のものとして受け止められている。

　かつ、両法領域の間にあって、法制度上、計画衡量の要請に基づく措置と州記念物保存法の措置とは併存しうる関係にある。その際、この二つの決定は、連邦法管轄の規律と州法管轄の規律という差異にもかかわらず、いずれかが常に優先するものとされることはなく、相互に独立した、同等の決定として取り扱われる。したがって、衡量に基づく計画の策定および都市計画法

---

[200]　本文に挙げた要素のほかに、例えば国際法上の記念物保存の位置付けに鑑みても、記念物保存をドイツ全体の任務として与えていることから、このことにより、記念物保存利害の重要性はより高められている、とも指摘される。さらに、個別事例においては、記念物そのものの価値の高さという指標に基づいて、記念物保存利害は高く評価されうる、とする指摘もある。例えば、世界遺産登録を受けた記念物を保存する利害は、都市計画利害において、高い評価を受けうるとした裁判判決が存在する（Vgl. VG Meiningen, Urt. v. 28. 7. 2010, 5 K 670/06, juris, Rn. 79.）。
　また、記念物保存官庁が、決定ないし計画に際して、処分官庁ないし手続参加官庁として、議論の対象となった記念物にいかなる評価を与えたかという点が、記念物保存利害の評価に影響することを指摘する裁判判決が存在する（VGH Bayern, Urt. v. 13. 9. 2005, 26 N 04. 2054, juris, Rn. 59.）。

領域上の措置とは独立して、州記念物保存法において記念物保存の措置をとることも可能である。そして、これらの決定に際しての衡量に係る裁判統制のあり方は、個別事例ごとの検討が必要であることは疑いようもないものの、加えて一部学説では、可能な限り記念物保存の利害を尊重することを求める最適化要請と呼ばれる統制理論の利用可能性が指摘されている。この理論は、州記念物保存法のほか、基本法や州憲法、その他国際法の規定等の関係規範を総合的に解釈することを通じて、記念物保存任務の国家目標性を肯定しようとするものである。

　これらの局面において紹介してきた諸議論からは、そのいずれの場面においても、基本法その他の上位規範に依拠しつつも、両法領域において位置付けられた固有の法益およびそれに即した決定原理が重視されていること、さらには、基本法の定める権限分配の原則に忠実に従って制度と理論が展開されていることを確認できたものと考える。そのなかで、ドイツの立法、裁判例および学説は、法領域的な思考に基づいて適切な調整の制度を構築し、それを補完する豊かな理論を展開させてきている。この点に着目すべきであろう。

第4節　小　　括

　以上、本章においては、都市計画法領域と記念物保存法領域を素材として、ドイツの法領域論、とりわけ、法領域間関係がそれぞれの法領域にもたらす具体的な影響について検討してきた。その結果、以下のことが明らかになったように思われる。

　まず、前記の二つの法領域は古くから密接な関わりを有してきた。地域文化の維持という固有の任務を有した記念物保存行政は、戦後、立法上明確に都市計画法領域と関連付けられるようになった。現在、両法領域は、許可制等の規制手法、計画手続、組織体制の構築等、規範体系上の様々な局面について、規律間の調整、連携の仕組みが構築されている。

　しかしながら、ドイツの立法にあっては、単に二つの規範体系が重畳しているのではなく、連邦制に基づく権限配分という視座から、侵してはならない核心的な領域を相互に維持しつつ、その外延において、必要な限りにおい

て、緊密かつ適切な関係性が確立されている。本章において取り上げた二つの法領域間において、その関係性は例えば、都市計画上の記念物保存という理論で捉えられている。さらに、権限配分の視座を基礎として、裁判例においても、基本法の規範体系に即した法律解釈の可能性が示されているほか、裁判上の利害衡量統制に対しても両法域の関係性を意識した議論が展開されている。ドイツの法領域に対する、以上の分析の手法、連邦制に基づく権限配分に基づく法領域論という視座はドイツの他の行政法領域に関する分析においても有効なものと筆者は考えている。

　序章において指摘した通り、ドイツの個別法研究は、わが国において継続的に取り組まれてきており、近年においてはとりわけ、参照領域論を通じてドイツの議論が紹介がされている。しかしながら、それら研究ではドイツ特有の要素である連邦制の視座にはそこまでの注目がなされていなかったように思われる。

　もっとも、単一国家であるわが国の憲法には、基本法のような立法、行政、司法の管轄規定はない。そのため、ドイツ基本法の下で展開されたような、相互に侵奪されることのない中核的部分を持つ法領域論、当該法領域の存立を支える固有の法益、当該法益の特質に即した独自の法理論、当該法益を保護するにふさわしい行政組織のあり方を突き詰めたうえで、相互の調整が立法、行政、司法のそれぞれにおいて志向されるという状況はこれまでなかったし、今後もないであろう。しかしながら、ともすれば個別の事案における微妙な利害調整を通じた問題の解決が重視されがちな、わが国の立法、行政、裁判に対し、これまで解明してきたドイツ法のあり様は、より高められた次元での制度と理論のあり方に関する示唆を提示してくれるように思われる。

第3章　司法管轄と法領域間関係

第1節　はじめに

　本章においては、ドイツの連邦制および連邦制に基づく法領域間関係論が、ドイツ行政訴訟の理論にいかに影響しているかという点を深く検討すべく、前章第3節にて紹介した裁判例をより詳細に分析することに加えて、前章では紹介しきれていない裁判例も取り上げ、関連の学説の展開も追っている。これら裁判例と関連の議論の分析は、ドイツの法領域間関係の視座の重要性を示すのみならず、日本の行政法においても深刻な問題である第三者訴訟における原告適格の問題に示唆をもたらすものと考えられるため、法領域間関係の考察に加え、ドイツにおける原告適格論に係る論点についても取り上げている。

I　第三者の原告適格の認否に係る日独の状況

　処分の名宛人以外の者（第三者）の原告適格に関する問題は、わが国の行政法学において重要な課題の一つである。周知の通り、この問題については、現在に至るまで多くの研究がなされてきた。とりわけ、行政事件訴訟法が2004年に改正された後は、改正後においてもなお裁判例においては第三者の原告適格を承認することが困難と思われる利益の類型について、諸外国の制度との比較等を通じ、裁判的な救済を認めるにはいかなる方策が考えられるか等に関する研究が進められてきた[1]。文化財の保護に関する利益もそのような利益の類型の一つである[2]。

---

[1]　高橋滋編『改正行訴法の施行状況の検証』（商事法務、2013年）30頁以下、山本隆司「改正行政事件訴訟法をめぐる理論上の諸問題」論究ジュリスト8巻（2014年）71頁以下、野呂充「原告適格論の再考―改正行政事件訴訟法下での原告適格及び自己の法律上の利益に関係のない違法の主張制限について」法律時報82巻8号（2010年）14頁以下等。

[2]　椎名愼太郎「環境行政訴訟の原告適格再論―2004年行訴法改正は不十分である」山梨学院ロー・ジャーナル6巻（2011年）1頁（23頁以下）、越智敏裕「行政事件訴訟法の改正と環境訴訟の展望」上智法学論集48巻3＝4号（2005年）451頁（483頁以下）。

そして、わが国の行政法学研究に多くの示唆を与えてきたドイツにおいては、わが国における文化財に近い位置付けを与えられている（第1章第1節参照）記念物の保存に関し、2009年の連邦行政裁判所判決を端緒として第三者の原告適格の拡大に係る議論が行われてきた。以下本章においては、こうしたドイツ記念物保存法[3]における原告適格に係る議論を分析していきたい。

　特に本章で行うことは、以下の二点である。第一に、ドイツ記念物保存法に係る原告適格論の現状を明らかにすることである。ドイツ記念物保存法について原告適格の視点で論じたわが国の研究はこれまで存在しない。EU法の影響が強まるなか[4]、行政訴訟の原告適格についてわが国に近い問題を抱えているドイツにおいて、記念物保存の利益に関する議論を分析することは、わが国の原告適格論に対して一定の示唆をもたらすものと思われる。

　第二に、連邦制をとるドイツにおける原告適格論の展開を精確に分析するためには、連邦と州との間における立法管轄と司法管轄の役割分担の関係を踏まえた分析を行うことが不可欠であると考えられる。他方、わが国における従来のドイツ原告適格論の分析においては、単一国家であるわが国に直接の関連性を持たない上記の視点は必ずしも十分に意識して取り上げられてこなかったように思われる。しかしながら、本章において考察するドイツ記念物保存法領域における原告適格論は、基本法による立法管轄に従って制定された連邦法・州法の適用について、連邦行政裁判所および州行政裁判所がそれぞれの司法管轄に従って下した諸判決、およびそれらを題材とする諸学説により展開された。そこで本章において、立法管轄・司法管轄の問題を意識した分析を行うことを通じて、連邦制の下における判例・学説のダイナミックな展開の過程を明らかにし、これまで従来の学説においては等閑視されてきたドイツ原告適格論に係る分析の視点を示す。

3　わが国の先行研究においては記念物保護法と訳されることが多いが、本稿においては記念物保存法とした。第2章第1節第2款も参照。

4　EU法の影響は特に、環境法的救済法（Umweltrechtsbehelfsgesetz, vom 23. August 2017（BGBl. I S. 3290））に定められた団体訴訟の利用の可否の問題に表れる。この問題は本章の研究にとっても多くの重要な知見をもたらすものと考えるが、分析対象の資料も少なくないため、また稿を改めて十分に論じたい。なお、近年の傾向等について、Kleine-Tebbe, Martin/Krautzberger, Handbuch Denkmalschutz und Denkmalpflege, 5. Aufl., 2022, S. 15ff.

Ⅱ　本章の構成

　本章の構成は以下の通りである。まず、ドイツ原告適格論の概要と連邦と州によるドイツ記念物保存法領域の立法管轄および立法の状況とを確認する。次に、記念物保存法領域において原告適格に関する議論が活発に展開される端緒となった連邦行政裁判所 2009 年 4 月 21 日判決[5]の紹介と分析を行う（第2節）。さらに、同裁判例を受けた州行政裁判所のその後の動向を追い、記念物保存法領域における原告適格の拡大に関する現在までの到達点を示したい（第3節）。最後に、本論を総括し今後の展望を示すこととする（第4節）。

第2節　連邦行政裁判所判決
——BVerwG, Urt. v. 21. 4. 2009, 4 C 3/08

第1款　判例分析の準備作業

Ⅰ　ドイツ行政訴訟における原告適格論

　はじめに第三者の原告適格に関するドイツの議論を整理する。もっとも、ドイツにおける行政訴訟の原告適格論はわが国においてこれまでも多く紹介されてきたことから[6]、本章においては、以下の分析のために必要な限りにおいて確認を行うこととしたい。

5　BVerwG, Urt. v. 21. 4. 2009, 4 C 3/08, NVwZ 2009, 1231（1231ff.）.

6　個々の項目ごとにも以降において関連文献を挙げるが、本章との関係において特に参照したものとして大西有二「公法上の建築隣人訴訟（一）～（四）—西ドイツの行政判例における「権利」「権利毀損」および「違法事由」」北大法学論集 41 巻 1 号（1990 年）1 頁以下、同巻 2 号（1990 年）581 頁以下、同巻 3 号（1991 年）1113 頁以下、同巻 4 号（1991 年）1521 頁以下、同「ドイツ公法上の隣人訴訟に関する一考察—三つの権利論と≪行政法関係説≫」北大法学論集 41 巻 5 = 6 号（1991 年）2637 頁以下、石崎誠也「西ドイツ建築法における「隣人利益の配慮原則」（一）（二）—二重効果的行政行為の取消理由に関連して」法政理論 19 巻 1 号（1986 年）54 頁以下、20 巻 2 号（1987 年）122 頁以下、神橋一彦「公権論に於ける基本権の位置づけ—行政行為に於ける憲法と法律の交錯（一）～（三・完）」法学 58 巻 3 号（1994 年）473 頁以下、同巻 4 号（1994 年）645 頁以下、同巻 6 号（1995 年）1111 頁以下、同『行政訴訟と権利論』（信山社、2003 年）、塩入みほも「ドイツ建設法における隣人の公権（上）（下）—保護規範説、基本権援用論、隣人配慮要請の適用関係について」自治研究 75 巻 4 号（1999 年）89 頁以下、同巻 7 号（1999 年）92 頁以下、山本隆司『行政上の主観法と法関係』（有斐閣、2000 年）、同「行政訴訟に関する外国法制調査—ドイツ（上）（下）」ジュリスト 1238 号（2003 年）86 頁以下、1239 号（2003 年）108 頁以下。

1 保護規範説

ドイツにおいて行政訴訟の原告適格に係る判断は、行政裁判所法[7]42条2項に基づいて行われる。同条によれば、行政行為または行政行為の拒否、不履行によって、原告が自身の権利を侵害されたことを主張するときに訴えは認められる。このとき、権利侵害の主張については侵害の可能性の主張で足りるものとされる（可能性説。Möglichkeitstheotie)[8]。そして、権利侵害の可能性を審査するにあたり、処分の名宛人でない第三者についても、その主観的権利の有無が検討されうる。その際、第三者の原告適格の有無に係る主要な判定基準として用いられてきた理論が、保護規範説である（Schutznormtheorie)。保護規範説によれば、原告の利益が法律上個別的に保護されているならば、主観的権利の成立が認められる[9][10]。

2 隣人の利益に対する配慮要請の主観化

⑴ 第三者の原告適格に係る判断手法

ドイツ原告適格論では、保護規範説を基本に据えつつ、他方において、通常、保護規範説によっては原告適格が認められないとされてきた第三者に関しても、裁判的保護が与えられる可能性の有無について議論の展開があった。なかでも、建設法典（Baugesetzbuch[11])における隣人保護の議論は代表的なものである[12]。建設法典における隣人保護の議論では、ある土地における建築、

7　Verwaltungagerichtsordnung vom 19. 3. 1991（BGBl. I S. 686).

8　Friedhelm Hufen, Verwaltungsprozessrecht, 13. Aufl., 2024, §14 Rn. 108ff.; Rolf Schmidt, Verwaltungsprozessrecht, 14. Aufl., 2011, Rn. 137ff. Wahl/Schütz, Schoch/Schneider, Verwaltungsrecht, VwGo Bd. I, 45. Aufl., 2024, Rn. 65f.

9　Hufen, a. a. O.,（Fn. 8), §14 Rn. 71ff.; Schmidt, a. a. O.,（Fn. 8), Rn. 139; Hoffmann-Riem/Schmidt-Aßmann/Voßkuhle, Grundlagen des Verwaltungsrechts, 2. Aufl., Bd. 3, 2013, §50 Rn. 135ff. Wahl/Schütz, Schoch/Schneider, a. a. O.,（Fn. 8), Rn. 94ff.

10　保護規範説について、安念潤司「取消訴訟における原告適格の構造（三）（四）」国家学会雑誌98巻11 = 12号（1985年）870頁以下、99巻7 = 8号（1986年）473頁、山本・前掲注6）『行政上の主観法と法関係』250頁以下、同・前掲注6）「行政訴訟に関する外国法制調査（下）」108頁以下、大西・前掲注6）「公法上の建築隣人訴訟（三）」1114頁以下、同（四）1553頁以下等。また、特に最近のドイツの議論と、日本の原告適格論との関係について、神橋一彦『行政判例と法理論』（信山社、2020年）172頁以下。

11　Baugesetzbuch vom 23. 9. 2004（BGBl. I S. 1548).

12　Hufen, a. a. O.,（Fn. 8), §14 Rn. 74f.; Schmidt, a. a. O.,（Fn. 8), Rn. 152ff. Wahl/Schütz, Schoch/Schneider, a. a. O.,（Fn. 8), Rn. 117ff.

136　第3章　司法管轄と法領域間関係

建築物取壊し等に関して行政庁が下した許可に対し、いかなる場合に、当該
土地の隣地に居住する者が異議を唱える権利を保障されるかが議論の対象と
なった[13]。

　隣人保護に係る判例・学説においては、建設法典のいかなる条文につき、
保護規範説の枠組みをもって第三者の原告適格を肯定できるかという議論に
加え、①特別な事実状況に鑑みて、主観的権利性を例外的に認める手法を用
いることができるか（隣人の利益に対する配慮要請の主観化）、②基本法[14]、特
に所有権保障（14条）を介して権利保護を図る手法が適用可能か、が活発に
議論された。②は次項3において紹介するとして、以下においては、①につ
いて紹介を行う。

(2)　建設法典における配慮要請

　まず、隣人の利益に対する配慮要請とは建設法典の規範に内在する客観法
原理を指す。この議論によれば、許認可を与える際に権限を有する行政庁は、
競合・対立する第三者の利益に配慮することを求められる。そして、隣人の
利益を保護すべき必要があると思われる特別な事情の下において、第三者へ
の配慮という客観法原理が例外的に隣人の主観的権利をもたらす場合があ
る[15]。このように、隣人の利益に対する配慮要請は、建築主、そして隣人の、
土地利用に係る相互の利益を衡量するための定式として位置付けられること
となる[16]。この理論の特徴は、例えば、建設法典35条1項に基づき優先的に
建築を許可されるべき者が、同条2項の許可（1項の優遇された許可ではない
許可）に基づいて建築を行おうとしている隣人に自己の優先的な許可への配
慮を求める事例のように、争われる許可の根拠規範（ここにおいては2項）に
限らない関係規範の全体を通じて隣人の保護を図るための理論的な枠組みを

13　Maurer/Waldhoff, Allgemaines Verwaltungsrecht, 21. Aufl., 2024, § 8 Rn. 8f; Schmidt, a. a. O., (Fn. 8), Rn. 152ff.

14　Grundgesetz für die Bundesrepublik Deutschland vom 23. 5. 1949（BGBl. S. 1）.

15　Winfried Brohm, Öffentliches Baurecht, 3. Aufl., 2002, § 18 Rn. 27ff.; Reidt, Battis/Krautzberger/ Löhr, Baugesetzbuch Kommentar, 15. Aufl., 2022, Vorb §§ 29-38, Rn. 69ff.; Andreas Voßkuhle, Grundwissen-Öffentliches Recht: Das baurechtliche Rücksichtnahmegebot, Jus 2010, 497（499）.

16　Vgl. Hansjochen Dürr, Der Gebot der Rücksichtnahme- eine General Klausel des Nahbarschutzes in öffentlichen Baurecht, NVwZ 1985, 719（719f.）; Robert Alexy, Das Gebot der Rücksichtnahme im baurechtlichen Nachbarschutz, DÖV 1984, 953（956）.

提供したことにある[17]。

　次に、隣人の利益に対する配慮要請が主観化する要件は、裁判例によれば、①その者に対する配慮を周囲が義務付けられる適格性を原告が有していることおよび②個別的に認定される特別な状況に原告が置かれていることである[18]。この要件が付された理由は、建設法上の規範に第三者保護性が認められる際には、従来、保護対象者が画定可能でなければならないとされていたことと平仄を合わせるためとされている[19]。

　上記二つの要件該当性は、①権利侵害の重大性から「特別に資格付けられ、同時に個別化された手段でもって、特別な法的地位への配慮がされる」必要があるといえる場合、②「所与の状況において、配慮に値する資格、個別性、特定性を生じさせる程度まで、不利益を受ける者であることが明白かつ具体的になる」場合に当たるか否かを、考慮要素として判断される[20・21]。

(3)　他の法律の配慮要請

　隣人の利益に対する配慮要請は、建設法典のほか、他の領域においても見られる。例として、連邦水管理法（Wasserhaushaltsgesetz[22]）の分野が挙げられる。わが国への紹介があるため[23]詳細は割愛するが、裁判例[24]は、連邦水管理法の許可付与に係る規範（当時の連邦水管理法[25]7条。「特定の目的のために、水域を、特定の方法および規模において利用するための資格は、許可によって付与さ

17　隣人の利益に対する配慮要請について、石崎・前掲注6）「西ドイツ建築法における「隣人利益の配慮原則」（一）」80頁以下、大西・前掲注6）「ドイツ公法上の隣人訴訟に関する一考察」2648頁以下、塩入・前掲注6）「ドイツ建設法における隣人の公権（下）」92頁以下。

18　BVerwG, Urt. v. 25. 2. 1977, BVerwGE 52, S. 122（129f.）.

19　BVerwG, a. a. O.,（Fn. 18）, S. 129.

20　BVerwG, a. a. O.,（Fn. 18）, S. 131.

21　以上の配慮要請の理論は、学説において批判もなされているところである（Vgl. Konrad Redecker, 870（870ff.）; Breuer, 1065（1069ff.）; Alexy, a. a. O.,（Fn. 16）, 955f.; Horst Joachim Müller, Das baurechtliche Gebot der Rücksichtnahme, NJW 1979, 2378（2378ff.）. また、これらの批判の分析を行ったものとして、石崎・前掲注6）137頁以降）。

22　Gesetz zur Ordnungs des Wasserhaushalts vom 31. 7. 2009（BGBl. S. 2585）. 以下、水管理法の条文の訳出につき、参照、渡辺富久子「ドイツの水管理法」外国の立法 254（2012年）126頁以下。

23　山本・前掲注6）『行政上の主観法と法関係』316頁以下、大西・前掲注6）「ドイツ公法上の隣人訴訟に関する一考察」2639頁以下。

24　BVerwG, Urt. v. 15. 7. 1987, 4 C 56/83, BVerwGE 78, S. 40.

25　Gesetz zur Ordnung des Wasserhaushalts vom 27. 7. 1957（BGBl. Ⅰ S. 3245）.

れる。許可は、行政庁によって取り消されうる……」）のみによっては、許可との関係において第三者に当たる水利用者の保護は導けないものの、同法の関連規範を勘案するならば、連邦水管理法に基づく許可を付与するに際して、申請者に対し、一定範囲の水利用者へ配慮することを求める要請が含まれているものと解されるとした。そして、隣人の利益に対する配慮要請が主観化する要件は、建設法の場合と同様に「配慮を義務付け、そして同時に原告を個別化する状況」であり、具体的には個々の事例ごとに判断がされる[26]。

3　基本法による第三者保護

　続いて、基本法、特に、所有権の保障規定を介した保護に係る議論につきその概要を確認する。基本法による保護には、二種類のものが存在する。一つは、基本法の規範、特に基本権を保障した規範を直接の根拠として第三者保護を認めるもの（基本権の規範外効果（normexterne Wirkung)[27]）、そして今一つは、行政行為の根拠規範の解釈において基本権の価値を読み込むもの（基本権の規範内効果（norminterne Wirkung)[28]）である。

　Schmidt-Aßmann[29]によれば、基本権の規範内効果とは、非憲法法律が有している第三者の権利に関する保障効果を基本権を通じて明確化させる効果、あるいは、単純法において、一方の権利のみに偏った解釈が行われることを基本権によって防止し解釈の幅を限定する効果を意味する[30]。そして、基本権の規範外効果とは、非憲法法律が第三者の保護を提供していない場合に、単純法を介さず、基本権が主観的権利をもたらす効果を意味する[31]。

26　BverwG, a. a. O.,（Fn. 24）, 42ff.

27　塩入みほも「公権論における基本権の放射的効力」慶応義塾大学大学院法学研究科論文集 39 号（1999 年）95 頁以下（98 頁以下、109 頁以下）、同・前掲注 6)「ドイツ建設法における隣人の公権（上)」106 頁以下、山本・前掲注 6)『行政上の主観法と法関係』250 頁以下、330 頁以下、神橋・前掲注 6)『行政訴訟と権利論』135 頁以下、大西・前掲注 6)「ドイツ公法上の隣人訴訟に関する一考察」2647 頁以下。

28　塩入・前掲注 27) 98 頁以下、110 頁以下、山本・前掲注 6)『行政上の主観法と法関係』250 頁以下、神橋・前掲注 6)『行政訴訟と権利論』135 頁以下、角松生史「「地域像維持請求権」をめぐって」阿部泰隆先生古稀記念『行政法学の未来に向けて』（有斐閣、2012 年）477 頁以下（482 頁以下)。

29　Schmidt-Aßmann, in: Maunz/Dürig, Grundgesetz Kommentar, §19 Abs. 4.

30　Schmidt-Aßmann, a. a. O.,（Fn. 29）, §19 Abs, 4, Rn. 123ff.

31　Schmidt-Aßmann, a. a. O.,（Fn. 29）, §19 Abs, 4, Rn. 125f.

上記基本権の二つの効果と建設法典との関係について見ると、まず、基本権の規範外効果は、隣人の土地所有権、土地利用利益の保障のために用いられてきたことがいえる。所有権に基づく隣人の原告適格を認める根拠は、裁判例曰く、土地の状況拘束性（Situationsgebundenheit）である[32]。土地という所有物は、その性質上、周辺の土地との間における関係性のために強く影響を受けざるをえない。そのため、土地所有権は、他の所有権と比べて周囲の状況によって、利用可能性を制限されやすい傾向にある[33]。

　この性質を踏まえて、裁判例においては[34]、状況拘束性を前提として、隣人による所有権の行使が隣接する土地所有者に「重大かつ受け入れ難い侵害（schwer und unerträglich）」をもたらす場合に、隣接の土地所有者が権利侵害を主張することができる、と判示された[35]。「重大かつ受け入れ難い侵害」という基準について、この判決では建築主も認識できる程度に明確な侵害であり、かつ、原告が他の人と区別される特定性を有することとされた[36]。そのほか、後の土地の利用を不可能にし、あるいは著しく妨げるような作用を持つ侵害がこれに当たる、とする裁判例も存在する[37]。

　次に、基本権の規範内効果、すなわち行政行為の根拠規範に基本権の価値を読み込む解釈手法は、憲法適合的解釈（verfassungskonforme Auslegung）と呼ばれる。すなわち、ある規範の解釈において複数の解釈可能性が存在する場合、基本権に適合する解釈を選択しなければならないものとされる[38]。

　この解釈手法は、一方において、基本法違反となる解釈を回避する結果につながるため、当該規範を基本権に適合した規範として維持させる目的において用いられる。他方、特に違憲となる可能性がない規範に関しては、規範

---

[32]　Vgl. Walter Krebs, Schmidt-Aßmann/Schoch（Hrsg.）, Besonderes Verwaltungsrecht, 14. Aufl., 2008, S. 586; Battis, Battis/Krautzberger/Löhr, a. a. O.,（Fn. 15）, §1 Rn. 8.

[33]　わが国においても紹介されている。藤田宙靖『西ドイツの土地法と日本の土地法』（創文社、1988年）108頁以下、大西・前掲注6）「ドイツ公法上の隣人訴訟に関する一考察」2647頁以下、塩入・前掲注6）「ドイツ建設法における隣人の公権（上）」106頁以下、高橋寿一「所有権制限法理の展開—西ドイツにおける所有権概念の変遷をふまえて」一橋研究9巻2号（1984年）57頁（60頁以下）。

[34]　BVerwG, Urt. v. 13. 6. 1969, BVerwGE 32, S. 173.

[35]　BVerwG, a. a. O.,（Fn. 34）, S. 178.

[36]　BVerwG, a. a. O.,（Fn. 34）, S. 179.

[37]　BVerwG, a. a. O.,（Fn. 18）, S. 124.

[38]　Hufen, a. a. O.,（Fn. 8）, §25 Rn. 20.

を適用する際に、基本権の価値を尊重するように解釈をすべきであるとの要請として用いられることになる[39]。

他方、建設法典における基本権の規範内効果については、これを、建設法典における隣人の利益に対する配慮要請の理論の根拠とする学説が存在する一方において[40]、配慮要請と規範内効果とは関連性がないとする判決も存在する[41]。

Ⅱ　関係する法規範の確認

州記念物保存法や建設法典および州建設規制法の内容、そして両者の規律領域の関係については、前章を参照されたい。とはいえ、裁判例の分析に際して前提知識となるため、本節では必要最低限の事項を改めて簡単に整理する。

1　立法に関する権限配分

連邦と州との間の立法権限の配分については、基本法に定めが存在する。基本法70条によれば、基本法によって連邦に立法権が付与されていない限度において、州が立法権を有する[42]。そして、連邦が専属的に立法権を有する領域（同法73条）および連邦が規律を行わない限りにおいて州が立法権を有する領域（同法74条）に係る定めには、記念物の保存は列挙されていない。したがって、記念物保存に関しては、直接的には連邦は立法権を持たず、州がこの権限を有するものと解されている[43]。ただ、そうであるからといって、全く連邦が記念物保存に携わらず、記念物保存から完全に独立して立法活動を行うわけではないことには注意を要する[44]。

39　Jörn Lüdemann, Die Verfassungkonforme Auslegung von Gesetzen, Jus 2004, 27（28f.）; Schmidt, a. a. O.,（Fn. **8**）, Rn. 148; Klaus Schlaich/Stefan Korioth, Das Bundesverfassungsgericht, 9. Aufl., 2012, Rn. 448. u. a.

40　Felix Weyreuter, Das bauungsrechtliche Gebot der Rücksichtnahme und seine Bedeutung für den Nachbarschutz, BauR 1975, 1ff.

41　BVerwG, Beschul. v. 20. 9. 1984, DVBl 1985, 122f.; BVerwG, Urt. v. 19. 9. 1986, 4 C 8/84 DVBl 1987, 476（477f.）.

42　参照、高田敏＝初宿正典編訳『ドイツ憲法集［第8版］』（信山社、2020年）。以下、基本法の訳出につき同様。

2 連邦法と記念物保存行政との関係

　記念物保存行政に関連性を有する代表的な連邦法は、連邦建設法典であろう。記念物の多くは建築物であるため、その管理に関して建設法典が、そして建設法典に基づいて各州において定められている州建設規制法（Landesbauordnung）が関連性を有する。

　既にわが国において紹介がなされていること[45]、本書でも前章で紹介していることから詳細は省略するものの、都市計画に係るドイツの法的仕組みは、本章に関係を有する限りにおいて大要以下の通りである。

　連邦法である建設法典においては、ゲマインデが策定した計画に基づき、ゲマインデ内の特定の区域ごとにおける利用方針、建築可能となる建築物の種類等が定められることとなっている。そして、上記の計画に従い私人が建設行為等を行う際には許可を受けなければならない。

　かつ、建設法典においては、上記の計画の内容について、記念物保存に関する利害について配慮されなければならないとする規定が随所に見られるほか（同法 1 条 6 項 5 号、同法 5 条 2 項 2 号 a 等）、建設行為等に係る許可において記念物保存への配慮を求める規律が置かれている（同法 35 条 3 項 5 号など）。

43　記念物保存に関して、連邦が直接の立法権を有さないことの根拠として、州の文化高権の理念が掲げられている。この理念は、ナチス時代の文化政策の反省として提唱され、州の主権に関する中核的な概念であるとされていた。しかしながら、現在においては、文化高権に基づく州の主権に対しては、州が文化領域において積極的に権限を行使することを意味するというよりは、基本法の規範上、非包括的で、限定された権限が連邦に与えられたにすぎず、その反射的帰結として、文化領域に関する多くの権限が州に委ねられていることを意味するにすぎない、とする見解も存在するようである。第 2 章第 3 節第 2 款の議論も参照。

44　例えば、東西ドイツの統一条約（Vertrag zwischen des Bundesrepublik Deutschland und der Deutschen Demokratischen Republik über die Herstellung der Einheit Deutschlands vom 31. 8. 1990（BGBl. 1990 II S. 889））35 条 1 項 3 文に照らすならば、連邦国家としても、文化の振興、維持等を全く無視することはありえないし、また、基本法 5 条 3 項は文化芸術の自由を規律しているが、これが記念物の保存に寄与しうる規定であることが学説において指摘されている（Martin, Martin/ Krautzberger, Handbuch Denkmalschutz und Denkmalpflege, 3. Auf., 2010, S. 96; Ernst- Rainer Hönes, Zum Verhältnis von Gartendenkmalpflege- und Naturschutzrecht, NuR 2003, 257（258））。以上の諸点からすれば、連邦も記念物の保存の観点を全く無視して立法活動を行うことはないものといえよう。この点、文化財（Kulturgut）の国外流出に対する保護等、限定された部分であるが、文化財に関する領域につき連邦が規律を及ぼしていることも参考となろう（Kulturgutschutzgesetz vom 31. Juli 2016（BGBl. I S. 1914））。

45　ヴィンフリート・ブローメ＝大橋洋一『都市計画法の比較研究—日独比較を中心として』（日本評論社、1995 年）13 頁以下、藤田・前掲注 33）5 頁以下等。

142　第3章　司法管轄と法領域間関係

　記念物保存においては、特に建設許可と州記念物保存法の許可との関係が問題となる。州記念物保存法においても記念物として保存されている建物等や記念物として保存されている建物の周辺における建築行為等に関して、許可制度が設けられている。かつ、これらの規律が先に述べた建設法典に定められた建築許可と重複して適用されるケースが存在する。

　建築許可に関する具体的な手続等は州建設規制法に定められている。各州の記念物保存法および建設規制法の規律内容が異なるため、一律に、両許可の関係を述べることは適切ではない（バイエルン州の例について、第2章第2節第2款参照）。ここでは、後述の連邦行政裁判所の裁判例に関わるため、ラインラント・プファルツ州建設規制法[46]を例にとり紹介を行う。ラインラント・プファルツ州建設規制法は、同法61条1項において、施設の建築、変更、利用変更または取り壊しの際に建設許可が必要であるとしている。そして同法65条5項によれば、許可に係る申請行為が同法以外の関係法令に基づく許可等を受けていることを要件とする場合、または建築許可に係る許否の判断にあたり、他の関係行政庁との協議が必要とされる場合において、建築監督官庁（Bauaufsichtsbehörde）が建築許可を発給する前に、当該関係法令に基づく許可または関係行政庁の決定を得ておく必要がある。州記念物保存法に基づく許可は上記にいう関係法令に基づく許可に当たるため、州記念物保存法の意思決定がない限りは建設許可を発出されることはない[47]。

　また、建設許可が不要となる場合に該当する形態の建築物等であっても、記念物の周辺の建築物である場合は、例外的に許可免除の対象から除外する条文が存在するうえ（同法62条1項1号a、4号f）、そもそも州記念物保存法上の許可が、建設許可とは独立して必要となる[48]。

　なお、以上の規律のうち、建設法典における記念物保存に関わるものについては、それらの規定が連邦の立法管轄の範囲内において定められたものか、あるいは州の記念物保存に係る立法管轄を侵害するものであるのかという点が、学説または判決において議論の対象となった。もっとも、通説および裁

46　Landesbauordnung Rheinland-Pfalz vom 24. November. 1998（GVBl. 1998, S. 365）.

47　Gurlit, Hendler/Hufen/Jutzi, Landesrecht Rheinland-Pfalz, 9. Aufl., 2021, S. 257.

48　建設許可免除に係る同法62条1項には、「他の規定によって求められる許可にかかわらず、建設許可を要しない……」とある。ほか、Gurlit, a. a. O.,（Fn. 47）, S. 266f.

判例の見解によれば、この問題については、当該規定の目的および効果に基づいて判断されるべきであるとされる。かつ、これらの見解に基づくならば、建設法典の規定が、土地、そして土地に立地する都市の維持という観点から定められたものである以上は、文化、歴史的な価値に着目し建築物の保存等について規律する記念物保存法領域の規定とは対立しない[49]。詳細は第2章第2節を参照されたい。

3 州記念物保存法

　州記念物保存法は、州ごとに内容は異なるものの、その大要を述べるならば、記念物に関する行為の許可制を定め、記念物所有者に対し記念物保存に関する包括的な義務を定めるものとなっている[50]（詳細は第2章第2節第2款）。

　州記念物保存法に所定の行為をしようとする場合、行為者は、記念物保存官庁（Denkmalschutzbehörde）の許可を受けなければならない[51]。許可を要する行為には、①記念物の外観、利用方法の変更、②修理・修復、③破壊、④移転といった記念物そのものに対する行為だけではなく、⑤記念物周辺（Umgebung）[52]における建設行為、記念物周辺の建築物の変更・破壊行為も含まれている。ただし、記念物周辺における行為の場合、当該行為が記念物の状態または外観に影響する時に限って許可が必要とされる。

---

[49] Wilfried Erbguth, Rechtliche Abgrenzungsfragen bei der Stadterhaltung, DVBl 1985, 1352（1355ff.）; Strobl, Strobl/Sieche, Denkmalschutzgesetz für Baden-Württemberg, 4. Aufl., 2019, S. 13f.; BVerfG, Beschul. v. 26. 1. 1987, 1 BvR 969/83, DVBl 1987, 465（465f.）.

[50] わが国においてドイツの記念物保存法を紹介した論稿として、さしあたり、野呂充「ドイツにおける都市景観制の形成（一）～（三・完）」広島法学 26 巻 1 号（2002 年）117 頁以下、同巻 2 号（2002 年）105 頁以下、27 巻 4 号（2004 年）65 頁以下、野呂＝シェラー「ドイツ連邦共和国フライブルク市の都市景観行政（一）（二・完）」広島法学 27 巻 2 号（2003 年）377 頁以下、同巻 3 号（2004 年）109 頁以下、南川和宣「文化財保護と所有権保障―ドイツ記念物保護法制における期待可能性原則」修道法学 25 巻 2 号（2003 年）421 頁以下、井川博文「ドイツにおける面的記念物保護制度の研究―ヘッセン州とノルトライン＝ヴェストファーレン州を中心として」日本建築学会計画系論文集 608 号（2006 年）219 頁以下、同「ドイツ・ヘッセン州の記念物地誌　ドイツ記念物保護手法の研究」日本建築学会計画系論文集 619 号（2007 年）245 頁以下、同「ドイツにおける記念物周囲の保護手法について―ドイツ記念物保護手法の研究（2）」日本建築学会計画系論文集 645 号（2009 年）2571 頁以下。

[51] Vgl. z. B. DSchG HE（Hessisches Denkmalschutzgesetz vom 28. 11. 2016（GVBl Nr. 18, S. 211））§ 18; DSchG NW（Gesetz zum Schutz und zur Pflege der Denkmäler im Land Nordrhein-Westfalen vom 11. 3. 1980（GV. NW. 1980 S. 226））§ 9; DSchG RP（Denkmalschutzgesetz vom 23. 3. 1978（GVBl. 1978, S. 159））§ 13.

144 第3章 司法管轄と法領域間関係

　記念物保存官庁により許可が付与されうる要件は、申請された行為が、①記念物保存の公益と対立しないこと、②記念物保存に優先する、他の公益もしくは私益が存在すること、または③記念物への影響がわずかであることもしくは影響が一時的であること、等である。

　そして、州記念物保存法においては、所有者は、期待可能性（Zumutbarkeit）の範囲において記念物を保存し、慎重に取り扱う義務を負う。この義務は保存義務（Erhaltungspflicht）と呼ばれるが、この義務には、記念物に負荷をかける行為が禁止される消極的な義務のほか、記念物の保存のために投資をすることが求められる等の積極的な義務も含まれる。期待可能性については、わが国において既に紹介がなされているため[53]詳細は割愛するが、例えば記念物所有者の所有権行使がおよそ不可能になる程度、または所有者の収入等からしておよそまかなえない程度の負担を行政庁が求めることは、記念物保存に必要な限度の所有権制限を超えるものとして比例原則の観点から禁止される[54]。

　上記保存義務の規定と基本法14条1項に定める所有権保障（「所有権および相続権は保障される。その内容および限界は法律でこれを定める」）とのバランスが問題となる。つまり州記念物保存法の保存義務が基本法で保障された所有権を過度に制限するものであれば、基本法に違反するものとなり、許可規定の修正が裁判を通じて求められる可能性があるのではないかとの指摘はなされてきた[55]。

52　州によっては、周辺（Umgebung）の語の前に「直接（unmittelbar）」等の修飾語が付されている場合が存在する。しかし、「周辺」が示す地理的範囲について、多くの州がメートル等の客観的指標によらず、記念物に対して一定の影響を及ぼす範囲といった基準の下にこれを判断している（Wenz, Martin, Haspel/Martin/Wenz/Drewes, Denkmalschutzrecht in Berlin, 2008, S. 215f., 244f.; Davydov Viebrock, Hessisches Denkmalschutzrecht, 4. Aufl., 2018, S. 228f.; Davydov, Davydov/Hönes/Otten/Ringbeck, Denkmalschutzgesetz Nordrhein-Westfalen, 7. Aufl., 2024, S. 197）。その限りにおいては、表現の差異を原因として、「周辺」の範囲が変化することはないと考えられる（井川・前掲注50）「ドイツにおける記念物周囲の保護手法について」2573頁以下）。

53　南川・前掲注50）。

54　Vgl. z. B. DSchG NW §7 Abs. 1; DSchG RP §2 Abs. 1; DSchG BB（Gesetz über den Schutz und die Pflege der Denkmale im Land Brandenburg vom 24. 5. 2004（GVBl. I, S. 215））§7 Abs. 4.

55　BVerfG, Beschul. v. 2. 3. 1999, 1 BvL 7/91, juris; Raimund Körner, Denkmalschutz und Eigentumsschutz, 1992, S. 114f.; Nils-Christian Kallweit, Drittschutz aus dem Denkmalschutz, 2013, S. 164f.; Oebbecke, Ehlers/Fehling/Pünder（Hrsg.）, Besonderes Verwaltungsrecht, Bd. 2, 4. Aufl., 2020, S. 332ff.

第2款　記念物保存分野の原告適格論の転換点

　ここまで準備作業として、ドイツ原告適格論を概観し、ドイツ記念物保存法の領域における連邦と州の立法管轄の配分およびそれを通じて形成された規範体系を確認してきた。本款では、本章の中心テーマである州記念物保存法に基づく許可に係る、第三者たる記念物所有者の原告適格に関する裁判例を取り上げる。

I　裁判例の紹介

　本款において取り上げる連邦行政裁判所2009年4月21日判決[56]は、連邦裁判所として、州記念物保存法の許可に係る記念物所有者の原告適格の拡張を図ったものとして学説の注目を集めた。記念物保存法における第三者たる記念物所有者の原告適格は、それまでの判決において否定されていたため、この判決が新たな視点を与えたものといえる。

1　判決に至るまでの経緯

　まず、事実関係を確認する。原告らと参加人とは、ラインラント・プファルツ州内の、相互に隣接する土地の所有者であったところ、参加人が自己所有の土地において、幅17メートル、長さ55メートル、高さ2メートルのサイロ2基（以下、「本サイロ」）の建設を計画した[57]。本サイロは、原告らの所有地のうち最も近い区画から15メートルの距離に建てられ、原告所有のその他の土地からは、農地から50メートル、住居から40メートル、さらに所有地内の城から90メートルの距離に位置していた[58]。

　本サイロの建築計画が建てられた参加人の土地は、原告らの所有地とともに建設法典35条にいう原則建築禁止の外部区域に位置していたほか、"Meulenwald und Stadtwald Trier" との名称を有する景観保護区域の一区画、かつ "SchlossD" という名称を付された記念物ゾーンの一区画に位置していた[59]。記念物ゾーンとは、記念物としての価値ある建築物を個別的に対象とするも

56　BVerwG, a. a. O., (Fn. 5).

57　BVerwG, a. a. O., (Fn. 5), 1231.

58　VG Trier, Urt. v. 12. 12. 2007, 5 K 784/07, TR, juris, Rn. 2.

59　VG Trier, a. a. O., (Fn. 58), Rn. 2.

のではなく、建築物の集合体のほか、道路、広場のほか、それ自体は記念物としての価値はなくとも、全体との組み合わせにより価値が生ずるものを全て包括し、面的に一つの記念物として捉えたものである（ラインラント・プファルツ州記念物保存法4条1項2号、5条）。

通常、本サイロのような物の設置に際しては、建設法典および州建設規制法による建設許可に加え、州記念物保存法に基づく許可を受けなければならない[60]。もっとも本件については、当時の州建設規制法において農業用サイロが許可不要の施設として規定されていたため、建設許可は求められていない（ラインラント・プファルツ州建設規制法62条1項5号。現在の62条1項5号d。先述したような、記念物の周辺地を例外とする記述はない）。そして本サイロ建設に必要な州記念物保存法に基づく許可について、参加人はこれを受けるに至った。

このことを受け原告らは、①州記念物保存法に基づく許可の取消し、②本サイロの除却命令（ラインラント・プファルツ州建設規制法81条）の義務付けを求める訴訟を提起した[61]。

第一審、第二審ともに、訴えを却下した。第一審[62]は、記念物保存は専ら公益を本質とするものであるため州記念物保存法の規定は第三者に主観的権利をもたらさないとして、原告適格を否定した。第二審[63]においても同様の判断がなされた。なお第二審においては、基本法14条1項についての指摘が加えられている。すなわち「基本法14条1項を通じ、所有物の私的利用が過度に制限されるという期待可能性を超えた保存措置に対する防御権は認められる。しかしながら、これを越えて、記念物保存を求める客観的な規定の遵守を請求する権利が記念物所有者に認められることまでを（同条は）義務付けてはいない[64]」。原告らが、基本法14条1項に対する違反を主張して上告した。

---

60 そのほか本件においては、州自然保護法等の許可も要求されていたが、本稿との関係上、これらに関する記述は割愛する。

61 そのほか、原告らの異議申立て（Widerspruch）に対する回答の取消し等も請求されているが割愛する。

62 VG Trier, a. a. O., (Fn. 58).

63 OVG Rheinland-Pfalz, Urt. v. 14. 5. 2008, 8 A 10076/08, juris.

64 OVG Rheinland-Pfalz, a. a. O., (Fn. 63), Rn. 21.

2 基本法14条1項に基づく権利保護

州記念物保存法に基づく許可取消しの請求に対する判旨は次の通りである。

(1) 上告には理由がある。州記念物保存法の規定は第三者である記念物所有者に主観的防御権をもたらさないため、記念物所有者が、所有する記念物の周辺における建築行為等に対して自らの権利の侵害を主張することはできないとする原審の解釈は、所有権の保障に反する。原審が原告適格を否定した結論は州記念物保存法の解釈に基づいており、上告審は、州法の解釈については原審に従わなければならない（行政裁判所法173条および民事訴訟法560条）。しかしながら上告審は、原審が州法を解釈する際に、重要な連邦法の基準を的確に認識し、それらの基準に基づいて判断を行っているか否かは検討しなければならない。原審の州法の解釈が、連邦法、特に基本法に反している場合は、上告審は原審の解釈に従わない[65]。

(2) 基本法14条1項によって所有権は保障されており、その内容および限界は、法律を通じて定められる（同項2文）。州記念物保存法が記念物所有者に課す保存義務は、同条文にいう所有権の内容および限界を形成する。基本法による所有権保障および法律による所有権の内容形成を行うに際して、立法府は、所有者の財産利用の利益と、保存義務を通して確保される公共の福祉とを、適切に調整しなければならないという任務を課される。つまり、基本法14条1項は、保存の目的に対して不釣り合いな所有者の負担を避けること、財産の私的利用ができる限り開かれるようにすることを要請している[66]。この要請の下、記念物の隣接地における建設案の許可について、当該建設案が記念物の価値を著しく侵害する（erheblich beeinträchtigen）可能性がある場合には、記念物所有者に対し建設案に異議を唱える権利が与えられなければならない[67]。

(3) （第一審および第二審の指摘する通り）記念物の保存は公益を通じてもたらされるものであり、私益を本質としない[68]。そのため、第一義的には立法府が記念物保存の任務を負う。またそれ故に、記念物が周辺の環境と統一体を

---

65 BVerwG, a. a. O., (Fn. 5), 1231.

66 BVerwG, a. a. O., (Fn. 5), 1231f.

67 BVerwG, a. a. O., (Fn. 5), 1232.

68 BVerwG, a. a. O., (Fn. 5), 1232.

148　第3章　司法管轄と法領域間関係

形成し周辺に影響されることがあることを踏まえ、立法府は、許可制を通じて周辺の建設案から記念物を保護している[69]。

　しかしながら立法府は州記念物保存法において、記念物の価値を著しく侵害する周辺の建設案を原則的に許可してはならないとしつつ、優先されるべき公共の福祉等が認められるならば当該建設案の許可を法律上は可能なものとしている。この場合において立法府は、記念物所有者との関係において、一方で、記念物保存のために記念物所有者に義務を課し保存行為を行わせつつ、他方で、記念物周辺の建設案を許可することを介して記念物の価値の侵害を簡単に許すという、矛盾した行動をとることとなる[70]。

　⑷　上記の状況下において、州の記念物保存法が、記念物周辺の許可制を通じて原告をどの程度まで保護しようとしているかについては、州の裁判所が判断することである。しかしながら、記念物保存の領域において、基本法14条1項2文は、都市計画法における場合と同程度にわずかではあるものの、原告に対し保護を提供する（すなわち、記念物保存において全く記念物所有者が保護されないという状況については回避されなければならない[71]）。そのため州記念物保存法において、周辺との関係における記念物の保存が客観的な要件とされている以上は、記念物の所有者に保護が与えられなくてはいけない。そして、保護されている記念物の価値が周辺の建設案によって著しく侵害されている可能性があるならば、当該建設案の許可に対して異議を唱える権利が記念物所有者に与えられなければならない。権利付与の必要性は、原告が記念物ゾーン内の建築物の所有者であり建築物の記念物たる価値が侵害される場合においても、同様に存在する[72]。

　そのような許可の取消請求権が与えられて初めて、記念物保存という公益のために記念物所有者に課せられた保存義務は正当化されうる。許可の取消請求権を通じ、第三者たる記念物所有者も、周辺との関係における記念物保存という目的の達成に関与できるようになるためである[73]。

69　BVerwG, a. a. O., (Fn. 5), 1232f.

70　BVerwG, a. a. O., (Fn. 5), 1232f.

71　BVerwG, a. a. O., (Fn. 5), 1233. Vgl. BVerwG, Urt., a. a. O., (Fn. 41), 478; BVerwG, Urt. v. 23. 8. 1996, BVerwGE 101, S. 364（372）.

72　BVerwG, a. a. O., (Fn. 5), 1233.

73　BVerwG, a. a. O., (Fn. 5), 1233.

⑸　仮に、周辺の建設案を原因として記念物の価値が著しく侵害された場合において所有者が記念物の保存を終えることがあったとしても、そのことによって所有者が持つ許可の取消請求権が制限されることはない。保存を終了して将来の負担を負わなくなったとしても、記念物所有者は過去に保存義務遂行のための投資を行っており、この投資の価値が低下するリスクは解消されない。すなわち、記念物の保存義務によって自らに課された負担が、保護措置によって追及される目的を実際に、かつ恒常的に達成しうることについて、記念物所有者は保護に値する利益を有する[74]。

⑹　以上によれば、本件の訴えについて、基本法14条1項からの第三者保護が原告らに与えられる。そして「基本法によって与えられた最低限（grundrechtlich gebotene Mindestmaß）」の保護のみが原告らに与えられているのか、あるいは、それ以上の保護が州記念物保存法を通じて与えられているか否かは、州法に関する判断に委ねられる問題である。州上級行政裁判所は、以上の連邦法の基準を考慮したうえで、州記念物保存法を改めて解釈しなければならない。そしてその解釈を基礎に、訴えが適法か否か、さらに請求が認容されるか否かについて新たに判断が下される必要があるので、本件は差し戻されるべきである[75]。

3　建設法典に基づく権利保護

続いて、州建設規制法に基づく除却命令の義務付け請求に係る判旨の概要は、以下の通りである。

⑴　記念物保存法の許可が違法で取り消されない限りは、建設法上の措置に係る請求（建設法典35条3項1文5号にいう記念物保存の公益を維持することを目的としたラインラント・プファルツ州建設規制法81条を根拠とする請求）の主張は達成されない[76]。

⑵　建設法典35条1項によれば、外部区域における建設案が許容されるのは、同条3項にいう公益と矛盾しない場合である。そして、同項5号にいう記念物保存の利益は通常、消極的な形であれ積極的な形であれ、州法を通じ

74　BVerwG, a. a. O., (Fn. 5), 1233.

75　BVerwG, a. a. O., (Fn. 5), 1234.

76　BVerwG, a. a. O., (Fn. 5), 1233.

て具体化される。しかしながら連邦法の規律は、州法を拘束する規定を含まないものの連邦法の独自の要件を置いており、それは、極端な違反が問題となるときには——州法によって具体化されているか否かを問わず——独自に適用される。すなわち、同号は、州法とは異なる独自の連邦法上の記念物保存に係る最低基準を保障したものである。

　同号は、州法の規定との関係において受け皿としての機能（Auffangfunktion）を有する。このような機能を有する規定の存在は、州法の立法権限との関係において問題にならない。この条文は、あくまでも土地法の観点から定められた公益に配慮しているだけであり、当該公益に関する立法権限が連邦に存するか否かに関わらず認められるためである[77]。

　(3)　建設法典 35 条 3 項 1 文 5 号は、周辺建設案が記念物保存の公益を侵害する限りにおいて第三者保護の規範となる。なぜなら、建設案が所有者の有する保護すべき利益（所有する家屋等の記念物たる価値の保存）に対し必要な配慮をしていないためである。

　もっとも、審理対象たる建設案について州記念物保存法の許可が与えられている場合には、原則的に同号にいう「記念物保存に関する利害」は侵害されていないと見るべきである。なぜなら、州記念物保存法の許可が付与される資格を有しているということは、当該建設案につき客観的に対象物の有する記念物たる価値に対して必要な配慮が既に行われていることを意味するからである。記念物保存に関する最低限を保障した建設法典の規定からは、当該建設案の適法性に関してさらに許可要件を生じさせない。以上から、本件に係る建設案は、州記念物保存法の許可に基づき建設計画法上の判断に係る作用を伴った形で、建設法の観点から認められたものであることが確定される[78]。

Ⅱ　本裁判例の分析

　本裁判例は、許可取消訴訟について、基本法に定められた所有権保障への違反可能性のために記念物所有者の原告適格を認めた。そして除却命令義務付け訴訟について、建設法典の規範を根拠として第三者たる記念物所有者の

77　BVerwG, a. a. O., (Fn. 5), 1233f.

78　BVerwG, a. a. O., (Fn. 5), 1234.

保護の可能性を認めた。

　かつ、上記の判旨に示されているように、本裁判例の意義を精確に理解するためには、ドイツという連邦国家における立法管轄と司法管轄を踏まえることが不可欠となる。すなわち、行政裁判所法137条1項によれば、連邦行政裁判所は上告審として基本的に連邦法、EU法、国際法といった法律の違反のみを審査し、州法への適合性は審査しない。

1　基本法14条1項に基づく権利保護

　許可取消しの訴えについて本裁判例は、州記念物保存法において、原告である記念物所有者が特別な保存義務を負わされている点に着目し、保存義務による権利制限を適切なものたらしめるため、記念物周辺の建設物に対する許可の取消請求権を原告に認めた。

　後述するように、許可取消しに関する本裁判例の判示はその後、下級審裁判所の採用するところとなった。かつ、第一審が自らの判断を「判決および学説において、圧倒的多数で代表的な見解」に従ったものである、と述べたように[79]、記念物周辺の建設案に対する許可に対して記念物所有者が提起した取消訴訟において、それまでの多くの見解は記念物所有者の原告適格については否定的に解してきた[80]。これまでの見解を覆して、記念物所有者の原告適格を肯定した判断は、当然のことながら多くの学説の注目するところとなった。

　本裁判例は、基本法14条1項を直接根拠とした権利保護を認めたうえで、さらに州記念物保存法を、同項からもたらされた基準を遵守して解釈し直すよう州裁判所に要請した。前款の通り、基本法を介した権利保護には、基本法を直接根拠として権利保護を行う基本権の規範外効果と、基本権適合的解

---

[79]　VG Trier, a. a. O., (Fn. 58), Rn. 20.

[80]　Vierbrock, a. a. O., (Fn. 44), S. 546f.; Albert Ingold/Sophie-Charlotte Lenski, Umgebungschutz als Schutz vor der Umgebung, DÖV 2010, 799 (803f.); Florian Huerkamp/Jürgem Kühling, Denkmalschutz, Erneubare Energien und Immobiliennutzung—Nachhaltigkeitskonflikte in der Energiewende, DVBl 2014, 24 (25); Thomas Schrüer/Christian Kullick, Das denkmalschutzrechtliche Abwehrrecht, NZBau 2012, 224 (224); Annette Guckelberger, Denkmalschutz und Eigetum, NVwZ 2016, 17 (24). 他方、少数ながら原告適格を肯定した判決も、過去には存在した。それらを紹介したものとして、Kallweit, a. a. O., (Fn. 55), S. 98ff.; Jürgen Müller, Zum Anspruch des Eigentümers eines Baudenkmals auf Verhinderung denkmalbeeinträchtigender Bauvorhaben in seiner Nachbarschaft, BauR 2009, 1536 (1543f.).

152　第3章　司法管轄と法領域間関係

釈をもたらす基本権の規範内効果とが存在する。このことから、本裁判例に
いう同項を根拠とした権利保護が基本権の規範外効果、そして州裁判所に向
けられた、同項を考慮して州記念物保存法を解釈するようにとの要請が、基
本権の規範内効果と対応していることが理解される。したがって本裁判例に
おいては、規範外効果および規範内効果がともに原告の救済方法として採用
されている。

　上記の両効果の適用関係について本裁判例は、規範外効果のことを「憲法
から与えられた最低限」の保護であるとしている[81]。規範内効果が処分の根拠
法規を手がかりとして権利保護を行うものであり、規範外効果が処分の根拠
法規に第三者保護性が存在しない場合に用いられるものであることからすれ
ば、下級審において、州記念物保存法につき憲法適合的解釈がされた結果、
当該法律から記念物所有者の原告適格が導かれると判断された場合には、第
三者保護性を有する根拠規範に優先して基本法が直接保護を提供する必要性
は失われるものと考えられる[82]。

　結論的には、差戻審において[83]州記念物保存法が改めて審理されたものの、
記念物所有者の原告適格は州記念物保存法の解釈によっては導かれなかっ
た[84]。しかしながら、連邦行政裁判所が同項を直接の法的根拠として記念物
所有者を保護するとの基本権の規範外効果を導き出し、かつ、州裁判所に対
して、州記念物保存法について所有権保障の観点を読み込むよう要請した基
本権の規範内効果、すなわち憲法適合的解釈に言及して事件を差し戻したこ
とは、周辺の建築物に対する許可において第三者の地位にある記念物所有者
という、原告適格を肯定するに困難のある類型の者について、可能な限り原
告適格を肯定する解釈の可能性を探るよう、州の行政裁判所に求める姿勢を
示したものとして、注目に値するように思われる。

　現に、基本法から最低限与えられるべき保護の枠組みが示されたことによ
り、記念物保存が公益にのみ資する行政事務であることを理由として記念物

81　BVerwG, a. a. O.,(Fn. 5), 1234.

82　建設法の場合において、vgl. BVerwG, Urt. v. 23. 8. 1996, BVerwGE 101, S. 364.

83　OVG Rheinland-Pfalz, Urt. v. 16. 9. 2009, 8 A 10710/09, juris.

84　OVG Rheinland-Pfalz, a. a. O.,(Fn. 83), Rn. 32. そのうえで、基本法の規範外効果に係る「記念物の
　価値に対する著しい侵害」に関する判断においても、そのような侵害はないと結論付けられて、訴
　えは棄却されている。

所有者の訴えは当然に許されないと判断される事態は回避されるようになった。加えて、後に紹介するが、これまで多くの判決において否定されてきた州記念物保存法の第三者保護性が認められる可能性を認めた州行政裁判所の判決も現れるに至っている。

2　建設法典に基づく権利保護

　除却命令義務付け請求に対して、第一審においては、許可取消請求と同様に原告適格は存在しないと判断され、第二審もこれを支持した。すなわち、第一審によれば、州建設規制法による除却命令は建設法あるいはその他の公法において原告を保護する規範に違反している可能性に基づいて請求がされる必要があるところ、州の記念物保存法は第三者である原告を保護していない[85]。

　これに対して本判決は、建設法典 35 条 3 項 1 文 5 号が州法から独立した保護規範を生じさせる可能性を理由に、第三者たる原告らが保護される可能性はありうると判断した。

　州法から独立した保護基準という建設法典に関する説示は、過去の裁判例においても登場している。それらの裁判例の説示に現れている当該基準の特徴を要約すると次の通りである。

　①州法から独立した連邦法の保護基準は、裁判例において問題となった公益（記念物保存等）に関係する規範の有無および公益保護規範があった場合の、規範内容にかかわらず適用される。連邦建設法典は、当該利害に対し不適合なまたは当該利害と対立あるいは侵害する建設案の許可を違法なものとする[86]。

　②州法から独立した連邦法の保護基準は、裁判例において問題となっている利害に関して、連邦に専属的な立法管轄が存在する利害であるか否かをも問題としない。なぜなら建設法典の要請は、あくまで連邦に立法管轄の存する土地法の利益の観点から、連邦法に許された限りにおいて当該利害に対して配慮を行うものだからである[87]。土地法に関係する範囲であることから、

85　VG Rheinland-Pfalz, a. a. O.,（Fn. 58）, Rn. 18ff.

86　BVerwG, Urt. v. 12. 4. 2001, 4 C 5/00, BauR 2001, 1701（1705f.）.

87　BVerwG, a. a. O.,（Fn. 5）, 1233f.; BVerwG, Urt. v. 20. 10. 1972, IV C 1. 70, juris, Rn. 9.

建設法典に挙げられている利害に関係する行為であっても、それが土地に対して何らの影響を及ぼすものでなければ連邦法の保護においては問題とならない。例えば、記念物に対して窓やブラインドを取り付けることに関する州記念物保存法の許可といった行為はこれに該当する[88]。

③しかしながら州法との関係において、州法から独立した連邦法の保護基準が適用される領域は、実際上はほとんど存在しない。なぜなら、連邦法の最低限の保護基準が適用されるとしても、その判断基準は、周辺の建設案によって記念物がいかに毀損されたかという、州記念物保存法の許可に係る適法性の判断とほとんど変わるところがないためである。そのため、記念物保存の利害に関する法的判断は、第一義的には州記念物保存法が担い、建設法典の実践的な意義はその限りにおいて消滅する[89]。

以上の裁判例の説示に照らすならば、建設法典35条3項から派生する連邦法の最低限の保護は、州法の第三者保護規範の有無および内容にかかわらず適用され、土地法の観点から記念物保存の利害への配慮を要請する。そして記念物保存の利益に対する侵害が深刻なものとなれば、建設法典を根拠として記念物所有者を保護しうる。しかしながら、周辺の建設案に起因する侵害から生ずる主観的権利の存否に係る判断は州記念物保存法における審査と変わるところはなく、そのため本裁判例も、州記念物保存法の許可が存在する場合には、原則としてその判断に従うとしている。まさに、建設法典による独自の保護の理論は、州記念物保存法の制度から漏れたもののための「受け皿」たる機能を有しているといえる[90]。

以上の特徴は記念物保存に関する連邦の規律の仕方とも関連しているように思われる。すなわち、記念物保存の領域において主要な立法権限を有するのは州であり、連邦は関連領域の法令を通じて規律を置くにすぎない。そして、関連領域の法令が、州の立法権限を侵害せずに規律を置くうえでは、法令の目的および効果が記念物保存とは異なったものとなることが必要である。

---

88 Hans Karsten Schmaltz, Belange des Denkmalschutz nach §35 Abs. 3 Satz. 1 Nr. 5 BauGB, BauR 2009, 761（763）.

89 OVG Lüneburg, Urt. v. 28. 11. 2007, 12 LC 70/07, BauR 2009, 784（785f.）.

90 Vgl. Mitschung/Reidt, a. a. O.,（Fn. **15**）, §35 Rn. 85; Dyong, Ernst/Zinkahn/Bielenberg, Baugesetzbuch Kommentar, 5. Aufl., 1989, §35, Rn. 78; Rieger, Schrödter, BauGB Kommentar, 7. Aufl., 2006, §35 Rn. 95.

例えば、連邦法たる建設法典においては、土地法の観点から歴史的都市を保存する規律がこれに該当する。以上の点に鑑みれば、州法から独立した連邦法の保護基準が、州法と異なる観点から、州法の許可に係る判断を優先させつつ保護を行うための解釈手法をもたらしうるものであることが理解できるのではなかろうか。

第3款　小　　括

　本節では、記念物保存法領域と都市計画法領域間における司法管轄を示すとともに、行政訴訟における第三者たる記念物所有者の原告適格の問題について、これまでと異なる見解を示した連邦行政裁判所判決を分析した。

　また分析のための準備作業として、①ドイツにおいては、保護規範説と呼ばれる理論が形成され、原告適格は法律上対象の者が個別的に法的保護を受けているか否かによってその有無を判断することが基本とされていること、②都市計画の分野において、隣人への配慮という視点から第三者の原告適格が論じられていたこと、③基本法の解釈によって、権利救済に資する論理を導くことが学説等において行われていたこと、④州記念物保存法に基づく記念物の保存と、建設法典および州建設規制法上の建築物や都市の整備とが関連を有していること、⑤記念物所有者が州記念物保存法によって所有権の制限を受けていること、を確認した。

　連邦行政裁判所の裁判例からは、連邦法の最低限の保護が、連邦と州との立法管轄権の複合によって生み出された理論であること、そして同理論を通じて、州の立法管轄に属する領域についても連邦法は、極めて限定された場合ではあるものの、州法に対して補充的に保護をもたらすことができるものとされたこと、以上の二点が確認できる。基本法による権利保護の理論に照らすと、連邦行政裁判所は、州裁判所が基本的に解釈権を有する州記念物保存法の領域について基本法14条1項を直接の法的根拠として記念物所有者を保護するとの基本権の規範外効果を導き出し、加えて、州裁判所に対して、州記念物保存法について所有権保障の観点を読み込むよう要請した基本権の規範内効果、すなわち憲法適合的解釈に言及したうえで、州法の解釈を尽くさせるために事件を差し戻した。この判断のなかに、原告適格を肯定するこ

156 第3章 司法管轄と法領域間関係

とに困難のある類型の者について可能な限り原告適格を肯定する解釈の可能
性を探るよう州の行政裁判所に求める、連邦行政裁判所の積極的姿勢を看取
することができる。

　本裁判例は、連邦制特有の分権的な状況下にあって、根拠法令の立法・解
釈権限が州に存する記念物保存法領域に関し、連邦行政裁判所が最大限自ら
の権限を行使したものであった。そして後述する州裁判所の展開と併せて、
以上のようなドイツ連邦制における判決のダイナミズムを理解・評価するた
めには、立法および司法における連邦および州の権限配分を理解することが
不可欠といえよう。

第3節　学説と州裁判所の反応

第1款　学説の動向

　先の裁判例の判示事項のうち、州記念物保存法に基づく許可の取消しにつ
いて基本法14条1項を用いて第三者保護の枠組みを提示した部分は学説の
注目を集め、かつその後の下級審の先例となった。

　そこで以下においては、同裁判例を受けた学説の議論の状況を分析する。
主要な学説を整理するならば、判決に対する評価として対照的な二つの立場
が存在することを確認できる。

I　基本法と州法の厳格な区別

　第一の立場は、州法と基本法を明確に区別し、連邦行政裁判所2009年4月
21日判決はあくまで基本法レベルでの保護を認めたにすぎない、と評価する
ものである。

　この見解においては、連邦行政裁判所の裁判例の評価に関し、以下の点が
指摘されている。すなわち、①第三者の防御権を、基本法14条1項の保障す
る所有権から導いて基本法のレベルにおいて防御権を限界付けている点が裁
判例において重要な点である。②かつ、裁判例において認められているのは、
文化という公益の担い手の立場から自らの有する記念物への侵害に対して連
邦法に基づき対抗する権利ではなく、あくまでも自身に対する所有権の制限

が過度なものとならないよう調整を求める権利である。③つまり厳密にいえ
ば、裁判例において述べられている保護は、「記念物保存法」ではなく「所有
権法」の防御権である[91]。

　要するにこの学説においては、州記念物保存法の規範からのみ本来の意味
における「記念物保存法」の防御権はもたらされるとした一方で、この防御
権の有無は、裁判例とは別問題であるとの立場がとられている[92]。

　以上の評価を踏まえ、この見解においては記念物保存法領域における第三
者保護の拡大の範囲に係る論点についての見解も提示されている。それは
「記念物の価値に対する著しい侵害」の有無に係る具体的基準である。この具
体的な基準が問題となる理由は、ドイツにおいて、権利侵害の可能性が存在
すれば原告適格は認容されるものの、実際に権利侵害が存在することが裁判
所において認定されなければ、当該訴えは棄却される結果となるからである。

　第一の立場からは、この論点に関し以下のような指摘がなされている。法
律に従い、所有権を制限されながら管理していた対象物の価値が下落させら
れたことに対して、保護を提供する理論であるという点が、記念物保存にお
ける第三者保護にとって決定的に重要である。そのため、所有権の制限が明
白な形で存在し、かつ、所有物の価値が、周辺の建設案という外部的な要因
のために下落させられたことが明白である場合にのみ、原告適格は認められ
る。より具体的には、問題となった記念物について、①記念物所有者が保存
のための金銭的な投資を現実に行っており、同時に、②所有者が保存義務を
適切に果たしていて、記念物の保存に関して非協力的な行いをしていないた
めに価値が下がったのではない場合、つまり周辺の建設案でなく所有者の管
理不行き届きのために価値が下がったのではない場合にのみ、請求は認容さ
れる[93]。

　以上の要件を踏まえ、第一の立場は結論として、裁判例の提示した第三者
保護の実際上の意義はほとんど存在しないとしている[94]。

91　Daniel Pflüger, Inhalt und Grenzen des Abwehranspruch eines Denkmaleigentümers gegen Nachbar-
　　bauvorhaben, BauR 2011, 1597（1599f.）.

92　Pflüger, a. a. O.,（Fn. 91）, 1600.

93　Pflüger, a. a. O.,（Fn. 91）, 1603f. Vgl. Viebrock, Martin/Krautzberger, a. a. O.,（Fn. 44）, S. 547. この点、
　　所有者の投資と防御権との強い連関につき、Müller, a. a. O.,（Fn. 80）, 1544f.

94　Pflüger, a. a. O.,（Fn. 91）, 1605.

Ⅱ　規範体系全体による保護の肯定

　これに対し第二の立場は、基本法および州法から導き出される記念物保存法領域における防御権の意義を積極的に評価する。そしてこの見解においては、連邦行政裁判所の裁判例が、これまでの下級審判決の流れを根本的に変え州記念物保存法は第三者保護性を有しているという見解を主流なものとならしめた、と評価される[95]。

　この立場は、裁判例が提示した第三者の防御権がどの程度まで原告に与えられるかについては州法の規定によって定められるという点に着目する。そして、記念物所有者の保存義務と記念物周辺における許可制が州法に存在することによって、一方において、立法者が記念物所有者に保存義務を実行させ、他方において、立法者が記念物周辺の建設案を許可し記念物の価値を下げる状況が起こりうるならば、基本法14条１項および州記念物保存法によって課される義務を根拠として、同裁判例以降は、記念物保存法から防御権が与えられるようになったことを高く評価する。この立場において、第一の立場にいうような所有権による保護と州記念物保存法による保護との区別はなされていない[96]。

　また「記念物の価値に対する著しい侵害」の要件についても第二の立場は、防御権の具体的な内容は州法に基づくものとされる点を重視し、かつ、州法に記載のない事項を理由として原告適格の承認に消極的な判断を導き出す姿勢はとらないとの立場をとる。すなわち、①州記念物保存法の規定に着目すれば、法律上保護を受ける記念物について現実に金銭的な投資を受けているか否かによって扱いが異なってはいないこと、そして、②法律上保護を受ける記念物を有する者には等しく保存義務が課されており、かつ、保存義務は所有物の記念物としての価値が全く失われるということがない限り存在し続けること、が強調される。これらのことから、この立場は投資の有無にかかわらず記念物であれば保護されるべきであり[97]、保存義務を有している以上、

95　Gerhard Hornmann, Drittschüzende Wirkung des Denkmalschutzrechts, NVwZ 2011, 1235（1235）.

96　Hornmann, a. a. O.,（Fn. 95）, 1236.

97　Hornmann, a. a. O.,（Fn. 95）, 1238f. Vgl. Kallweit, a. a. O.,（Fn. 55）, S. 201ff.; Jörg Spennemann, Kein Anspruch auf Denkmalschutz?, BauR 2003, 1655（1655f.）; Huerkamp/Kühling, a. a. O.,（Fn. 80）, 24ff.; Schröer/Kullick, a. a. O.,（Fn. 80）, 224ff.; Raimund Körner, Denkmalschutz und Eigentumsschutz-Neues aus der Rechtsprechung, LKV 2013, 57（57ff.）.

当該記念物の所有者が保存に積極的でなくとも保護されるべきであるとして、法律に特に記載のない事項を理由として原告たる記念物所有者の保護される地位を狭め、訴えを認める基準を過度に高くするべきではないと主張する[98]。

　以上のことから、同裁判例は記念物保存法の第三者防御権に「歓迎すべき結果」をもたらし、この防御権が認められるための要求水準を釣り上げないように今後の判決を注視する必要があるとの結論が、第二の立場からは示されている。そして、①記念物所有者の保存義務、②記念物保存官庁の任務遂行に加え、③隣人としての記念物所有者の防御権も、記念物保存を推進する基軸（Standbein）に位置付けるべきであるとしている[99]。

Ⅲ　若干の指摘

　判決に対する学説の評価のうち、主要な二つの見解を紹介してきた。これらの見解の優劣を論ずることは、ドイツ法に係る比較法研究を主眼とする本章においては適切ではあるまい。しかしながら既に述べたように、連邦行政裁判所の立場、すなわち、州法に対する解釈権限の不在および上告審としての役割を考慮するならば、州記念物保存法の領域に係る連邦行政裁判所の解釈権限は限定されたものとならざるをえない。そのうえで、連邦法、特に基本法の解釈を通じた第三者保護の可能性を示し、かつ、州の行政裁判所に対して州法の解釈を基本権適合的に行うよう働きかけたことは、連邦裁判所として、最大限記念物保存法の領域における防御権に親和的な立場を示したものと評価できる。この点を踏まえるならば、連邦法の解釈と州記念物保存法の解釈とを分離することなく、連邦と州で形成される規範体系全体を踏まえて連邦行政裁判所が防御権を導いたことを評価する後者の見解に、筆者としては注目したい。

第2款　州裁判所の判決

　続いて、連邦行政裁判所の裁判例を踏まえた下級審裁判例の動向の分析を行う。もっとも、下級審においても連邦行政裁判所の上記判決の受け止め方

98　Hornmann, a. a. O., (Fn. 95), 1238f. Vgl. Kallweit, a. a. O., (Fn. 55), S. 201ff.

99　Hornmann, a. a. O., (Fn. 95), S. 1239.

160　第3章　司法管轄と法領域間関係

については、必ずしも統一されたものとは言い難い様相となっている。そこで以下においては、二つの判決を紹介することとする。一つは、州の立法としても、判決としても、記念物所有者の保護に対して特に消極的な態度を示した部類として、ノルトライン・ヴェストファーレン州の判決、そして今一つは、州法の文言上は記念物所有者の保護に親和的であり、かつ、判決において理論的に州法に基づく原告適格認容の可能性を指摘したものとしてヘッセン州の判決である。

I　州記念物保存法の再解釈の試み

州記念物保存法に基づく許可の取消しが求められた事件に関して、上記の連邦行政裁判所判決が下された以降は、裁判所において二段階の審査が行われるようになった。すなわち、①裁判所の所管する州の記念物保存法が、原告の利益を個別的に保護しているか否かを審査する。なお、その際には連邦行政裁判所判決の要請に基づいて、所有権保障を踏まえた解釈が要求される。そして、②州記念物保存法から第三者保護性が導かれないと判断された場合には、基本法14条1項を根拠とした最低限の保護の基準を適用し、原告適格の認否、そして請求の認否が審査される。

いくつかの裁判例においては[100]、①基本法14条1項に基づく原告適格が認められるものの、②州記念物保存法の解釈から原告適格は導かれないとされ、③「記念物の価値に対する著しい侵害」が認められないことから、訴えを棄却する判断がなされた。かつ、このような裁判例が主流のものであるとする学説の見解がある[101]。本款においては、先の裁判例における州記念物保存法の解釈に関する指摘（規範内効果）の影響という点から州法の保護規範性に係る判断に着目することとする。このような裁判例の一つであり、特に記念物所有者の保護に消極的なものとして、ノルトライン・ヴェストファーレン州上級行政裁判所2012年3月8日判決[102]を紹介する。

100　Vgl. z. B. OVG Rheinland-Pfalz, a. a. O., (Fn. **83**); OVG Lüneburg, Urt. v. 1. 6. 2010, 12 LB 31/07, juris.

101　Pflüger, a. a. O., (Fn. **91**), 1600f.; Jörg Spennemann, Drittschutz im Denkmalrecht: OVG Münster contra BVerwG?, BauR 2012, 1872（1872）.

102　OVG Nordrhein-Westfalen, Urt. v. 8. 3. 2012, 10 A 2037/11, juris.

1 判決に至るまでの経緯

記念物リストに登録されていた教会を原告が所有し、当該教会の南西に隣接する土地を参加人が所有していたところ、参加人が当該土地の家屋増築等の申請を被告の建築許可担当庁[103]に対し行い、被告がそれを許可した。そのため、原告が当該許可の取消しを求めたのが本件である[104]。ちなみに、ノルトライン・ヴェストファーレン州記念物保存法 9 条 1 項は、「下級記念物保存官庁の許可は、以下の行為を行おうとする者に要求される。……b) 建築記念物または土地に付属した記念物に隣接する周辺地において、建築……を行うこと……」と規定している（当時。現在の 9 条 2 項。以下同じ）。また記念物リストとは、記念物保存官庁の所有・管理下に置かれる、記念物の所在地等が記録された資料である。大半の州においてはこのリストへの登録の有無にかかわらず、文化的に価値を有する物は記念物として州記念物保存法の提供する保存制度が適用される[105]。しかしながらノルトライン・ヴェストファーレン州においては、リストへの登録がない限り記念物として法律の保護を受けられないという制度となっていた（当時の同法 3 条 1 項、現在の 5 条 1 項。以下同じ）[106]。

第一審[107]の判決は、連邦行政裁判所 2009 年 4 月 21 日判決の説示に従うならば、州記念物保存法 9 条 1 項は第三者保護性を有する、と判断し、州記念物保存法に基づいて原告適格を認め[108]、さらに、許可に基づく建築によって、教会の外見に著しい侵害が生ずると判断して請求を認容した[109]。これに対し、被告が控訴した[110]。

103　Vgl. Dimitrij Davydov, "Mit den anforderungen des Denkmalschutzes unvereinbar"? Die Konkretisierung des Schutzgegenstandes im denkmalrechtlichen Erlaubnisverfaren, NWVBl, 2012, 125（127）.

104　OVG Nordrhein-Westfalen, a. a. O.,（Fn. 102）, Rn. 1ff.

105　Deklaratorisch List と呼ばれる（Viebrock, a. a. O.,（Fn. 44）, S. 216ff.; Oebbecke, a. a. O.,（Fn. 55）, S. 323f.）。

106　Konstitutiv List と呼ばれる。

107　VG Köln, Urt. v. 20. 7. 2011, 4 K 3146‑10, juris.

108　VG Köln, a. a. O.,（Fn. 107）, Rn. 46ff.

109　VG Köln, a. a. O.,（Fn. 107）, Rn. 57ff.

110　これと並行して、取消しの訴えによる差止効果に関する決定がなされているが（行政裁判所法 80 条 5 項、80a 条 3 項）、割愛する。

162　第3章　司法管轄と法領域間関係

2　判　　決

　本判決は、原判決を破棄・変更し、訴えを棄却した[111]。その理由は次の通りである。

　⑴　ノルトライン・ヴェストファーレン州記念物保存法9条には、第三者保護性が認められない。第一に、許可の付与に係る規範（同法9条1項）および許可の付与の要件を定めた規範（同法9条2項。当時、現在の9条3項。以下同じ）の文言上、記念物所有者の利益に言及した箇所はない。すなわち同法9条1項は、周辺の行為の許可について記念物の周辺地で「建築、変更、除去」を行おうとする者は許可が必要であるとのみ定めている。そして、同法9条2項は、許可の要件として「記念物保存の動機と対立しない」こと、または「ほかに優先すべき公益が申請行為に存在する」ことを挙げる[112]。

　⑵　また、同法9条1項の趣旨および目的の解釈からも、記念物所有者の利益は個別的利益として導かれない。許可制度を置くことの趣旨は、記念物の外見を周辺の建築物から守ることである。そして、規範の目的は以下のように解される。すなわち、記念物を保存するため現実に保存活動を担うのは記念物所有者であることが多いものの、周辺との関係における記念物保存に関しては、法律に基づき記念物保存官庁が包括的な義務を有している。なぜなら、記念物が周辺の状況にその本質において影響を受ける場合においては、記念物およびその周辺を一体的に把握し、周辺の土地の所有権を制限することを通じて、記念物保存の公的任務を達成することが効果的であるためである。このような記念物保存官庁の包括的な義務の法的基盤を整備することに同法9条1項の目的が存在する。

　以上の点に照らすならば、周辺の建設案による記念物の外見への侵害に対して、記念物所有者が自らの固有の権利から許可の取消しを請求するという手段は法律上想定されていないと見るべきである[113]。

　⑶　このことは、保存対象たる記念物の特徴が、法律上、その物が維持利用されることを通じてもたらされる公益と専ら関係付けられている点からも確認することができる。すなわち、州記念物保存法において記念物が保存対

111　OVG Nordrhein-Westfalen, a. a. O.,（Fn. 102）, Tenor.

112　OVG Nordrhein-Westfalen, a. a. O.,（Fn. 102）, Rn. 42ff.

113　OVG Nordrhein-Westfalen, a. a. O.,（Fn. 102）, Rn. 47f.

象として認められるため（記念物リストに登録されるため）の要件は、その物
を維持・利用することにつき記念物としての公益が認められることである
（同法 2 条）。他方、対象物に関する所有者の私益は、精神的利益か経済的利
益であるかにかかわらず、記念物保存における対象物の記念物としての公益
性に影響しない[114]。

　(4)　記念物の保存手法からも記念物所有者が保護されていないことが導か
れる。ノルトライン・ヴェストファーレン州の記念物リストにおいては、記
念物保存官庁による登録を媒介として対象物が記念物として保存され、記念
物保存官庁による登録削除を経て保存が中止される（同法 3 条。当時、現在の
5 条 1 項および 3 項。以下同じ）。この登録削除の要件は、当該記念物を保存
することに公益が認められなくなったことである（同法 3 条 4 項。当時、現在
の 23 条 4 項）。以上のことからは、記念物として保存の対象となったからと
いって、記念物所有者の私益が記念物保存に関して考慮要素となることはな
く、登録削除に対しそれまでの記念物所有者の利益が影響をもたらすことも
ない[115]。

　(5)　記念物所有者の私益については、基本法 14 条 1 項を踏まえ州の制度全
体を検討することを通じても、これを個別的利益と見ることはできない。記
念物たる公益は、所有権の構成要素でもなければ、資産価値のある法的地位
でもない。記念物たる公益に内在する文化的な価値は対象から別々に切り出
して売却もできないため、基本法の財産権としてみなされない[116]。

　(6)　以上の点に照らし、州記念物保存法の許可に係る規範には、第三者た
る所有者を保護する要素はなく、これらの規範から原告適格を導き出すこと
はできない。

　そして、基本法 14 条 1 項からもたらされる最低限の保護の基準に照らして
も、記念物の価値に対する著しい侵害は存在しない[117]。

　以上の判示から本判決は、当該州の記念物保存法においては、許可制度の
形式的な文言のみならず、その内容および制度趣旨等に鑑みても、所有者の

114　OVG Nordrhein-Westfalen, a. a. O.,（Fn. **102**）, Rn. 49.

115　OVG Nordrhein-Westfalen, a. a. O.,（Fn. **102**）, Rn. 51ff.

116　OVG Nordrhein-Westfalen, a. a. O.,（Fn. **102**）, Rn. 54.

117　OVG Nordrhein-Westfalen, a. a. O.,（Fn. **102**）, Rn. 58ff.

164　第3章　司法管轄と法領域間関係

個別的利益が考慮されていると解することはできない、と判断した[118]。この
点については、判決の考え方に従って検証した場合、第三者たる記念物所有
者を保護していると解釈することができる州の記念物保存法の規定を探し出
すことは困難である、との学説の見解が示されている[119]。

II　州記念物保存法に基づく配慮要請

　他方、上述の判決に現れた判断とは対照的に、連邦行政裁判所判決の州法
への指摘を積極的に解し第三者たる記念物所有者について州記念物保存法を
根拠として原告適格を認める可能性を提示したヘッセン州上級行政裁判所
2010 年 3 月 9 日判決がある[120]。

1　判決に至るまでの経緯

　本判決に係る事案は以下の通りである。原告および参加人は互いに隣接す
る土地および建物の所有者であった。それぞれの土地には、20 世紀の終わり
に建てられた二階建ての平屋根連続建て住宅、加えて共有の防火壁などが存
在していた[121]。

　原告および参加人の所有する土地は記念物リストに登録されている建築物
群の側に位置しており、州の都市計画によれば、以前から建築物群の周辺と
して一体的に記念物保存法の保護を享受するものと考えられていた（本件は
事前に仮の差止請求がなされており[122]、その審理に際して提出された州の記念物保
護担当職員(当時のヘッセン州記念物保存法[123] 4 条 1 項。現行法の 5 条 1 項。以下
同じ) の意見書面にも同様の指摘がなされていた)[124]。なお、先述のノルトライ
ン・ヴェストファーレン州と異なり、ヘッセン州においては記念物リストの
登録の有無と法律の保護とは連動していない[125]。

118　なお、本判決においては上告不受理とされている（OVG Nordrhein-Westfalen, a. a. O.,(Fn. 102),
　　Rn. 101; BVerwG, Beschul. v. 14. 6. 2012, 4 B 22/12, juris（上告不受理の判断に対する抗告の棄却決
　　定))。

119　Vgl. Kallweit, a. a. O.,(Fn. 55), S. 180ff.

120　VGH Hessen, Urt. v. 9. 3. 2010, 3 A 160/10, juris.

121　VGH Hessen, a. a. O.,(Fn. 120), Rn. 2.

122　VG Frankfurt, Beschul. v. 15. 9. 2008, 8 L 2436/08. F, juris.

123　Hessisches Denkmalschutzgesetz vom 5. 9. 1986（GVBl. I 1986, S. 1269).

124　VG Frankfurt, a. a. O.,(Fn. 122), Rn. 4f.; VGH Hessen, a. a. O.,(Fn. 120), Rn. 4.

第 3 節　学説と州裁判所の反応　*165*

　2008 年 6 月 9 日、参加人は①自身の所有する連続建て住宅の半分および連続建てガレージの取壊しおよび②連続建て住宅の半分、ガレージ、さらにカーポートの新設等について申請をした。この申請に対し、同年 7 月 1 日、フランクフルト・アム・マイン市の下級記念物保存官庁はヘッセン州記念物保存法に基づく許可を与えた（当時の同法 16 条 1 項。現行法の 18 条 1 項。以下同じ）。その後、他の関係法令の許可も得て、翌月、被告（市の建築監督官庁）が最終的な取壊し許可等を発給した（以下、「本件許可」）。しかしながら、本件許可は本来、州記念物保存法の許可手続上、州記念物保護職員[126]の同意を得なくてはならないものとなっており（当時の同法 18 条 3 項 1 文。現行法の 20 条 5 項 1 文、以下同じ）、かつ、州の記念物保護職員が取壊し許可に対し同意を拒否すると被告に伝えていたにもかかわらず発給されたものであった。後に、同年 7 月 1 日の許可については州文化大臣の命令に従い、職権による取消しがなされている。この取消しについては、参加人が不服申立を行ったものの判決の当時においては審理中であった[127]。

　原告は、本件許可の取消しを求めて訴えを提起した。なお、審理中に住宅が取り壊されたことから、本件許可のうち取壊しの許可については違法確認への訴えの併合（行政裁判所法 113 条 1 項 4 文）が認められている[128]。第一審判決は連邦行政裁判所 2009 年 4 月 21 日判決を引用したうえで、州記念物保存法において記念物所有者の負担および許可制が定められていることから、基本法 14 条 1 項の限度において原告適格を認め、さらに著しい侵害も肯定した[129]。被告が控訴した。

2　判　　決

　本判決は、第一審の判決を取り消し、本件許可のうち取壊しの許可についてはその違法を確認し、その余の請求を棄却した[130]。その理由は大要次のよ

125　DSchG HE, i. d. F. v. 5. 9. 1986, § 9 Abs. 1 Satz. 2; DSchG HE, i. d. F. v. 28. 11. 2016, § 11 Abs. 1 Satz. 4.

126　ヘッセンでは記念物専門職員（Denkmalfachbehörde）と呼ばれる（Vgl. DSchG HE i. d. F. v. 28. 11. 2016, § 5 Abs. 1）が、保護（Pflege）を主な任務とする職員のことを指す。参照、前掲注 3）。

127　VGH Hessen, a. a. O.,（Fn. 120）, Rn. 6ff.

128　VGH Hessen, a. a. O.,（Fn. 120）, Rn. 49ff.

129　VG Frankfurt, Urt. v. 25. 8. 2009, 8 K 2609/08. F（V）, juris, Rn. 43ff.

130　VGH Hessen, a. a. O.,（Fn. 120）, Tenor.

うなものである。

　(1)　原告および参加人の有する連続建て住宅は、記念物の集合（州記念物保存法 2 条 2 項 1 号。現行法の 2 条 3 項。以下同じ）として保存されるべきものであること、そして、同法 18 条 3 項 1 文の同意がなく、同項 2 文（現行法の20 条 5 項 2 文。以下同じ）に基づく上級記念物保存官庁の決定も経ていないことから、手続上本件許可のうち取壊しの許可は違法である。かつ、同法 16 条 3 項 2 文（現行法の 18 条 3 項 2 文。以下同じ）は、記念物の歴史的価値を有する外観が取るに足らない程度であるか、または一時的にしか侵害されない場合において、許可が行われるとして規定しているが、本件はこの場合に当たらない。取壊しの許可により、連続建て住宅の最重要部分は取返しのつかないレベルに侵害され除去される。かつ、その歴史的に価値ある外見が著しく侵害される。以上のことから、取壊しの許可は実質的にも違法である[131]。

　(2)　取壊しを原因として記念物の外見にあまりにも重大な侵害が生ずるならば、その後新築等された建築物も、それまでの建築物の集合体の外見を著しく侵害する可能性がある[132]。

　(3)　連邦行政裁判所の裁判例によれば、記念物保存法上の措置により、記念物の価値に対する著しい侵害を生ぜしめる可能性が存在する場合において、隣人である当該記念物の所有者は防御権を有する。この説示を踏まえるならば、今後ヘッセン州記念物保存法において、記念物保存法上の配慮要請が導かれる[133]。

　(4)　この記念物保存法上の配慮要請とは、保存義務等、法律に従って課される記念物所有者の負担を調整する趣旨のものであり、客観法上の地位として認められるものである。州法のレベルにつき、この要請はヘッセン州記念物保存法 7 条 1 項 2 文（現行法の 9 条 1 項 2 文。以下同じ）から導かれる。同条に従うならば、「記念物保存官庁は、あらゆる決定に際して」、記念物所有者の「正当な利益を考慮しなければならない」。

　かつ、同法 16 条 2 項（現行法の 18 条 2 項。以下同じ）も上記配慮要請の根

131　VGH Hessen, a. a. O., (Fn. 120), Rn. 54ff.

132　VGH Hessen, a. a. O., (Fn. 120), Rn. 60.

133　VGH Hessen, a. a. O., (Fn. 120), Rn. 61.

拠となる。同条によれば、記念物の周辺において建設等を行おうとする者は、その行為が記念物の「存在または外見に影響を及ぼしうる」場合、許可を申請しなければならない[134]。

(5) 以上の規範から生ずる客観法的な配慮要請から主観的な防御請求が導かれるための重要な要件は、記念物の価値に対する著しい侵害である[135]。これについては建設法における配慮要請とのパラレルな関係が存在する。すなわち、州記念物保存法において、記念物の隣の建設案が、建設法の場合と同様に明白で耐え難い侵害を引き起こすか否かが問題となる。しかしながら、本件においてはそのような侵害は見受けられない[136・137]。

3 州記念物保存法に基づく配慮要請の意義

本判決の特徴は、連邦行政裁判所が示した周辺との関係における記念物所有者の所有権保護の必要性に関する判断を足掛かりとして、州記念物保存法自体に原告の利害を調整する機能を見出したことにある[138]。かつ、本判決については、連邦行政裁判所判決から要請された州法の解釈を行い、これに基づいて州記念物保存法の規定が第三者保護性を有するとした唯一の判断であると評する見解も存在する[139]。

記念物保存法における配慮要請の根拠となる州記念物保存法の規範として判決は、記念物保存官庁の任務一般に関する原則（同法7条1項2文）、および周辺の建築等に対する許可に関する規範（同法16条2項）を挙げている。

上記の規範のうち、同法16条2項は、他の州記念物保存法と大きく異なるところはない。他方、同法7条1項2文に類似する条文を有する州記念物保存法は少なく[140]、この条文が本判決において特に重要な意義を有していた、

---

134 VGH Hessen, a. a. O.,(Fn. 120), Rn. 61.

135 VGH Hessen, a. a. O.,(Fn. 120), Rn. 62f.

136 VGH Hessen, a. a. O.,(Fn. 120), Rn. 66.

137 なお、本判決においては、上告不受理の決定がされている（VGH Hessen, a. a. O.,(Fn. 120), Rn. 73, BVerwG, Beschul. v. 16. 11. 2010, 4 B 28/10, juris（上告不受理決定に対する抗告の棄却決定））。

138 Körner, a. a. O.,(Fn. 97), 57 (59); Schrüer/Kullick, a. a. O.,(Fn. 80), 225.

139 Spennemann, a. a. O.,(Fn. 101), 1876f.

140 Vgl. DSchG SH（Gesetz zum Schutz der Denkmale vom 30. 12. 2014（GVOBl. 2015, S. 2））§ 11; DSchG TH（Thüringer Gesetz zur Pflege und zum Schutz der Kulturdenkmale vom 14. 4. 2004（GVBl. 2004, S. 465））§ 12 Abs. 1.

と見る見解もある[141]。この点につき、例えば、バイエルン州上級行政裁判所2013年1月24日判決[142]は、次のような判断を示している。すなわち、①バイエルン州記念物保存法にはヘッセン州記念物保存法16条2項に対応する規範は存在するものの、この規範は記念物所有者の利益には言及していない規範である。②そのため、ヘッセン州記念物保存法7条1項2文にいう、あらゆる決定において記念物保存官庁が記念物所有者の正当な利益に配慮するという規範またはそれに類似する規範を有していないバイエルン州記念物保存法からは、ヘッセン州法のような配慮要請を導くことはできず、基本法における最低限の保護の範囲においてでしか、原告を救済する可能性は存在しない[143]。

　それでは、ヘッセン州記念物保存法7条1項2文はいかなる趣旨の条文と解すべきであろうか。第三者たる記念物所有者の利益が配慮されるべきことの根拠規定と解釈することは可能であろうか。

　第一に、条文の文言は「記念物保存官庁は、あらゆる決定に際して文化記念物の所有者または占有者の正当な利益を考慮しなくてはならない」となっている。条文中の「所有者」という文言からすれば、周辺の許可に対する第三者たる記念物所有者とそうでない所有者（自らが許可を申請し、許可の名宛人となっている所有者等）とは区別されていない。そして、条文中の「あらゆる決定」の文言には記念物保存官庁の許可行為が含まれており、同法16条2項の周辺行為に対する許可もこれに含まれていると解されている[144]。

　第二に、他方において、立法資料によれば以下の背景を読み取ることができる。すなわち、法律制定時、多くの記念物は私的所有権の下にあり、それらを所有者の意向によって自由に滅失させられる状況にあったことが政府において問題視されていた[145]。この状況下において効果的な記念物保存を実現するためには、法律によって所有者の所有権を制限し、「所有者の侵害行為から」記念物を守らなければならないとの認識が形成されていた。「この趣旨に

141　Spennemann, a. a. O.,（Fn. 101）, 1876.

142　VGH Bayern, Urt. v. 24. 1. 2013, 2 BV 11. 1631, BauR 2013, 940（940ff.）.

143　VGH Bayern, a. a. O.,（Fn. 142）, 941.

144　Davydov, Viebrock, a. a. O.,（Fn. 52）, S. 167.

145　Hessischer Landtag, Drs. 7/3958 vom 7. 9. 1973, S. 1.

おいて、記念物保存という公的任務は第三者の侵害行為から記念物所有者を守るものではない」[146]。

　第三に、同法7条1項2文の趣旨については、同法に基づく決定に係る裁量判断を行う際に行政庁の恣意的な判断を阻止することにあったと考えられている。すなわち、記念物に危険が迫っていて、その危険をなんらかの措置を用いて防御するに際しての、行政庁が記念物所有者の所有権を制限することの可否およびその強度に関する判断が問題とされていた[147]。したがって同法7条の趣旨において想定されているのは、所有者の利益と記念物保存の公益とが対立している状態と思われる。

　以上からすれば、文言のみによって、同法7条1項2文が第三者たる記念物所有者の利益を保護する規範であるとするのは早計にすぎよう。しかしながら、第三者保護性に疑義を差し挟む余地のある規範であるからこそ、連邦行政裁判所判決の指摘した所有権保障の観点がこのヘッセン州上級行政裁判所判決において大きな意義を有していたと解することも可能である。記念物保存法における配慮要請は、基本法が州記念物保存法にもたらした第三者保護手法である。その限りにおいて、ヘッセン州上級行政裁判所が、配慮要請に基づき原告適格を認める基準として基本法による保護と同様の「記念物の価値に対する著しい侵害」を挙げたことは理解できる。なお判決においては、著しい侵害について建設法上の配慮要請との関連に指摘が及んだが、当該指摘が著しい侵害の要件にいかなる影響をもたらしたのかは判決自体からは明らかでなく、また、学説においても特に注目されていない。

　記念物保存法における配慮要請が現れた判決は未だヘッセン上級裁判所判決以外に存在していない。このため、記念物保存に関する一般原則規範と所有権との協働の議論は下級審の裁判例において活発に議論される状況とはなっていない。ただし、ドイツの学説のなかにも、下級審判決においてこの理論がいかに展開されていくか[148]について引き続き注視する必要があることを指摘するものがある[149]。

146　Hessischer Landtag, a. a. O., (Fn. 145), S. 10f.
147　Davydov, Viebrock, a. a. O., (Fn. 52), S. 167ff.

第3款 小 括

　本節においては、前節で紹介した連邦行政裁判所判決を受けて、その後の学説や州裁判所が連邦行政裁判所判決のメッセージをいかに受け止めたのか、関連する議論および判決に基づく検討を行った。

　学説については、特に注目されるものが二つの異なる傾向を示していたことが指摘できる。一つには、連邦行政裁判所判決があくまで所有権の過度な制限に対する防御権を指摘したものであるとの見解を示し、記念物保存の分野における原告適格拡大に対する貢献はそれほど大きくないとするもの、そしても一つには、基本法と州記念物保存法の体系的理解に基づく原告適格拡大の可能性を積極的に肯定するものである。以上からすれば、原告適格論における連邦行政裁判所判決の貢献の多寡については評価が定まらない。

　しかしながら、以降の州裁判所の判決において、少なくとも、基本法の趣旨を踏まえた州記念物保存法の解釈を行うことと、基本法が提供する最低限の保護基準に基づく審査を行うこととが要請されるようになったという、判断枠組みの拡充については少なくとも意義深いものと評価できるように思われる。

　そのうえで州裁判所では現在、州記念物保存法からは第三者保護の可能性を見出せず基本法の保護基準でも救済されないとする判決がある一方で、州記念物保存法から配慮要請を導いて原告適格を認める可能性を指摘した判決が登場している。連邦行政裁判所判決が指摘した、基本法を頂点とした規範

148　本章の初執筆時（2017年）以降の下級審判決について補足する。まず、多くの判決では、規範外効果としての憲法を根拠とした最低限の保護基準を、連邦行政裁判所判決に従って認めたうえで、原告適格は認められないと結論付けている。最大の要因は、「著しい侵害」が認定されないことにある。今や第三者の原告適格の問題は著しい侵害の問題に収斂しているといえる（Vgl. Kallweit, a. a. O.,（Fn. **4**）S. 236ff.; Thomas Schröer/Dennis Kümmel, Aktuelles zum öffentlichen Baurecht, NVwZ 2024, 315ff.（319））。州記念物保存法を解釈した結果生ずる保護基準（規範内効果）については、ヘッセン州において、州記念物保存法に基づく配慮要請の存在が引き続き確認されている（VGH Hessen, Beschul. v. 10. 2. 2020, 3 B 750/19, juris）。しかしながら、ヘッセン以外の州では、憲法適合的解釈の結果、州記念物保存法からは独自の保護基準を導けないとする判決、あるいは憲法適合的解釈の結果、州記念物保存法から第三者の防御権を導くことができるとは述べるものの、その実質は憲法の提供する最低限の保護と内容を一にするとする（「基本法上提供された第三者保護よりも広い保護をもたらさない」など、OVG Hamburg, Urt. v. 12. 2. 2019, 3 Bf 116/15, juris）判決しか確認されていない。

149　Viebrock, a. a. O.,（Fn. 44）, S. 548.

体系が意識された州法の解釈というものがいかなるものであるかという点につき、少なくともその一例が提示されたといえる。

第4節　小　　括

　本章においてはドイツ記念物保存法領域における原告適格論に大きな影響をもたらした裁判例を分析し、基本法を頂点とする規範体系を意識した原告適格拡大の論理、そして連邦と州との権限配分にのっとった裁判理論の存在を認識するに至った。以下、本章の成果について敷衍する。

　まず、ドイツにおける原告適格の判断基準である保護規範説、そして連邦が基本の権限主体である都市計画の分野における隣人への配慮要請、および基本法による権利救済について確認した。そして、州を権限主体とする記念物保存法領域の中心的法制度である州記念物保存法の仕組み、所有権に係る特徴についても整理を行った。

　以上のような法領域を構成する連邦法・州法から形成される規範体系が、司法の場においても重要であることは本章の研究から明らかである。本章で紹介した複数の裁判例においても、連邦制の下での司法管轄を前提として、第三者の原告適格の拡張を図るための法解釈論が展開されていることがわかる。本章において紹介した連邦行政裁判所の判決は、連邦制の下で与えられた権限の範囲内において、規範的に困難と解されていた第三者たる記念物所有者の原告適格につき、州法の保護の不備を補う形で、最大限、連邦法を解釈し原告適格を拡張する手法を示したほか、基本法が州法の解釈に与える影響を通じて原告適格が拡張される可能性を探ることを、州裁判所に求める解釈手法を示した。

　上記の連邦行政裁判所判決に対して学説は、個別の法律ごとの検討を重視する見解、および規範体系全体に基づく検討を評価する見解と示している。そして後者の見解は、基本法および州法が相互に影響した結果としての、第三者たる私人の防御権成立可能性を肯定的に受け止めたものと評することができ、本章との関係において注目に値する。

　すなわち、前者の見解は記念物周辺における建設許可の根拠規範たる州記念物保存法によっては第三者保護が認められないことを論拠として、連邦行

政裁判所判決において基本法に依拠した保護が認められたことにつき、その影響力を限定的に捉えようとする。これに対し、後者の見解は連邦行政裁判所判決が、基本法および州法という記念物保存法領域の規範体系を意識したうえで、主観的権利の成立の可能性を積極的に探究しようとしている。連邦制の下での立法管轄およびそれに対応した司法管轄を踏まえるならば、連邦行政裁判所が、基本法および連邦法を検討し、州法の解釈について州にメッセージを投げるにとどまったこと、しかしながらそのなかで、州の裁判所に対して、原告適格の可能性を見出すための解釈作業を求めたことは妥当といえよう。

　そして、その後の州裁判所の判決のなかでもヘッセン州上級行政裁判所判決は、憲法適合的解釈に基づいて州記念物保存法において配慮要請が存在するものとし、かつ、隣人である記念物所有者を保護する可能性があることを認める判断を示した。

　既に見たように、州記念物保存法の規範の多くはそれのみでは第三者保護を読み取ることが困難なものであった。ただし、それ故にこそ、連邦行政裁判所および州行政裁判所は、それぞれの立場から、記念物所有者の原告適格について拡張的な解釈の可能性を真摯に探ってきたことを、本章の分析において確認できたように思われる。

　わが国の行政事件訴訟法は、2004年に改正されて9条2項の創設により原告適格拡大の機運が訪れたものの、引き続き原告適格の認定については頭を悩ませている。改正から10年以上が経過し改正法の施行状況の検証等も行われている。そのなかにおいては、改正法によっても原告適格が認められない事案についての詳細な分析もなされた。

　学説では、原告適格論と憲法規定との関係についての研究が継続されている。例えば、行政事件訴訟法9条2項の「利益の内容及び性質」の要件につき、憲法適合的解釈を用いて保護利益を拡張的に解することの可否に係る議論が展開され、利益の内容および性質の要件につき、これに基本権保護の趣旨を積極的に読み込むことにより、いかなる利益の救済につながるのか、あるいは、生命・身体の安全等に係る利益に比して原告適格を基礎付けにくいとされる財産権に係る利益について、基本権適合的に根拠法規を解釈することで救済に結び付く利益であると解する余地が存在するのか、といった課題

第 4 節　小　　括　　*173*

が取り組まれている[150・151]。

　本章は、ドイツの原告適格論について記念物保存法という限られた領域に着目して検討したものにすぎない。しかしながら、本章の分析を通して、連邦制に基づく規範体系、そしてそこから生ずる法領域間関係を強く意識した検討が、第三者の原告適格を拡張する可能性をもたらしうることを確認するに至った。その限度において本章は、上記の日本の学説と問題意識をともにするものと位置付けることができるものと思われる。

150　神橋一彦「原告適格論と憲法の視点」立教法学 82 号（2011 年）229 頁以下（249 頁以下）、同「原告適格論における憲法論の可能性―さらなる「問題の掘り起し」という観点から」法学教室 383 号（2012 年）88 頁以下、同・前掲注 10）172 頁以下。また、行訴法のいう権利利益と憲法適合的解釈との関連の指摘について、中川丈久「取消訴訟の原告適格について―憲法訴訟論とともに（2）」法学教室 380 号（2012 年）97 頁（103 頁以下）、小川亮「司法が個人の痛みを認めないとき―憲法と取消訴訟の原告適格論」法学教室 522 号（2024 年）12 頁以下（13 頁以下）。

151　ほかにもわが国においては行政裁量の憲法による統制という観点から、憲法規定が論じられ、例えば、憲法適合的解釈による権利救済、行政統制の強化の可能性について議論が行われている（原島啓之「ドイツ連邦行政裁判所の「憲法判断」の考察―行政法の解釈・適用における憲法の機能（一）（二・完）」阪大法学 64 巻 5 号（2015 年）289 頁以下、同巻 6 号（2015 年）259 頁以下、宍戸常寿「合憲・違憲の裁判の方法」戸松秀典 = 野坂泰司編『憲法訴訟の現状分析』（有斐閣、2012 年）64 頁以下等。また、裁量統制と基本権との関連についての指摘として、山本隆司「日本における裁量論の変容」判例時報 1933 号（2006 年）11 頁（13 頁以下）、渡辺康行「合憲判断の方法―合憲限定解釈と憲法適合的解釈」法学新報 127 巻 7 = 8 号（2021 年）573 頁以下（588 頁以下、594 頁））。また、特に人権規定と行政裁量との関係について、堀口悟郎「行政裁量と人権―君が代懲戒処分事件判決における人権論の領分」法学研究 91 巻 1 号（2018 年）479 頁以下。

第**4**章　法領域間での利害調整過程の分析
——環境保護と記念物保存

第1節　はじめに

　本章では、検討対象を記念物保存法領域と環境法領域間の関係性に変えて、特に司法上の利害調整の問題の様相と、その解決のための試みを中心に取り上げることとする。

Ⅰ　問題意識、研究課題

　ドイツ記念物保存法領域とドイツ都市計画法領域について、立法・行政・司法の場面にて互いの存在を意識した法体系が組まれていたことが、前章までの研究で明らかになった。このことは、ドイツが連邦制に基づく法体系と他の法領域との関連を意識して個別行政法を論じていることをよく理解させてくれるが、しかしながら、当然ドイツのあらゆる法領域の議論が同程度に進んでいるわけではない。本章では前章までと異なり、法領域間の関係性の構築に今まさに取り組んでいる場面を取り上げたい。特に、時代が進み社会状況が変わることによって、守るべき法的価値や保護法益、そして、必要な法規範が変化することはありうるため、法領域間関係についても、それまでの関係性の認識とは異なる状況が生じうる。そうした"変化"によって、法領域間にあっていかなる問題が生じ、そしてドイツがどのように対応しようとしているのか、ということを本章では検証することを目標とする。具体的には、近年ますます重要な利害と考えられている環境保護に係る利害と、記念物保存に係る利害とがそれぞれいかに評価されているかという問題について裁判判決の展開を分析し、そして、環境の一部として捉えられることもある一方で、環境保護の敵とされることも少なくない記念物保存法がいかに環境利害と適切な付き合いを行うべきかについて、州と連邦双方が互いの権限内で法改正を行い対応した過程と、対応の影響を分析する。

異なる法領域間関係を示すことの本書での貢献は、まず単純に、法領域間関係の思考が記念物保存と都市計画に特有でないことを確認し、今後の研究の幅を広げる意味が考えられよう。次に、特に記念物保存と環境保護というこのテーマに関連して、前章までと異なり互いを意識した法体系が組まれているわけではない状況において、問題の認識とその対策の過程を分析することは、日本において他の個別行政法分野への配慮を踏まえた法制度の研究を行うにあたり、参考に値する事例を提供してくれるのではないかと考えられる。

Ⅱ　本章の構成

　次節から、近年司法の場で頻繁に登場する、気候変動防止措置を要因とした環境保護利害、とりわけ気候変動防止利害と記念物保存の利害との衝突事例を、ドイツがいかに解決しようとしているのかその動向を探る。

　司法の場で記念物保存と環境保護との二つの利害の衡量判断に困難が生じ、結果としてドイツ行政法上で学説の注目を集める課題となってしまっていることの背景の一つとして、規範体系上での調整規定の不存在が挙げられる。以降ではまずそのことを確認しつつ、司法の場における気候変動防止利害と記念物保存の利害の衡量判断が求められる事例を時系列的に紹介し、問題の様相を明らかにする（第2節）。

　続いて、司法上の困難を含めた気候変動防止と記念物保存との対立を解消するために、州および連邦が行っている立法活動の過程、法が制定されたことの影響について分析する。気候変動防止は多分に政治的な圧力も影響する分野であり、連邦法上の試みなどはまさにその圧力が強く出たものとなったが、それでもなお、立法において重要なのは、それぞれの法領域の特徴に適合した形での法制化と、連邦制を侵害する可能性を排除し、基本的かつ重要な国家体制を堅守しなければならないという要請であることが、本章でも改めて認識される（第3節）。

第2節　裁判所による利害調整手法

第1款　前提の確認と問題状況の整理

I　環境法領域と記念物保存法領域の規範体系

　ここでは以降の議論の前提となる、環境法領域と記念物保存法領域の規範体系について確認しておきたい。とはいっても、記念物保存法領域の権限管轄および中心法については、既に第2章において紹介している。そのため本節で整理するべきは、環境法領域の規範体系ということになる。

1　環境保護という任務と関連法

　環境法（Umweltrecht）と述べた際には、非常に多岐に渡った法規がその範囲に含まれる点が特徴であり、そのため、論者によっては取り上げる法律が若干異なる場合も存在する。これは環境（Umwelt）という概念それ自体が、生命の存する外部環境の総体[1]であるとされ、あまりにも広い意味を有することから導かれる当然の帰結ともいえる。

　しかしながら、前記の状況にあってなお、そのような多種多様な法律群が「環境」の名の下に統一的に説明されうるのは、環境保護という任務および当該任務によって保護される価値の一定性[2]、そして、環境保護任務が公法上規律されるための共通の根拠である基本法 20a 条「自然的生存基盤の保護」の存在による。

　環境保護の公的任務は、現在および将来に生きる人々が今後健康に生きていくために必要な環境を確保する目的において、大要、過去より生じている環境に対する損害の除去、現在の環境への負荷の軽減、そして将来生ずる恐れのある環境に対する危険の回避を活動内容とする。

　環境法領域に含まれる法律は、特定の環境保護任務の達成を目的とする法

1　Schlacke, Umweltrecht, 8. Auf., 2021, §1 Rn. 1.

2　Vgl. Schmidt-Aßmann, Das allgemeine Verwaltungsrecht als Ordnungsidee, 2. Auf., 2006, S. 113ff.; Seller, Der systematische Ertrag einer Kodifikation für das allgemeine Verwaltungsrecht am Beispiel des Umweltgesetzbuches, in Trute-Gross-Röhl-Mölles（Hrsg.）, Allgemeines Verwaltungsrecht zur Tragfähigkeit eines Konzepts, 2008, S. 191ff.（192f.）u. s. w.

律（イミシオン[3]の回避、土壌保護、水質保全など）が基本であるが、民法典などの一般的な制度のほか、間接的に影響する法として、都市計画法領域の計画法や、エネルギー経済に係る法も対象として挙げられる[4]。ただこれらの法律は、（特に個々の環境保護任務のための法律について）上位―下位などといった体系的に構成されているわけではなく、それぞれ同位に、独立して存在している。

2 権限管轄と立法状況

基本法20a条を根拠とする環境保護のための法律は、基本法74条1項にいう競合立法管轄の対象と考えられている（24号「廃棄物管理、大気汚染防止、騒音の軽減」、29号「自然保護、景観保護」）ため、連邦の立法がない限りは州が立法権限を行使できる（同法72条1項）。行政管轄は基本法83条の原則に基づく。

しかしながら、環境法領域の各環境保護任務に資する法律を概観すると、多くの任務について連邦法が制定され、規律の中心的役割を担っていることがわかる。本章で論ずるのは気候変動防止法（Klimaschutzrecht）であるため、以下気候変動防止法の法規範を整理する。

気候変動防止法の分野にいうところの気候変動防止とは、まさに"地球"温暖化への対策ということであるからして、国際的な規律、とりわけEUの規律に影響を受け、国内の法規が形成されている。この分野では、最近まで、自然保護やイミシオン防止といった分野と異なり中心となる規律が存在しなかったが、2019年12月に連邦気候変動防止法（Bundes-Klimaschutzgesetz, KSG[5]）が誕生し、これが一般的・総論的事項を定め中心的役割を果たす法となった。連邦気候変動防止法は、気候変動防止に係る国およびヨーロッパの目標を達成するために連邦に気候変動防止のための計画の策定を義務付け、さらに目標への到達度などを含めた報告書の提出を定期的に行うことを求めている。

---

3 イミシオン（Immission）は、一般的に公害（排ガス、ばい煙、臭気、熱、騒音、振動、光害、電波等）が隣地や土地の財産にもたらす影響のことを意味する。連邦イミシオン防止法3条2項によれば、人や動植物、土壌、水、大気、気候、文化などの資産に対して作用する性質を持つ、大気汚染、騒音、振動、光、熱、放射線などが、環境にもたらす影響のことを指すとされる。

4 Schlacke, a. a. O., (Fn. 1), §2 Rn. 1ff.

5 Bundes-Klimaschutzgesetz vom 12. Dezember 2019（BGBl. I S. 2513）.

他方、具体的な規制権限の設定に係る規範や組織規範については気候変動防止に係る個別法に委ねている。

なお、連邦気候変動防止法が制定される以前から多くの州においては、気候変動防止法（Landesklimaschutzgesetz）が存在したが、連邦気候変動防止法制定以降は本法に調和する限りで存続が認められている（KSG 14 条）。

連邦気候変動防止法のいう個別法とは、大きくエミシオン[6]関係の法と再生可能エネルギー利用を推進するための法とエネルギー利用の効率化に係る法とに分けられ、両者ともやはり連邦法が基本的な規律となっている（前者として温室効果ガス-エミシオン管理法（Treibhausgas-Emissionshandelsgesetz, TEHG[7]）など、後者として再生可能エネルギー法（Erneuerbare-Energien-Gesetz, EEG[8]）、建築物エネルギー法（Gebäudeenergiegesetz, GEG[9]）などが挙げられる）。

3 記念物保存との関係

以上の環境法領域、とりわけ気候変動防止法の法体系と記念物保存法領域との関連性は、条文上からはほとんど表れてこない。環境の定義が前記の通り生命の存する外部環境の総体であるとすれば、そこには人の営む様々な社会環境――文化的な環境、歴史的建造物を含む都市環境など――を潜在的には含んでいるはずで、両法領域の間には何かしらのつながりが存在しても不自然ではないのだが、明確に記念物保存への言及をうかがわせる規定は見られない。例外的に、建築物エネルギー法の規律を記念物に対して免除するための規定が存在するのみである[10]。この点、2022 年に改正された再生可能エネルギー法 2 条 2 文が、記念物保存分野に影響をもたらすものか否か、そしてどの程度影響をもたらすのか、が現在ドイツで議論されており、したがっ

---

6 エミシオン（Emission）はイミシオンとの区別がそこまで明確ではない。連邦イミシオン防止法 3 条 3 項によれば、特に何等かの施設から排出され、大気等に影響をもたらすものを指す。

7 Treibhausgas-Emissionshandelsgesetz vom 21. Juli 2011（BGBl. I S. 1475）.

8 Erneuerbare-Energien-Gesetz vom 21. Juli 2014（BGBl. I S. 1066）.

9 Gebäudeenergiegesetz vom 8. August 2020（BGBl. I S. 1728）.

10 この法律は、建築物のエネルギー消費効率化の要請に関して包括的な規律を行っている。本法においては新築の建築物に対して消費エネルギーを効率化させなければならないこと、既存建築物を改修する際に気候変動防止の観点から一定の水準を満たすことが要求されているが、記念物に関しては、本法の措置が記念物の価値を損なうことになる場合は、その措置を免除することができると定められている（105 条）。

てこの条文の解釈が記念物保存との関係で問題となるのであるが、このことについては本章第3節にて詳述する。

　両法領域間の関係性について立法上配慮がほとんどないことが、以下に紹介するような司法上での混乱ともいえる状況を生み出しているものと思われるのである。

Ⅱ　問題状況の整理

　以上を踏まえたうえで、司法における気候変動防止利害と記念物保存利害との調整に係る状況を整理する。この問題が多く登場する事例は大きく①記念物に太陽光パネルを設置するための申請を争った事例と、②風力発電施設を記念物の周辺に建設するための許可申請を争った事例とに分けられる。本款では①の事例を参考に、司法判断の不安定性について検討を行う。

　①の事例に係る法的状況は以下の通りである。州記念物保存法の法的保護対象となる記念物に変更を加える場合、また、記念物の周辺において建築物を建設あるいは建築物の外観や用途の変更を行う場合において、当該行為を行う者は、管轄区域の記念物保存官庁に許可を得なければならないことが定められている。許可付与に係る裁量決定に際しては、当該行為が、記念物の価値、外見を侵害し、記念物保存の目的に反する結果を招くか否か、そして、記念物保存の公益に勝る他の公益が当該行為に存在するか否かを検討しなければならない[11]。

　したがって、記念物所有者が自らの所有する建築物の屋根等に太陽光パネルを設置するためには、州記念物保存法に基づき、記念物保存官庁に対して記念物の形態の変更許可を申請しなくてはならない。変更許可の審査では、太陽光パネルの設置がもたらす記念物への影響の程度、そして太陽光パネルの設置に係る公益——気候変動防止の公益——が記念物保存の公益に勝るか否かが問題とされる。この判断は訴訟においても行われ、裁判所において気候変動防止利害と記念物保存利害どちらが優先されるのか、が判断されることとなる。

　建築物に対する変更であるから、建設法典と州建築規制法の規制も問題に

11　詳細は、第2章第2節第2款参照。

180　第4章　法領域間での利害調整過程の分析——環境保護と記念物保存

なるが、第2章で触れた通り、建築物のエネルギー消費効率を高めることが求められており、具体策として気候変動対策に対しては、通常要する許可手続等が免除されるケースが多い[12]ため、州記念物保存法上の判断が相対的に重要となる。

Ⅲ　裁判における評価の不安定性

　以降本款では、同時期に相次いで登場し、学説の議論を呼んだ二つの裁判判決を紹介し、司法の場において行われた利害調整の手法について検討を行う。

1　ラインラント・プファルツ州上級行政裁判所 2011 年 8 月 16 日決定——基本法 20a 条の抽象性

　はじめに紹介するのは、ラインラント・プファルツ州上級行政裁判所 2011 年 8 月 16 日決定[13]である。本件の事案は以下の通りである。原告が、所有する施設の屋根に太陽光パネルを設置する許可を申請したところ、被告行政庁が許可付与を拒否する決定を下した。原告の所有する施設は、それ自体が記念物として登録されており、かつ、付近の環境と併せて全体でも記念物として登録されていた（ラインラント・プファルツ州記念物保存法上では記念物ゾーンとされる（第3章第2節第2款参照））。被告の決定に対し原告が許可を求めて訴訟を提起した[14]。

　第一審[15]では、申請に係る行為により、個別の記念物として、および、記念物ゾーンの構成要素としての、原告所有の建築物が有する記念物としての価値が著しく侵害されること、そして、記念物保存の利害に勝る利害が今回の太陽光パネルの設置行為に備わっていないことを理由として、拒否決定を下した被告の判断に誤りはないとした。これに対し原告が控訴申請を行った。

12　州建設規制法には連邦によるモデル法（Musterbauordnung vom 23. September, 2022）が存在するが、そのなかに屋根や外壁への太陽光パネルの設置のほか再生可能エネルギーに関する施設の設置に関して、本来必要な手続を免除することを定める条文があり（§61 Abs. 1 Nr. 3 (a)）、各州もこれに倣っているものと思われる。

13　OVG Rheiland-Pfalz, Beschul. v. 16. 8. 2011, 8 A 10590/11, juris.

14　おそらく、被告の決定の取消しと、許可の義務付けを求めているが、前審が判例集未登載であるため、詳細は不明である。

15　VG Mainz, Urt. v. 1. 4. 2011, 6 K 1563/10. MZ（判例集未登載）.

本決定はその控訴申請に対する判断である。

本決定においては、記念物保存の利害と再生可能エネルギー利用の利害との比較衡量が行われているが、基本法に基づいて、各利害の評価を行っている点が注目される。

まず、ラインラント・プファルツ州上級行政裁判所において、許可申請の対象たる記念物の価値——とりわけ、都市を形成する一要素としての視覚的重要性（都市計画上の価値）——が著しく侵害されていることが認められた。そのうえで、記念物に著しい侵害が及ぶ場合には、基本的に、記念物保存の利害が、他の利害よりも尊重されることを指摘しつつ、さらに追加的に、本件において記念物保存の利害と対立する環境保護利害を基本法に基づき評価している[16]。

再生可能エネルギーの利用に係る利害は、基本法 20a 条に基づき国家の保護対象とされた、「自然的生存基盤（natürliche Lebensgrundlagen）」の一部とされている。そのため、基本法 20a 条の要請に基づく再生可能エネルギー利用を含む環境保護利害は、州記念物保存法上の許可付与決定において全く衡量されない利害ではない。しかしながら、基本法 20a 条はドイツの自然環境全般を保護する規定であり、個別のカテゴリーの保護については、それを具体化する個別法に基づかない限り、記念物保存の利害に対抗することが可能となるまでの特別な法的地位を導き出すことはできない。したがって、本件のように記念物の所有者が訴えた場合において、記念物保存の利害よりも優先される程度の利益（記念物所有者が自身の土地において新たなエネルギーの使用形態を実現する利益）は、基本法 20a 条からは与えられないとした[17]。

結論として裁判所は、本件行為により記念物保存の利益が著しく侵害されるのに対し、これを正当化するだけの再生可能エネルギー利用の利益は存在しないとし、原審の判断を正当とした。

2　バーデン・ヴュルテンブルク州上級行政裁判所 2011 年 9 月 1 日判決
——環境保護利害の優位性

一方、上記決定の約 1 ヶ月後に出されたバーデン・ヴュルテンブルク上級

16　OVG Rheinland- Pfalz, a. a. O., (Fn. 13), Rn. 14ff.

17　OVG Rheinland- Pfalz, a. a. O., (Fn. 13), Rn. 16.

182　第4章　法領域間での利害調整過程の分析──環境保護と記念物保存

行政裁判所 2011 年 9 月 1 日判決[18]においては、結論こそ全く反対のものと
なったが、判断のなかで基本法 20a 条で保護される環境保護利益の評価を
行っているという点において判断手法の統一性が見られ、興味深い。

　本判決の事案は以下の通りである。原告は、記念物として州記念物保存法
上取り扱われている教会およびその付属施設の所有者（Kirchengemeinde）で
ある。原告は、自身の所有する教会付属の納屋の屋根に太陽光パネルを設置
すべく、被告行政庁に州記念物保存法上の変更許可を求めたところ、許可付
与を拒否する決定が出されたため、原告が拒否決定の取消しおよび許可の義
務付けを求めた。第一審[19]においては、原告の主張が退けられ、原告がこれに
控訴した[20]。

　なお本判決の判断の補完的な特殊事情として、教会納屋部分の州記念物保
存法上の評価の問題があった。前提として、バーデン・ヴュルテンブルク州
記念物保存法は、他の多くの州同様、ある対象物を記念物として取り扱うこ
と自体に法律の定義規定該当性以外の要件を課していない。しかしながら、
許可留保等の州記念物保存法上の保護措置を受けるためには、別途、州の作
成する記念物リストへの登録が必要となる[21]。

　そして本件で問題になった教会およびその付属施設は、教会部分、牧師館
部分、教会墓地に分けられ、さらに牧師館部分には、住居部分と納屋部分が
存在した。このうち、教会と牧師館住居部分はそれぞれ記念物リストに登録
されていたが、牧師館納屋部分は、記念物リストには住居部分の欄内にその
存在自体は記載されていたものの、記載情報からは他部分のように納屋単体
が登録に値するほどの貴重なものなのか、あるいは住居部分の付属施設とし
て総合的な価値が認められうると考えられていたのか判然としない状況で
あった[22]。したがって、納屋部分の屋根に太陽光パネルを設置する行為は州
記念物保存法上の許可規定の対象たりうるのか否か、明らかでない状況に
あったといえる。

18　VGH Baden- Württemberg, Urt. v. 1. 9. 2011, 1 S 1070/11, juris.

19　VG Sigmaringen, Urt. v. 22. 7. 2010, 7 K 957/09（判例集未登載）.

20　VGH Baden- Württemberg, a. a. O.,（Fn. 18）, Rn. 11ff.

21　Gesetz zum Schutz der Kulturdenkmale vom 6. Dezember, 1983（GBl. 1983, S. 797）§ 2, 12, 15 Abs. 1.

22　VGH Baden- Württemberg, a. a. O.,（Fn. 18）, Rn. 1ff.

本件許可の審査にあたって管轄の行政管区（Regierungspräsidium Tübingen）は、納屋部分を含む教会および付属施設全体が、記念物たる一つの集合体として捉えられるため、納屋の屋根における太陽光パネルの設置は、教会と住居部分の周辺環境の保護のみならず、これら集合体の価値を損ねることとなり望ましくないとの意見を述べた。被告は許可を付与しなかったのは、この意見を尊重したためである[23]。

一方で、本判決前の控訴提起を認める決定においては、太陽光パネルの設置によって記念物保存の利益が著しく侵害されない可能性が指摘されていた。すなわち、付近の建築物において既に太陽光パネルが設置されていること、仮に納屋部分が記念物として価値ある物であるとしても、パネルの設置によって納屋の貴重な構造等には影響を及ぼさないこと等が述べられた[24]。

そして本判決では、牧師館納屋部分が太陽光パネルの設置によって著しく価値を減ぜられることはないとされた[25]。判断の根拠として、基本法に基づいて太陽光パネル設置に係る環境保護利害は、記念物保存の利害に比して高く評価されねばならないとした。

裁判所によれば、エネルギー使用効率化、再生可能エネルギー利用を含む環境保護の利益は、基本法20a条および州憲法（バーデン・ヴュルテンブルク州憲法3a条[26]）において保護されており、当該利益の保護は国家任務とされる。そのため環境保護利害は、バーデン・ヴュルテンブルク州記念物保存法上の許可付与に係る裁量判断において適切に評価されなければならない。そして、この適切な評価とは、たとえ環境保護措置のために記念物保存の利益が著しく侵害される場合であっても、記念物保存の利益が環境保護利益に対し優位にたてるものではないことを意味する。

以上の説示に加えて、裁判所は記念物所有者が基本法14条の保障の下、自らの所有権を保存義務のために制限されていることを指摘しており、これら上記の要素を総合して、所有者の利益にかなう太陽光パネルの設置につき、

23　VGH Baden- Württemberg, a. a. O.,(Fn. **18**), Rn. 10ff.

24　VGH Baden- Württemberg, a. a. O.,(Fn. **18**), Rn. 15. 宗教の自由に関する論点は、本稿の主要な論点ではないため割愛している。

25　VGH Baden- Württemberg, a. a. O.,(Fn. **18**), Rn. 26ff.

26　Verfassung des Landes Baden- Württemberg vom 11. November 1953,(GBl. 1953, S. 173), §3a.

184　第4章　法領域間での利害調整過程の分析——環境保護と記念物保存

これに伴う記念物の外観の侵害は受け入れられるべきであるとした[27]。

Ⅳ　考　　察

　後者の裁判例は、そもそも記念物としてどれだけ重要なのか価値が定まっていないという特殊な事情を有していることに鑑みると、上記の二つの裁判例の結論のみを単純に比較することは困難である。注目すべきはむしろ、判断手法は共通するものの、基本法の条文の評価が真っ向から対立し、一般的に環境利害が重要か重要でないかという、環境利害に対する裁判所の姿勢が結論に作用した点である。両裁判判決を受けて、学説において太陽光パネル設置による記念物保存の利益の侵害可能性および基本法に基づく利害評価手法について議論が行われるようになったということ、そして以降の裁判判決のなかに同様の判断手法を用いたものが登場したことは看過できない。ただ、結論の先取になってしまうが、この判断手法の議論が進んだところで、あまり実益のある判断手法の確立には至っていないという問題がある。以下では、環境保護利害、そして記念物保存の利害についての評価の現状を整理する。

　再生可能エネルギーの利用が環境保護に資するため、基本法20a条において保護される利益であること、そして基本法20a条が国家任務を定める規定であることは、裁判例において前提とされ、かつ学説においても通説として理解されている。国家任務を定める基本法の条文は、国家目標規定（Staatszielbestimmung）と称され、国家の行うあらゆる活動において、国家目標規定の保護する利益は尊重されなければならないとされる[28]。また、訴訟上の裁判理論として、国家目標規定であることを根拠に、訴訟上当該利害に最大限の配慮を払うことを求めるものが存在する（最適化要請（Optimierungsgebot））[29]。

　他方、ラインラント・プファルツ州上級行政裁判所決定が指摘するように、基本法20a条は保護対象を具体的に定めていないことを根拠とし、本規定そ

27　VGH Baden- Württemberg, a. a. O., (Fn. **18**), Rn. 52.

28　Uhle, Das Staatsziel „Umweltschutz" im System der grundgesetzlichen Ordnung-Zu dem von der Verfassungskommission empfohlenen neuen Art. 20a GG-, DÖV 1993, 947ff.(950ff.); Mursweik, Staatsziel Umweltschutz（Art. 20a GG）, NVwZ 1996, 222ff.(223f.); Mast/Göhner, Lösungswege im Widerstreit zwischen Klimaschutz und Denkmalschutz, DVBl 2012, 1140ff.(1140f.); Huerkamp/Kühling, Denkmalschutz, Erneuerbare Energien und Immobiliennutzung- Nachhaltigkeitskonflikte in der Energiewende, DVBl 2014, 24ff.(25f.).

第 2 節　裁判所による利害調整手法　*185*

のものの司法上の効力には疑義が残るとする有力な見解が存在する[30]。

　また両裁判例において指摘された基本法 14 条に定められる所有権に関連する利害——所有者が再生可能エネルギーを使用し、エネルギーの効率化を図る利益——についても、これは常に最大限尊重されなければならない利害ではないとした連邦憲法裁判所判決が存在する[31]。以上を根拠として、この所有権に係る利害をもってして、環境保護利害を常に優先するとすることには学説は否定的である。

　一方、記念物保存の利害について概観すると、学説および裁判例においては、記念物保存が古くより高位の公的任務——公共の福祉に資する任務であり、尊重されるべきものとして考えられてきた[32]。かつ、最近の学説の有力な見解によれば、記念物保存活動は、環境保護利害と同等の国家任務性を有するとされる。その主な根拠は、一つには、基本法に明確に定めはないものの、各州の州憲法において、州の公的任務であるとの定めがなされていることである。そのほか、かつてのワイマール憲法、東西ドイツの統一条約などの関連規定を根拠とし、これらを総合的に勘案した結果として記念物の国家任務たる性質を導けるとの指摘も存在する（第 2 章第 3 節第 2 款参照）[33]。

　こうして見ると、結局のところ、現在の学説においては、裁判例が提示した基本法を根拠とした利害衡量手法の存在は認めているものの、しかしながら、環境保護利害と記念物保存利害とでは、絶対的な優劣の関係が存在せず、互いに同等なものとして衡量される必要があるとの認識にとどまっているといえる[34]。このことからすると、個別的事情で優先される利害が変化することはありうるものの、先に挙げた判決のように一般的な優先順位ともいえる

---

[29]　第 2 章第 3 節第 2 款参照。Tsai, Die verfassungrechtliche Umwelthutzpflicht des Staates-zugleich ein Beitrag zur Umweltschutzklausel des Art. 20a GG, 1996, S. 114f.; Rößing, Denkmalschutz und Umweltverträglichkeitsprüfung, 2004, S. 97f.; BVerwG, Beschul. v. 21. 8. 1990, 4 B 104/90, juris; BVerwG, Urt. v. 22. 3. 1985, 4 C 73/82, juris.

[30]　Mast/Göhner, a. a. O., (Fn. **28**), 1142.

[31]　BVerfG, Beschul. v. 2. 3. 1999, 1 BvL 7/91, juris, Rn. 84.

[32]　BVerfG, a. a. O., (Fn. **31**), Rn. 81ff.

[33]　この点、バーデン・ヴュルテンブルク州上級行政裁判所判決に対しては、記念物保存の国家任務性が考慮されておらず、一方的な判断がなされているとの批判がある（Mast/Göhner, a. a. O., (Fn. **28**), 1142）。

[34]　Mast/Göhner, a. a. O., (Fn. **28**), 1142; Huerkamp/Kühling, a. a. O., (Fn. **28**), 25f.

序列が基本法から当然に導かれるとは考えにくい。

第2款　建設法典を介した総合的な利害衡量の試み

　続いて、風力発電施設設置に係る判決を時系列的に紹介し、環境保護のための施設のもたらす利害と記念物保存の利害とが、建設法典の枠組みでいかに調整されているかを分析する。

Ⅰ　問題状況の整理

　前款で述べた通り、環境保護に係る施設の許可に、州記念物保存法を含む複数の許可が関係する場合が存在する。風力発電施設建設の場合にも記念物の周辺環境を変更するための許可が必要である。

　しかしながら太陽光パネル設置の事例と異なり、風力発電施設設置の事例においては、州記念物保存法上の許可審査が、より広域の土地利用を規律する法律に吸収される場合が少なくない。風力発電施設設置を実行する場合は、①建設法典および州建設規制法上の建設許可や、②連邦イミシオン防止法上の許可を必要とする場合が多く、かつ、これらの法律の定めに基づき、州記念物保存法上の許可規定は、上記連邦法の許可の判断に取り込まれるのである[35]。

　このうち①建設許可については、第2章第2節第1款で既に説明しているため、ここでは必要な限りでの確認にとどめる。

　大規模な土地利用になりがちな風力発電施設は、元々建設の行われていない区域（外部区域）に設置されることが少なくない。外部区域において建設行為を行う場合につき規律されているのは建設法典35条である。建設法典35条によれば、外部区域においては原則建設行為が禁止されるものの、同条1項に列挙された施設は、同じく同条3項に列挙された公益と（高い程度で）対立しない限り、そして、それ以外の施設は同条2項に基づき、同条3項の公益を侵害しない限りにおいて、建設可能であるとされる。風力発電施設は、建設法典35条1項5号に該当するため、優遇建設案として審査される。審

---

35 Schröer/Kullick, Windkraftanlagen in der jüngeren Rechtsprechung der Verwaltungsgerichtsbarkeit, NZBau 2013, 563ff.（563）.

査にあたっては、建設法典35条3項に挙げられた公益への影響につき検討されるが、同項5号には、記念物保存の利害が規定されており、建設予定地の周辺に存在する記念物への影響が審査され、建設案が記念物の価値を一定程度侵害する場合は、許可が付与されない。そして、この建設許可の具体的手続を定める各州の州建設規制法において、多くの場合、州記念物保存法上の許可が建設許可に吸収されることとなる。

ただし州記念物保存法上の許可審査が吸収される場合であっても、吸収される規定によって保護されるはずだった利益が全く建設法典上で考慮されないことはない。実体規定においても手続規定においても、建設法典（そして建設法典の運用の詳細を定めた各州の建設規制法）では、関連利害としての記念物保存の利害が尊重されている。

続いて、②連邦イミシオン防止法上の許可についても確認しておく。連邦イミシオン防止法4条においては、環境に有害な影響をもたらしかねない、あるいは人々を危険にさらしかねない施設を設置する際には担当行政庁の許可が必要となる。そして当該許可審査は、同法13条によれば、他の関係公法上の許可を吸収したうえで行われる。したがって、州記念物保存法上の許可が本法の許可に吸収されると解釈される。許可の前提要件については、同法6条に定めがあるほか、同条1項2号によれば、他の公法規定と対立しないことが要件とされ、建設法典など関係規定が考慮される。以上の状況から、風力発電施設設置に際しては、建設許可規定、あるいはイミシオン防止法上の許可規定のなかにおいて記念物保存利害と環境保護利害とが互いに衡量されることとなる[36]。

Ⅱ　初期の司法判断事例——二面関係訴訟

1　ザクセン・アンハルト州上級行政裁判所 2005 年 6 月 16 日判決
——建設法典 35 条固有の保護利害の提示

風力発電施設の設置に伴う再生可能エネルギー利用の利害と記念物保存利害との衝突につき、リーディングケースとして用いられるのはこの後に紹介する（次項2）ニーダーザクセン州上級行政裁判所判決であるが、この判決

36　Huerkamp/Kühling, a. a. O.,(Fn. 28), 27ff.; Schröer/Kullick, a. a. O.,(Fn. 35), 563f.

188　第 4 章　法領域間での利害調整過程の分析——環境保護と記念物保存

の前提としてザクセン・アンハルト州上級行政裁判所 2005 年 6 月 16 日判決[37]
が存在する。まずはこの判決の内容について確認する。

　本事案は、風力発電施設 2 基の設置を計画した原告が、被告行政庁に対し、
設置に係る事前許可を申請したところ、被告がこれを拒否する決定を下した
ため、当該決定の取消等を求めた訴訟である。

　設置予定地（外部区域）の周辺は、かつて当該区域を管轄していたゲマイン
デの作成した F プランによれば独自の景観を残す農業用区であった。そして、
建設予定地の北西 2 km 前後の場所には、かつての司教座教会と二つの古城
によって構成される建築物の集合が存在しており、これらは記念物として州
記念物保存法上の保護を受けていた。そのほかにも予定地には、森林や農業
用道路が存在した。

　第一審[38]は、予定地を管轄する行政管区の国土発展計画によれば、ほかに
風力発電施設用地が用意されていること、かつ、本計画によって周辺に存在
する記念物の価値が著しい侵害を受けることを理由に原告の訴えを棄却した。
これに対し原告が控訴したことに対する判断が本判決である[39]。

　本判決において裁判所は、建設許可の根拠法規である建設法典 35 条（およ
び州建設規制法）に基づき、本計画の法規適合性を審査した。結論として、本
計画によって記念物保存の利益が著しく侵害されると判示している。

　本判決で裁判所は、風力発電施設が建設法典 35 条 1 項 6 号の優先的建築
カテゴリであることは確認したが、それでもなお今回の事例において設置許
可を認容することはできないとした。建設法典上の外部区域の優先建築カテ
ゴリは、他のカテゴリに比べ、他の公益に対してより強い実行力を有するが、
しかしながら、そのことはいかなる場合においてもあらゆる公益に優先しど
こでも風力発電施設が設置できるわけではなく、むしろ、外部区域という区
域の性質から生ずる公益間の最大限の配慮が通用する[40]。

　加えて、裁判所は建設法典 35 条 3 項 1 文について以下のように指摘して
いる。すなわち、州記念物保存法による保障とは別に、建設法典 35 条には、

37　OVG Sachsen- Anhalt, Urt. v. 16. 6. 2005, 2 L 533/02, juris.
38　VG Dessau, Urt. v. 6. 11. 2002, 1 A 271/02（判例集未登載）.
39　OVG Sachsen- Anhalt, a. a. O.,（Fn. 37）, Rn. 1ff.
40　OVG Sachsen- Anhalt, a. a. O.,（Fn. 37）, Rn. 38ff.

土地法上の独自の概念としての「記念物保存の侵害」が存在する。そのため、外部区域にて申請された本計画については、建設法典35条3項に基づく土地法上の利害に関わる範囲で記念物保存利益を侵害するか否かも審査する必要があるとした。州記念物保存法、そして、建設法典によって間接的に衡量される記念物保存の利害の存在およびその重要性を踏まえると、本件の建設案が記念物の価値——とりわけ、古城を臨む周辺の景観——を著しく侵害するため、再生可能エネルギー利用の利害よりも尊重される程度の記念物保存利益の侵害が認められるとした[41]。

2　ニーダーザクセン州上級行政裁判所 2007 年 11 月 28 日判決
——建設法典と州法の関係

　風力発電施設建設に係る裁判例においては、ニーダーザクセン州上級行政裁判所 2007 年 11 月 28 日判決[42]が先例として有名である。本事案は、原告が風力発電施設 2 基を外部区域に設置するにあたって、設置に係る事前許可の付与を、被告行政庁に求めたところ、被告行政庁がこれを拒否したため事前許可付与の義務付けを求めた訴訟である。

　施設の建設予定地から 1 〜1.5 km 以内には、かつての騎士領が存在し、多種多様な記念物が建設されているほか、付近に景観保護区域（公園）が存在する。加えて、被告行政庁が公布していた国土整備計画（Raumordnungsplan）においては、当該区域を景観のために変化させないでおく（Vorsorge）区域であるとされていた[43]。

　第一審[44]においては、建設案が建設法典 35 条 1 項の優遇建設案に該当することが指摘され、加えて記念物への影響も甚大でないと判断されたため、原告の主張が認容された。

　本判決は、上記第一審を受けて、被告が控訴したものである。裁判所は、先に紹介したザクセン・アンハルト州上級行政裁判所判決が指摘した建設法典 35 条 3 項独自の利益保護性を踏まえたうえで、建設法典の公益配慮規定の性

41　OVG Sachsen- Anhalt, a. a. O.,（Fn. 37）, Rn. 53ff.
42　OVG Lüneburg, Urt. v. 28. 11. 2007, 12 LC 70/07, BauR 2009, 784.
43　OVG Lüneburg, a. a. O.,（Fn. 42）, 784ff.
44　VG Lüneburg, Urt. v. 8. 7. 2004, 2 A 272/03, juris.

190　第4章　法領域間での利害調整過程の分析——環境保護と記念物保存

質について見解を示している。

　本判決は、計画中の風力発電施設が建設法典上の許可を得られるか否かについて、連邦イミシオン防止法上の仮決定の付与を義務付けることを求めた訴訟（そもそもの訴訟の対象および手続に係る論点も存在するが割愛する）であり、裁判においては、仮決定の根拠条文である連邦イミシオン防止法9条1項に基づいて、予備決定を出すための正当な利害を評価するにあたって、仮決定の前提である建設法典35条1項に該当する公益に関して評価を行う必要があるとされたため、建設法典が問題とされた。

　ザクセン・アンハルト州上級行政裁判所判決と本判決との関係は次のように整理できる。すなわち、上記ザクセン・アンハルト州上級行政裁判所判決では、建設法典に独自の保護利益が存在することは述べられていても、その具体的な効果、とりわけ、州記念物保存法との適用関係についてはこれが明らかにされていなかった。すなわち、ザクセン・アンハルト州上級行政裁判所判決によれば、建設法典29条2項に基づき建設法典から独立して適用される州記念物保存法が保護する利益と並んで、建設法典35条3項に保護される記念物保存の公益は、建設法典固有の意義を有するとのみ指摘されていた。本判決は、これに加えて、水法や景観法上の利害と建設法典との関係について検討した連邦行政裁判所判決の先例[45]を用いて、上記建設法典固有の利害と州記念物保存法との関係について、以下のように整理している。

　まず、建設法典固有の記念物保存利害への配慮規定は、州記念物保存法との関係において、州法の保護から漏れた対象への受け皿的機能を有し、連邦法上の最低保護基準を形成するとされた。そして、上記最低保護基準の関係上、建設法典35条3項にいう記念物保存利益の意味内容は、原則的に州記念物保存法の規定を参考に具体化されるのだが、しかし、その一方で、そのような具体化とは完全に一致しない、独自の保護範囲を有することとなる。

　ただし、建設法典に基づいて記念物保存を図ることは、決して当該利益の保護を本質とする法律の権限を侵害するものではない。なぜなら、建設法典によって保護される利益は、あくまで土地法の管轄内で保護されるもの、つまり、基本法において連邦に権限が付与されている範囲で保護することが可

---

[45]　BVerwG, Urt. v. 20. 10. 1972, IV C 1. 70, juris; BVerwG, Urt. v. 12. 4. 2001, 4 C 5/00, BauR 2001, 1701; BVerwG, Beschul. v. 29. 4. 1968, IV B 77. 67, DVBl 1969, 261.

能なものである。そのため、建設法典35条1項の建設案において配慮される記念物保存の利害とは、連邦が権限を有する土地法の範囲内、都市景観を特徴付ける外見等の侵害に係るものが考えられ、州記念物保存法が保護する価値（歴史・学術・芸術等）とは完全に一致するわけではない[46]。

以上の整理の下、裁判所は、（許可手続に吸収された）州記念物保存法上の基準においても記念物の価値を侵害しないうえ、建設法典独自の基準において審査されるような著しい侵害もないと結論付けた。

Ⅲ　第三者訴訟への展開

ここまでの風力発電施設設置行為に端を発した再生可能エネルギー利用の利害と州記念物保存の利害との衝突に係る判決では、州記念物保存上の許可審査が建設法典に吸収されることを根拠として、州記念物保存法の許可規定上の利害衡量ではなく建設法典上での利害衡量が行われた。この利害衡量においては、再生可能エネルギー利用の利害と記念物保存の利害をそれぞれ評価して比べるのではなく、それらの利害を全て包含した判断において、許容されないレベルの侵害が存在するか否かという観点から評価がなされている。

ところで、風力発電施設設置に係る裁判例の展開を追うにあたって触れなければならないのは、この建設法典上の独自の保護基準がさらに進んで、風力発電施設設置に係る第三者訴訟にも影響をもたらしているように思われることである。以降では、第三者訴訟の形式で争われた風力発電施設設置の事案を検討する。

風力発電施設設置に係る訴訟が第三者訴訟の形式で行われることが増えている。事例増加の背景として、記念物保存所有者の第三者保護の可能性を強める判決が登場したということがある。すなわち、既に本書第3章で紹介した通り、これまで紹介した判決の数年後に（風力発電施設設置の事案ではないものの）建設物に隣接する土地の記念物所有者が第三者として原告適格を認められる可能性が連邦行政裁判所によって示されたことである[47]。この連邦行政裁判所の判決が以降の風力発電施設設置に係る判決に影響を及ぼすのか否か、ということに2010年前後の学説は注目が集まり、実際に以下に紹介す

46　OVG Lüneburg, a. a. O., (Fn. 42), Rn. 50ff.
47　BVerwG, Urt. v. 21. 4. 2009, 4 C 3/08, NVwZ 2009, 1231（1231ff.）.

192　第4章　法領域間での利害調整過程の分析──環境保護と記念物保存

るような判決も登場したのである。

1　ニーダーザクセン州上級行政裁判所 2012 年 8 月 23 日判決
──風力発電建設に関する第三者訴訟

　連邦行政裁判所判決以降に登場した、風力発電施設設置と州記念物保存法
の関係が論点となった第三者訴訟であるニーダーザクセン州上級行政裁判所
2012 年 8 月 23 日判決[48]を分析する。

　本事案は、原告の所有する土地の周辺地（外部区域）において、参加人によ
る 6 基の風力発電施設設置が計画され、被告行政庁がこれを許可したことを
受け、原告が当該許可等の取消しを求めたものである。設置予定地から約
500 m の距離に原告の所有地が存在し、かつ、そこには第一次世界大戦時に
建設された農園と公園、さらに公園に隣接する森林区画と通行用の並木道が
存在した。このうち、農園、公園、森林区画、並木道は、記念物の集合体と
して州記念物保存法に基づき保存されているほか、農園および公園は、それ
ぞれ単独でも記念物として、法律上の保護を受けている。他方において、建
設案が提出された区域は、管轄地域の高度整備計画において、風力発電施設
建設を優先する区域と決定されていた[49]。

　第一審[50]において裁判所は、国土整備計画を策定するにあたって、周辺の
記念物に係る利害は既に考慮されており、建設案の影響は想定済みであるこ
と、実際、記念物および記念物を臨む景観の侵害は著しいものではないこと
を理由として、原告の訴えを退けている。この判決に対し原告が控訴[51]した。

　本判決において裁判所は、原告の訴えを部分的に認容し、6 基の風力発電
施設のうち、1 基についてこれを違法とした。裁判所によれば、本件許可の
根拠法は連邦イミシオン防止法 4 条であるが、同法 6 条 1 項 2 号によれば、
他の関係公法と対立しないことが許可付与の要件であるため、吸収された建
設法典 35 条および州記念物保存法上で適切な配慮がなされ、看過し難い利害
の対立が発生しているか否かが審査されることとなる[52]。

48　OVG Lüneburg, Urt. v. 23. 8. 2012, 12 LB 170/11, juris.
49　OVG Lüneburg, a. a. O.,（Fn. 48), Rn. 1ff.
50　VG Stade, Urt. v. 24. 3. 2010, 2 A 44/07（判例集未登載）.
51　OVG Lüneburg, a. a. O.,（Fn. 48), Rn. 24.

この点、建設法典 35 条における記念物保存利害への配慮について、本件の事案では地域の国土整備計画策定に原告が参加しており、記念物保存の観点も考慮したうえで計画策定がなされている事情などから、建設法典 35 条 1 項に該当する建設案として適切な利害衡量が行われており記念物保存利害と対立しないとされた[53]。

他方、州記念物保存法上の利害衡量については、保存の根拠たるニーダーザクセン州記念物保存法 8 条 1 文が、第三者である記念物所有者を保護する効果を有するか否かが問題となった。裁判所によれば、当該条文に第三者効が認められるのは、その文言、意味、目的から、あるいは法全体のシステムから、公益だけでなく、第三者の個別的利益の保護や調整にも資するとされ、かつ、保護すべき人の集合が一般から区別できる場合である。この判断基準に当てはめると、ニーダーザクセン州記念物保存法は第三者効を有さないという結論に至る。しかしながら、連邦行政裁判所 2009 年判決の指摘に基づいて、基本法 14 条 1 項の所有権保障に係る最低限の防御権の有無を審査する余地は残存する。この観点から、記念物の価値に対する著しい侵害の有無を検討すると、6 基ある風力発電施設のうち、1 基によって記念物周辺の景観が著しく侵害されることが認められた[54]。

2 バイエルン州上級行政裁判所 2013 年 7 月 18 日判決
——風力発電施設特有の衡量視点

1 の判決では、連邦行政裁判所 2009 年判決の判断枠組みを取り入れて建設法典および州記念物保存法の観点から審査が行われていることがわかる。そして、さらにその後の判決を見ると、風力発電施設設置に係る独自の利害調整の視点をうかがわせるものも登場した。

バイエルン州上級行政裁判所 2013 年 7 月 18 日判決[55]は、参加人が風力発電施設設置につき、被告行政庁（州の担当官庁）より連邦イミシオン防止法上の許可（以下、「本件許可」）を得たところ、建設予定地の属する区域内を管轄す

---

52 OVG Lüneburg, a. a. O., (Fn. 48), Rn. 43ff.
53 OVG Lüneburg, a. a. O., (Fn. 48), Rn. 47ff.
54 OVG Lüneburg, a. a. O., (Fn. 48), Rn. 53ff.
55 VGH Bayern, Urt. v. 18. 7. 2013, 22 B 12. 1741, juris.

194 第4章 法領域間での利害調整過程の分析——環境保護と記念物保存

るゲマインデである原告が当該許可の取消しを求めたものである。風力発電
の設置予定地の周辺には複数の教会および城を擁する地区が存在しており、
これら施設の記念物としての価値が侵害される恐れのあるためである。他方、
設置予定地自体は地域計画において風力発電のための保留地域であったほか、
原告のFプランでも同様の設定がされていた[56]。

　本件許可は連邦イミシオン防止法上の許可（4条以下）であるが、外部区域
における建設であるため、こちらも1の事例同様、関係法として建設法典35
条の適合性が審査される。加えて、本件で議論となった点として建設法典36
条に基づく手続の正当性の問題がある。建設法典36条1項によれば建設法典
31条、33条から35条に係る決定が必要な場合に、建築監督官庁が管轄地区
のゲマインデの同意を得ることが求められている。ただし同条2項3文によ
れば、権限を付与された官庁がゲマインデに違法に拒否された同意を代行す
ることが可能である。本件においては、風力発電施設設置によって付近の景
観、記念物の価値等を侵害する恐れがあることを理由として、原告が同意を
拒否したものの、建設法典36条2項3文により州の官庁内で手続を進めて
許可付与に至ったという事例であった[57]。

　第一審[58]においては、原告の取消請求は認められず、原告が控訴した。裁判
所は、原告が建設法典36条に基づく同意を拒否した根拠である本件建設案の
建設法典35条1項適合性に係る判断を支持し、訴えを認容した。裁判所は、
本件風力発電施設は、周辺地にある記念物の芸術的価値および眺望、景観を
著しく侵害するとしている。

　裁判所においては、連邦行政裁判所2009年判決に基づいて、周辺地からの
記念物の保護も公共の福祉任務として法的保護を受けるため、連邦イミシオ
ン防止法上の許可の前提たる建設法典35条および州記念物保存法は、この点
を踏まえて解釈されなければならないとした。かつ、建設法典35条3項が有
する受け皿としての保護機能も判決において確認された[59]。

　以上のことを踏まえ、都市を特徴付ける記念物の価値が著しく損害を受け

56　VGH Bayern, a. a. O., (Fn. 55), Rn. 1.

57　VGH Bayern, a. a. O., (Fn. 55), Rn. 2, 6, 16.

58　VG Ansbach, Entsch. v. 25. 1. 2012, AN 11 K 11. 01753, AN 11 S. 01922（判例集未登載）.

59　VGH Bayern, a. a. O., (Fn. 55), Rn. 24ff.

ているか否かが審査された。本判決において特徴的な判断要素であったのは、風力発電施設設置場所の代替性、および記念物の場所の非代替性とも呼べる特性への言及に基づく評価である。すなわち、問題となった風力発電施設が、今回の申請区域に設置され稼働したとして、風速等を考慮しても当該区域のみにおいて最高のパフォーマンスが可能であるのか否かは不明であり、他の代替地においても同様の機能を発揮する可能性は大いに存在することを裁判所は指摘する。反面、記念物はそれが置かれた地域の文化を残すものとしての意味合いを有しており、本件において問題となった城等も、当該地域において非常に重要なものとして認識されている。そのため、それら記念物および周辺景観の価値を著しく侵害することを必要とする当該区域における風力発電施設建設の正当性が本件に存在しないと評価された[60]。

Ⅳ　考　察

　以上、風力発電施設設置に係る再生可能エネルギー利用の利害と記念物保存の利害が衝突する裁判例を紹介し、その判断手法の展開を追った。風力発電施設はドイツ建設法典にいうところの、原則的に建設を抑制する区域（外部区域）に建設される場合が多い。そのため、風力発電施設の建設案が、外部区域の建設行為に関して規律する建設法典35条に適合するか否かが裁判において審査されてきた。風力発電施設が環境に影響に及ぼすために、連邦イミシオン防止法4条にいう許可を申請する場合も存在するが、この場合においても同法6条1項2号の定めに基づいて、風力発電施設建設に対し関係法規である建設法典の規定との適合性が審査されていることが裁判例で確認されている。そして州記念物保存法上の許可は建設法典および連邦イミシオン防止法双方の許可に吸収されながらも、考慮要素として引き続き機能していることが確認された。

　風力発電施設は、建設法典35条1項によって優遇される地位にあり（35条1項の優遇建設案）、1項に列挙のない建設案に比べて、より優先的な評価がなされる。すなわち公益（35条3項）との対立が見られない限りは建設が認められる。建設法典35条1項の評価について裁判例および学説では、この優

60　VGH Bayern, a. a. O.,（Fn. 55）, Rn. 33.

196　第4章　法領域間での利害調整過程の分析——環境保護と記念物保存

位性を強調する立場[61]と、安易な判断につながるとして、優位性の評価に慎重な立場[62]とに分けることができる。とはいえこれらの立場は二律背反というわけでは全くなく、あくまで記念物保存の利害と風力発電施設設置に係る再生可能エネルギー利用の利害とを総合的に考慮するなかでの重点に係る話であるからして、これらの立場の違いは程度の差であろう。いずれにせよ、優遇建設案といえど、記念物保存利益を著しく侵害する場合に、風力発電施設設置の許可が付与されるべきではないことは、どちらの立場からも明らかである。

　風力発電施設建設と対立しうる公益として挙げられる建設法典35条3項1文5号の記念物保存利益については、州記念物保存での評価とは別に、建設法典固有の保護基準が存在することが裁判例において指摘されている。はじめは単にその存在が指摘されるのみであったが、ニーダーザクセン州上級行政裁判所2007年11月28日判決によって詳細が明らかとなった。

　ニーダーザクセン州上級行政裁判所のさらなる言及はドイツ連邦制の観点から必要なものであった。なぜならば、建設法典における記念物保存への配慮に固有の意義が存在するとすれば、それは、記念物保存の任務を本質とする州記念物保存法の領域を侵す可能性も有していたためである。建設法典は連邦の管轄であるのに対して州記念物保存法は州の管轄する法であること、そして、基本法によって（都市計画行政の根拠たる）土地法の権限が連邦に付与される一方で記念物保存は州の権限において行われるものであるとの、ドイツにおいて古くから受け継がれている意識が存在することとの整合性において、なによりそれらの権限配分の根本にあるドイツ連邦制の維持という観点からして、州の権限を連邦が侵害することは許容されない。

　ニーダーザクセン州上級行政裁判所2007年判決において、建設法典35条3項1文5号の固有の意義は、州の有する記念物保存行政の権限を侵害しないことが強調された。①建設法典35条3項1文5号の記念物保存利益とは、州記念物保存法の定義をもとに解釈する。②しかし、建設法典における保護

61　OVG Lüneburg, a. a. O.,（Fn. 48）, Rn. 45ff.; Schmaltz, Belange des Denkmalschutzes nach §35 Abs. 3 Satz. 1 Nr. 5 BauGB, BauR 2009, 761ff.（763）.

62　OVG Sachsen- Anhalt, a. a. O.,（Fn. 36）, Rn. 40; VGH Bayern, a. a. O.,（Fn. 55）, Rn. 24; Huerkamp/ Kühling, a. a. O.,（Fn. 26）, 30f.

であるため、州記念物保存法と全く同様の保護基準を提供するのではなく、土地法の保護範囲に含まれる限りにおいて記念物を保存するための基準である。そして、③州記念物保存法において保護されない事例に対する受け皿として、当該保護基準を利用しうる。

その後、増加してきている記念物所有者を原告とした、風力発電施設建設許可の第三者訴訟の訴訟について、従来からの建設法典独自の保護基準を引き続き利用しつつ、2009年の連邦行政裁判所の判断枠組みを参考に、基本法14条も参照して、原告適格および利益侵害の有無が審査されるようになったことがわかる。さらにⅢ2のように、代替性という新たな観点を用いて判断を行う裁判例も登場した。

第3款　小　　括

ここまで、環境保護に係る措置と記念物保存利害とが衝突する局面の裁判判決を概観し、二つの利害がいかに司法上調整されているのかを分析した。上記局面は記念物に太陽光パネルを設置する際の許可に係る訴訟と、記念物の存在する区域の周辺に風力発電施設を建設する際の許可に係る訴訟において表れる。

太陽光パネルの設置に関しては、設置行為とその稼働が貢献する環境保護利害と記念物保存利害とを衡量する基準を定める条文が存在しない。そのため基本法を端緒として各利害が評価され、州記念物保存法上の許可の適法性を争うこととなり、記念物保存の利益がどれほど侵害されるか、あるいは、記念物に勝るほどの強力な利益が太陽光パネルの設置に存在するか否かという観点で審査される。

他方、風力発電施設建設においては、州記念物保存法の許可規定は建設法典あるいは連邦イミシオン防止法の、より広域の利害を衡量する規定に吸収され、建設の利害、環境保護利害、記念物保存の利害がそれぞれ関係利害の一つとして衡量されることとなる。このとき、それぞれの公法が衡量する利害を著しく侵害してないか否かという点が、幅広く審査されることとなる。

上記内容を法領域という観点に引き直せば、以下のことが本章において確認できたように思われる。

198　第4章　法領域間での利害調整過程の分析——環境保護と記念物保存

　環境法領域と記念物保存法領域の関係の一側面としての二つの衝突事例における利害調整の手法については、風力発電施設建設の場合のように、許可の根拠規定（およびその関係法）において、関係法領域が衡量する利害との調整が立法上要請され、裁判所が当該規定をもとに利害衡量判断が行われる一方、太陽光パネルの設置事例のように、許可の根拠規範のみでは十分に関係利害の調整ができないと判断され、利害調整の手がかりを規範体系の頂点である基本法から得ることで、審査を行う場合も見られる。特に後者については、個別立法上の利害調整が未だ不十分な状況に対し、規範体系全体を駆使した解釈によって、裁判所が、自身の判断をより適切に行おうとしたといえよう。ただ、その試みはあまり実効的な結果には結び付いていない。

　なお、太陽光パネルの設置事例については、①州記念物保存法上の許可規定が、あくまで記念物と守ることを本質とする条文であり、記念物保存利害と気候変動防止利害とを衡量する指示を含む条文ではないこと、②具体性の不十分な基本法の環境保護任務の解釈によって、裁判例において環境保護利益が高く評価されがちな傾向が存在すること、に鑑み、両者の適切な衡量を行うための、基準を別の条文に見出す動きが一部学説において見られた。例えば連邦のエネルギーの効率化に係る法規命令（Energieeinsparverordnung, EnEV）24条が対象とされた。本法規命令により、建築物のエネルギー使用に係る様々な規制がかけられるが、州記念物保存法に基づいて保存されている建築記念物に対しては、これが免除される。当該条文を、単純な適用除外の条文として見るのではなく、記念物保存利害と気候変動防止の利害の対立する決定における、両利害の衡量の指示を含んでいると解す可能性を提示する見解、裁判例が存在する一方で、このことに否定的な見解も見られ、今後の議論の展開に注目が集まっていたが[63]、その後この法規命令が2020年に本節第1款で紹介した建築物エネルギー法に吸収され、さらに後述（次節第2款）の通り、2023年の再生可能エネルギー法の改正が、環境保護利害と記念物保存利害に関して重要な検討素材を提供しているため、議論の重点はそちらに移行しつつあるといえる。

---

[63]　Vgl. Mast/Göhner, a. a. O., (Fn. 26), 1145.

第3節　立法による利害調整の試み

　前節において、気候変動防止のための措置が記念物に危害を及ぼしうることから、訴訟のなかで気候変動防止利害と記念物保存利害とをいかに衡量するか、ということが課題となっていること、新しく台頭してきた環境保護利害と記念物保存利害との調整に困難を生じており、一部には、基本法上の利害の一般的優劣を定めて判断するといった手法をとっているものも見られた。

　本節では、上記の課題や近年の気候変動防止策の注目の集まりを受けて、州そして連邦が行っている立法の試みを取り上げる。図らずも、こちらも時系列に沿ったまとめ方となった。先に州における州記念物保存法改正の議論を紹介し（第1款）、続いて2022年後半から2023年にかけて連邦が行ったEEGの改正の議論を追う（第2款）。

第1款　州記念物保存法による気候変動防止の試み

I　議論の背景

　ここで州記念物保存法が解決を図ろうとしている事例は、前節第1款で紹介されているような連邦イミシオン防止法など広域の許可が必要なく、州記念物保存法上の変更許可で審査される事例である。

　建設法典や州建築規制法においては、一定規模に満たない小規模の建設や変更は許可免除の対象となることが多いほか、最近は、環境保護の方針に基づき建築物のエネルギー消費効率を高めることを推進する傾向にあり、その具体策として建築物への気候変動対策に対しての許可免除も定められ、より再生可能エネルギーの利用がしやすくなっている。そうすると、記念物に対して省エネ設備を設置するなどの措置を行う際に建築関連法と州記念物保存法の規律とが重なるため調整が問題となるが、以上のような許可免除規定により、州記念物保存法上の許可に省エネ化の判断が一任される場合が存在する。

　そのため気候変動防止の利害と記念物保存の利害との調整という問題を記念物保存官庁が一手に引き受けることとなる場合の対策として、利害調整を

より精緻に行うための州記念物保存法改正が求められた。

　そして以下に紹介するように、一部の州において州記念物保存法のなかに気候変動防止の利害に配慮することを明文で定める条文を追加する動きがある。これによって記念物保存担当の行政庁に、記念物に対する気候変動策をより積極的に受け入れることを促すとともに、記念物の所有者でより地球環境に配慮した改造を望む人々に対して行動を促す意図があると思われるが、他方において記念物の価値の保存が第一の目標である法律にこのような条文を入れることは、歴史的・文化的価値を重視して、記念物を守ってきた関係者に対して、環境保護のために記念物の価値を損なう可能性のある行為を受忍せよという圧力をかけていると捉えられる可能性も有している。

　以下では、気候変動防止利害に重点的に配慮する条文を州記念物保存法で追加した州の改正時の議論を見ていくことで、記念物に対する気候変動対策について何が論点となったのか、二種類の利害の調整において、特に記念物保存の側で気候変動防止の利害を受け入れることを可能とする理論としていかなる点が重視されたのか、分析を行うこととする。

Ⅱ　州記念物保存法改正の議論

　既に述べた通り（第1章第3節）、ドイツ各州の記念物保存法は1970年代前後に制定されている。そのため、施行から40〜50年を迎えるにあたり、これら法律を、現代の課題解決に資するものにすべく改正を検討する動きが相次いでいる。そして、一部の州においては、改正の際に、先に挙げた利害調整の必要性から自然環境保護や気候変動防止の利害との調整規定の挿入が検討されているのである。

　現在、州記念物保存法において、自然環境保護や気候変動防止の利害との調整に係る条文を有しているのは、バイエルン州（6条2項、詳細は次款）、バーデン・ヴュルテンブルク州（7条2項および15条4項。ただし2040年までの時限的規定である。次款の連邦法の関連規定と思われる）、ブランデンブルク州（9条2項）、ニーダーザクセン州（7条2項）、シュレスヴィヒ・ホルシュタイン州（13条3項）、ハンブルク州（9条2項）、ヘッセン州（9条1項）、ノルトライン・ヴェストファーレン州（9条3項）である[64]。本節においては、比較的初期に改正の議論が始まったところで、検討過程の資料の豊富さから、

ヘッセン州とノルトライン・ヴェストファーレン州を取り上げている。

1　ヘッセン州

　ヘッセン州記念物保存法 9 条 1 項 3 文は、「記念物保存担当官庁は、あらゆる決定および許可において、気候変動防止、資源保護の利害に特に配慮しなければならない」としている。本条文は、2016 年 11 月 28 日の改正において追加されている（以下、「本改正」）。以下、本改正に係る立法活動を検証する。

　本改正は CDU と緑の党より 2016 年 7 月に提案されたものである[65]。緑の党によれば、記念物保存法は、より現代の実務・法政策に適合され、かつ、現代の記念物保存に関する課題に対応できるものととなるべきであるとの主張から、記念物保存法改正案の提出に至った。そして、改正案の要点の一つが、気候変動防止や資源保護の利害を、特別に配慮されるべき衡量の対象として法律において強調することであった。この時の改正草案の条文が、最終的な改正法 9 条 1 項となっている。

　草案の 9 条 1 項の意図につき、緑の党曰く、「記念物保存担当官庁は、あらゆる決定および許可において、気候変動防止、資源保護の利害に特に配慮しなくてはならない」とは、この法律における全ての決定の前に「カッコ付き」で置かれる利害——それは例えば記念物保存施策における所有者の所有権や、教会の利害に対する配慮と同列にそれら気候変動防止、資源保護の利害を置く——ということを意味するとされた。

　この案に対し、法案の第 1 読会[66]において明確に反対の立場を表明したのは FDP のみであった。FDP によれば気候変動防止への偏重は記念物保存法を「アンチ記念物保存法（Antidenkmalschutzgesetz）」にする恐れがあると主張した。すなわち、気候変動防止の利害を常に優先させるのではなく、これは記念物保存担当官庁の裁量の下、記念物保存の利害と個別に判断させるべき問

64　このほか、多くの州において、記念物保存の利害と自然環境保護、気候変動防止の利害とを調整する必要性の検討を試みる動きは見られる。z. B. Landtag Rheinland-Pfalz, Drs. 17/12723, 19. 8. 2020; Landtag von Sachsen-Anhalt, Drs. 7/2382, von 25. 1. 2018.

65　Hessischer Landtag, Drs 19/3570, von 6. 7. 2016.

66　Hessischer Landtag, Erste Lesung des Gesetzentwurfs der Fraktionen der CDU und BUNDNIS 90/ DIE GRÜNEN für ein Hessisches Denkmalschutzgesetz, 19. Wahl. 79. Sitzung, 13. Juli 2016, S. 5538ff.

202 第4章 法領域間での利害調整過程の分析——環境保護と記念物保存

題であるとした。そのほか、FDP は、記念物保存の専門家の意見を吟味した
わけでもない一部の政策団体の意図ばかりが採用された法律案であること、
環境省と学術・文化省による協議、調整の体制の構築が十分になされていな
いことを批判した[67]。

　その後 FDP が対案として記念物保存法改正案を提出した[68]。それによれば、
9条において気候変動防止・資源保護の利害に関する文言が消えている（た
だし、一部の記念物保存の形態においては（Gesamtanlage）、個別の場合において気
候変動防止・資源保護の利害に配慮する場合があることを明文で規定している）。
9条の意図については、目下のところ現行の条文を維持するとのことである。
ただし、現行条文であっても、気候変動防止・資源保護の利害は個別の決定
ごとに記念物保存の利害と調整されるべきであることは指摘されている。

　なお、FDP の対案提出前に専門委員会での議論があったが、議事録によれ
ば[69]、記念物保存利害と気候変動防止・資源保護の利害との優劣がないこと
明記した方がよいのではないかといった懸念は一部で呈されたものの、基本
的には CDU、緑の党の改正案に賛成する声が多数であった。一方において、
委員会に際して開かれた公聴会では、記念物保護の利害と気候変動防止の利
害とがバランスよく衡量できるような法であるべきだなど、利害調整の観点
からの懸念が見られたほか[70]、さらに、委員会に対して提出された意見を見
れば、多くの参加団体が改正に反対していたことが注目される。反対意見は、
記念物保存利害と気候変動防止・資源保護の利害との優劣をつけかねない改
正の内容に対する懸念のほか、気候変動防止・資源保護のために記念物を改
造等することはむしろ管理コストの増加を招くため、本改正が必ずしも所有
者のためにならないことが挙げられていた[71]。

　しかしながら、反対意見はあったものの、第1読会の大勢や委員会決定の
傾向は第2読会でも継続され、そのまま最終的な改正条文に至っている[72]。

　本改正の一連の動きは、政権与党側である CDU、緑の党の意思が強く反映

67　Hessischer Landtag, a. a. O, (Fn. 66), S. 5539ff.

68　Hessischer Landtag, Drs. 19/4091, von 16. 11. 2016.

69　Hessischer Landtag, Drs. 19/4096, von 17. 11. 2016.

70　Hessischer Landtag, Ausschussvorlage/WKA/19/26, von 6. 10. 2016.

71　Hessischer Landtag, Ausschussvorlage/WKA/19/20-Teil1, von 27. 9. 2016, -Teil2, von 28. 9. 2016,
　　-Teil3, von 4. 10. 2016, -Teil4, von 7. 11. 2016.

されたものと見ることもできるかもしれないが、他方において、SPD や左翼党など他の政党も賛成を表明しており、議会全体において気候変動防止・資源保護の利害が特に解決されるべき現代の課題と認識されていることが明らかである。とはいえ、公聴会での反対が多かったこと、また、一部議員からは、改正案には反対しないものの、そもそも記念物保存が気候変動防止・資源保護の敵とされがちな対立構図そのものを批判する向きもあったことからすれば、現代的課題の解決という名目で記念物保存行政が危険にさらされることへの危機感も大きいといえる。

　ちなみに、ヘッセン州記念物保存法のコンメンタールによれば、以上のような経過をたどって生まれた新 9 条 1 項であるものの、引き続き記念物保存利害と気候変動防止・資源保護の利害との明確な優劣は存在せず、個別の事例ごとに衡量を行うことが解釈として示されている[73]。また現在のところ、新 9 条 1 項に基づき、気候変動防止の利害を強調した判断を行ったと見られる裁判判決は確認されていない。

2　ノルトライン・ヴェストファーレン州

　次に、ノルトライン・ヴェストファーレン州記念物保存法の改正時の議論を分析する。今回の改正法案の端緒は、緑の党より 2019 年 12 月 19 日に提出された改正案である（以下、「緑の党案」）[74]。緑の党案は、省エネの目的と記念物保存の目的とが対立する場面が頻発し、かつ、個別の衡量決定が困難であるという状況に鑑み、許可留保条文に気候変動防止・資源保護の利害に配慮することを目的として提案された。当時の改正案の条文は、ヘッセン州の改正条文と全く同じであった（案 9 条 2 項）。当該改正条文によって、緑の党は、記念物の改修と近代化が促進されることを期待している。

　緑の党案の第 1 読会[75]においては、政権与党（CDU、FDP）が支持する一方

72　Hessischer Landtag, Zweite Lesung des Gesetzentwurfs der Fraktionen der CDU und BÜNDNIS 90-DIE GRÜNEN für ein Hessisches Denkmalschutzgesetz, 19. Wahl. 89. Sitzung, 24. 11. 2016. 本読会において、FDP の反対意見は、気候変動防止・資源保護の利害が他の衡量対象となる公益よりも優先されるのは合理的でないというものであった。そのほか改正法案は単に政権側の目標を入れ込んだだけにすぎないとの批判もされていた。

73　Jan Nikolaus Viebrock, Hessisches Denkmalschutzrecht, 4. Aufl., 2018, S. 169ff.

74　Landtag Nordrhein-Westfalen, Drs. 17/8298, von 19. 12. 2019.

で、野党の SPD が反対の立場を示した。反対の理由は、気候変動防止・資源保護の利害への配慮を明記することで記念物保存が気候変動防止・資源保護の利害より劣後した扱いを受ける恐れが生ずることである。記念物を現代的な価値観に合わせて経済的に利用するということは、記念物保存の観点から追及する問題ではなく、むしろそのような観点を重視しすぎると、記念物を保存することに関する価値基準が揺らぎかねないとした。他方、与党側においても、CDU がより積極的な施策を提案したのに対し、FDP は、改正案の 9 条 2 項では記念物保存に対し気候変動防止・資源保護の利害を過剰に優先させかねないとして危惧していた。なお、賛成、反対、懸念が呈されるなか、記念物保存業務を担当する郷土、自治、建設、平等担当大臣は、改正の目的に係る見解を支持し、9 条 2 項に対しては特に反対しなかった。

その後、修正をしたうえで議会の承認を得て、郷土、自治、建設、平等担当省の委員会に提出された改正法案（以下、「改正案」）[76]は、環境保護、バリアフリーの問題に対して記念物保存の法的な影響範囲を確認したうえで必要な修正を施すため、そして実務上の困難を解消するために法律改正を行う必要があるとの認識で提案されたものである。本章に関係する内容のみを挙げると、改正案 9 条 2 項 2 文において引き続きヘッセン州と同様の条文を入れているほか、同条 3 項は、「建築記念物の侵害は、それが将来的な利用可能性を改善するものであるならば、たとえ最新の建築資材を用いたがための記念物の価値をわずかに損なうとしても、許可されうる」としており、気候変動対策などにより建築物の利用可能性を向上させるためなら軽微な侵害は受け入れるようにする立場を明示した。

一方で、改正案 9 条はその意図について、記念物保存よりも自然環境保護、省エネを優先することはないと明言している。改正案 9 条 2 項は、あくまで衡量をしなければならないことを明確にするための条文であり、むしろ記念物保存よりも自然環境保護等を優先することは、（記念物は州の保護下にあるとした）州憲法によって禁じられていると断言している。また、9 条 3 項については、「記念物の最もよい保存とは、それが利用されることである。さも

---

75 Landtag Nordrhein-Westfalen, Gesetz zur Änderung des Denkmalschutzgesetzes NRW, Plenarprotokoll 17/79, vom 23. Januar. 2020, S. 60ff.

76 Landtag Nordrhein-Westfalen, Vorlage 17/3439, vom 27. 5. 2020.

なければそれは朽ち果てていく」という改正案の根幹の思考を表現したものとされる。

　その後緑の党案の第 2 読会[77]では、基本的に各党の立場に変更はなかったものの、そのあとに提出された改正案第 2 版[78]には内容の変化が見られる。本改正案は、改正の動機を、最初の州記念物保存法が誕生してからおよそ 60 年が経過した今、現代の社会的、環境政策的な要請を容れて法律の修正を行う必要があるためとした。以前の改正案と比較すると、問題点への言及が一般的、抽象的になっており、表現が穏やかになっている。一方で、改正案第 2 版の条文は法律全体の構成が以前のものと大幅に変更されている。本章に係る点である、記念物保存と気候変動対策との利害調整の観点から見ると、以前の改正案にいう 9 条 3 項が消え、 9 条 2 項 2 文が、多少表現を変更し、そして、配慮すべき利害のなかに住宅（Wohnungsbau）の利害を加えて、残存している（第 2 版では 9 条 3 項 2 文である）。条文の意図の説明は、前版と変わるところがない。

　以上の改正案は、その後 2022 年 2 月にさらに修正案が提出され[79]、発効した。改正法案の検討過程を見ると、ノルトライン・ヴェストファーレン州の記念物保存法改正に係る動きにおいて、ヘッセン州ほど強固な反対意見が見られないことが特徴的である。第 1 読会にて反対の立場を示していた SPD も、第 2 読会においては反対とはいいつつも、具体的な批判や指摘はなく、反対のトーンは下がっていることがうかがえる[80]。ヘッセン州の場合と異なり、緑の党案および読会に寄せられた意見も賛成意見が多数であり[81]、加えて、記念物保存が所掌事務となっている省の大臣が、読会において明確な反対を示さなかったことも注目される。

---

[77]　Landtag Nordrhein-Westfalen, Gesetz zur Änderung des Denkmalschutzgesetzes NRW, Plenarprotokoll 17/103, vom 8. 10. 2020, S. 122ff.

[78]　Landtag Nordrhein-Westfalen, Vorlage 17/4761, vom 3. 3. 2021.

[79]　Landtag Nordrhein-Westfalen, Drs. 17/16518, vom 10. 2. 2022. このときに、現行法の 9 条 3 項の形式になったが、本条の形式変更の理由については、特段の言及はない。

[80]　また、専門委員会の報告要旨を見ると、2020 年 8 月 19 日に SPD の発言が確認できるが、気候変動防止と記念物保存の利害調整についての発言はなかった（Landtag Nordrhein-Westfalen, Ausschussprotokoll, 17/1083）。

[81]　Landtag Nordrhein-Westfalen, Stellungnahme 17/2528, 17/2691, 17/2743, 17/2749, 17/2816. 反対意見として Landtag Nordrhein-Westfalen, Stellungnahme 17/2666, 17/2742.

また、二つの改正案の間に存在する違いという点でみれば、9 条 3 項の削除と 9 条 2 項の変化が挙げられる。しかしながら、改正案 9 条 3 項は第 2 版案では消失したものの、第 2 版の内容および後述の議案の内容からすれば、9 条 3 項で述べられているような発想、すなわち記念物の利用可能性を確保するという発想自体は、第 2 版案および最終案にまで通底しているものと思われる。第 2 版案の 9 条 2 項以降、配慮すべき利害のなかに住宅の利害が追加され、住宅機能を有する建築物としての利用可能性の重視という観点が追求されていることからもこのことは指摘できよう。

ところで、ノルトライン・ヴェストファーレン州の州記念物保存法改正の動きについては、特殊な背景事情が存在する。それは、2018 年 10 月に CDUと FDP の有志が提出した議案 "Starke Denkmalpflege- starke Heimat! Eigentümer beim Erhalt und der Nutzung von Denkmälern unterstützen[82]"（記念物保護を強化せよ——郷土を強化せよ！　記念物の保存と利用のための所有者の支援）が議会において採択されていたことである。

本議案の主張は大要以下の通りである。①記念物は法律や補助金施策等に現れるように、ノルトライン・ヴェストファーレン州の人々にとって大切なものであることは十分に認識されているが、その大切さは郷土意識の強化という観点からもより積極的に評価されるべきである。この郷土意識の強化という機能を有効にするため、記念物は我々の社会の中心に戻されなければならない——居住地、宗教的空間（sakrale Räume）、文化や芸術を享受する空間、果ては経済や産業の利用に資する空間にまで記念物は構成要素として位置付けられるべきなのである。②ノルトライン・ヴェストファーレン州に所在する記念物は、その 8 割近くが私所有物、1 割近くが教会の所有物であるから、記念物の保存・保護に多大な貢献をしている彼らを支援しなければならないし、そのためには、実務を担う下級記念物保存官庁がより実効的に動けるようにならなければならない。③記念物については、近年、バリアフリー、自然環境保護、省エネ、再生可能エネルギーの利用の要請や利用可能性の確保という点で困難を抱えているため、これらの事情に対応できるような記念物保存・保護体制にする必要がある。④以上の点から、州議会は(a) 私人、教会

82　Landtag Nordrhein-Westfalen, Drs. 17/3807, vom 2. 10. 2018. また、公聴会等を踏まえて改めて議案の採択を求めたものとして Landtag Nordrhein-Westfalen, Drs. 17/6290, vom 17. 5. 2019.

の記念物所有者が記念物保存にもたらしている貢献の評価、彼らの直面している問題の認識、下級記念物保存官庁の役割の重要性の認識について確認し、そして(b)記念物保存・保護に関する法的状況を改善するよう州政府に要求することを決定すべきである。

　本議案について、反対したのは SPD（より具体的な制度案を提示すべきであり、あいまいに記念物所有者の権利を強くすることには反対）、明確な反対とまでいかないものの、懸念を示したものとして緑の党（内容は賛成だが、議案の審議手続に不満がある）と、AfD（内容は賛成だが、これを実現するだけの専門職の確保が困難であるとの認識）の意見がある。担当省の大臣は、本議案に対して反対や懸念は特に示さなかった。結果、本議案は、CDU, FDP, AfD 等の賛成、SPD の反対、緑の党の棄権でもって採択された[83]。

　したがって、法改正は初動こそ緑の党が主体となったが、議会および政府において 2018 年の議案に基づき、自然環境保護、省エネ等の課題を解決しつつ記念物の利用可能性を確保するべく法改正を行うという意向は既にあったことがここからうかがえるのである。

Ⅲ　若干の考察

　以上の二つの州の活動について分析結果をまとめつつ若干の考察を行う。このとき、二つの事例の州以外の州で行われた議論も参考にする。これらは当時の州記念物保存法改正に直接結び付けられていなかったり、一つ一つの量がそれほど多くなかったりといったことから、本文で個別に取り上げるに至らなかったものの、分析においては有用と判断したものである。

　1 番目に、ヘッセン州記念物保存法の改正について検証した。ここでは、現代的・実務上の課題を解決するために気候変動防止の利害の尊重が求められ、与党をはじめとして多くの賛成意見があった一方で、委員会に際して行われた公聴会と業界団体からの意見において反対や懸念が多く提示され、気候変動防止の利害と記念物保存の利害の対立関係が強調されていたことが特徴的であった。ヘッセン州の場合において、両利害の対立が明確に表出したことの要因について、あくまで資料の検証からであるが、一つには、緑の党

---

[83]　Landtag Nordrhein-Westfalen, Plenarprtokoll, vom 17/59, 24. 5. 2019, S. 21ff.

208 第4章 法領域間での利害調整過程の分析——環境保護と記念物保存

案の頃から繰り返し述べられる記念物保存行政における「現代的な課題」という標語があいまいにすぎ具体的に対策の必要性を共有するに至らなかったということが指摘できるのではないか。

この指摘を補完するものとして他の州の資料に目を向けてみれば、気候変動防止の利害と記念物保存の利害とを調整する必要があること自体は認識しているものの、そこから州記念物保存法にヘッセン州、ノルトライン・ヴェストファーレン州のような条文を入れなければならないという発想には必ずしもつながっていない。例えば、ザクセン・アンハルト州での議論において、記念物は、州全体の建築物のわずか4％にすぎず、そのわずかな建築物に対し気候変動対策を推進することはそれほど重要でないとの見解が担当省より出されたほか[84]、バイエルン州においては、記念物は、使用された建材や建設方法の点で、一般の建築物より平均寿命が遥かに長いことから、持続可能性という点では非常に優れており、むしろ建替え等のエネルギーコストが抑えられていると担当省によって評価されている[85]。またシュレスヴィヒ・ホルシュタイン州が、州内の下級記念物保存官庁に対して行った調査によれば、気候変動防止利害と記念物保存の利害との調整が必要なケースは多く存在するものの、当該ケースが他の利害調整よりも特別に困難な事例であるとは思わない、と回答した官庁が過半数であったことが指摘され[86]、（州ごとの違いは勿論存在しようが）これもまた当然に法改正という特別の解決法を要求することには必ずしも結び付かない。

この点、2番目に紹介したノルトライン・ヴェストファーレン州の事例では、動議が前提にあり法改正が既定路線であったという事情が存在したものの、一連の流れを積極的に評価するならば、記念物保存の文脈においても気候変動防止利害を尊重しなければならない理由がより明確に提示されていたと思われる。それは、記念物が地域の人々の生活の一部であるということである。

ノルトライン・ヴェストファーレン州の法案および動議の審議においては、①記念物が都市機能の一部（それはなにも観賞用、観光資源という意味にとどま

---

84 Landtag von Sachsen-Anhalt, a. a. O., (Fn. **64**), S. 5.

85 Bayerischer Landtag, Drs. 18/4900, vom 3. 1. 2020, S. 2.

86 Schleswig-holsteinischer Landtag, Drs. 19/3047, vom 25. 5. 2021, S. 92.

らない）であること、②記念物とされる建築物の多くが私所有物であること、かつ、そこで生活する人々がいること、③したがって、所有者および関係地域の人々の利用可能性を確保することで、彼らの生活から切り離されたものとならないようにする[87]ことが重要であると夙に述べられている。

　同様の議論について他の州を見てみると、例えば、バイエルン州では先に紹介した通り、記念物それ自体が、持続可能性、気候変動防止に資するものであり、法改正をしなければならないという結論を導かないとする一方で、記念物に対して気候変動対策を施すそれ自体に全く意味がないとはしていない。なぜなら、「記念物保存と気候変動防止とは、対立に終始するだけではな」い関係を有しているためである。バイエルン州によれば、「記念物には現在でも人が居住しているなど生活の一部となっているため、将来に記念物を残すという意味においても、現代的で、“生きた”利用法を確立することは、重要な課題である。そのような文脈において、気候変動防止の措置が、記念物の全体を維持するための措置の構成要素となる」。

　以上からすれば、記念物保存と気候変動防止の利害調整は、人々の生活という場において気候変動防止施策と記念物施策とがむしろ調和するとの保護法益に係る積極的な理解において行われる可能性を、記念物保存政策の視点から積極的に見出していることがうかがえる。

第2款　改正EEGによる気候変動防止利害の優先指針と記念物保存

　2016年のパリ協定発効以降、ドイツは再生可能エネルギーの利用を精力的に推し進めているが、最近の世界情勢の不安定化を受け、より一層この傾向が強まったといえる。現在ドイツは、2035年までに電力供給のほとんどを再生可能エネルギーによる発電でまかなうことを目標としており、この目標を達成するために、立法上の大きな動きとして、必要な枠組みを構築するため

87　補足的に、利用可能性の確保は州の財政状況との関わりも指摘できる。すなわち、動議の議論内では、これまで記念物に多くの予算を投じてきたものの、その予算額は年々減少しており、これまで以上に所有者の負担が大きくなることが予測されることから、彼らが所有物の適切な管理をあきらめないよう、そして長く管理してもらえるように、所有物の自由度を高め、使い勝手のよいものにできるような制度作りを行う必要があるとの考えが表れている。その意味でも太陽光パネル設置など気候変動対策が特に注目されていた。

の再生可能エネルギー法が改正された（EEG2023[88]）ことが挙げられる。

　ところで、EEG2023 および EEG2023 の一部が先行して定められている前法（EEG2021）の第 3 次改正法によって（以下、両法に共通している部分については「EEG」と称する）、再生可能エネルギー生産施設と関わりを有する他の様々な法領域に小さくない影響がもたらされている。そして、その法領域の一つには記念物保存法領域も含まれている。その結果、ここ 1、2 年で EEG に影響を受けた新たな法解釈を示す注目すべき判決が登場した。

　本款においては、EEG がもたらした気候変動防止の利害と記念物保存の利害との新たな関係の局面について、特に注目されている判決の分析を通じて分析を行う。

　まず、EEG の内容について、特に記念物保存法領域との関連の部分を概観し、その後続いて裁判判決の紹介と分析を行い、最後に小括を行う。

I　EEG に基づく記念物保存との利害調整の可能性

1　EEG の制定内容について

　上述の通り、パリ協定に端を発したドイツの再生可能エネルギー政策は、新たな段階へと進んだ。EEG2021 および連邦気候変動防止法（KSG、本章第 2 節第 1 款）3 条 1 項では、2030 年に電力供給のうち再生可能エネルギーの使用率を 65％にし、2050 年までにカーボンニュートラルを実現することを目指していたが、EEG2023 の頃にはこの目標達成スケジュールがさらに早まることとなった。EEG2023 検討の段階においては、2030 年には少なくとも再生可能エネルギーの使用率を 80％にすることとされ、2035 年にはカーボンニュートラルを実現するという目標が掲げられたのである。

　背景には、昨今の環境問題があることはもちろん、電力需要が今後増大すること、そして、セクターカップリングによる電力供給・消費の効率化を進めることで将来における電力需要の増大に対応しうるとドイツでは考えられていること、また、ロシアのウクライナ侵攻を受けて、それまでロシアから多くの天然ガスを輸入していたドイツのエネルギー政策に深刻な影響が及んでおり、エネルギーの「脱ロシア化」を進める必要があること、が存在する[89]。

88　Gesetz für den Ausbau erneuerbarer Energien（Erneuerbare-Energien-Gesetz - EEG2023）vom 22. Dezember 2023（BGBl. 2023 I Nr. 405）.

とりわけ後者は、エネルギーの"主権"がいずこに存するべきかという問題であるとされ、ドイツ国家のみならずヨーロッパ全体の安全保障に関わる重大な問題とされた[90]。

　以上の目的達成のために様々な内容がEEG2023に盛り込まれたが、記念物保存法領域との関係で注目されるのは、①全ての法分野において再生可能エネルギーの拡大を加速させるため、再生可能エネルギーの利用に係る公益を最優先の公益かつ最も重要で公共の安全に資するものとする原則を明文化することで、再生可能エネルギーに係る公益の重要度を他の公益に比べて高い地位に設定したこと、そして、②都市計画法など関連の諸分野における利害調整が本法によってコントロールされる可能性が生じたことである[91]。

　これらの効果の根拠条文、つまり、記念物保存法領域との関係で重要でありかつ以降に紹介する判決で問題となったのは、EEG　2条[92]であるが、この条文自体は、EEG2023に向けた議論のなかで取り上げられているものの、先行して2022年7月20日に行われたEEG2021の第3次改正[93]にて加えられている。

　草案では、2条の制定意図について、再生可能エネルギーの生産や利用が公益性を有することが強調されている。すなわち、太陽光パネルや風力発電所の設置による再生可能エネルギーでの発電が企業や個人の経済的利益のために行われることは否定できないものの、このようなものを私益としてのみ捉えるのは誤りで、結果的に国のエネルギー政策あるいは気候変動防止政策の目標、さらにはEUの関連施策の目標に貢献するのであるから、再生エネルギーの生産等に係る施設の設置や発電は包括的に再生可能エネルギーに係る公益に含んで考えるべきとされた。かつ、以上のように重要な政策の目標達成に貢献する再生可能エネルギーに係る公益が、優先されるべき公益であ

89　EEG2023を含めた同時期のエネルギー政策の転換を総称して、"Osterpaket"と呼ぶ。

90　Vgl. Peter Salje, EEG2023, 2023, S. 2f.

91　DT-Drs. 20/1630, vom 2. 5. 2022, S. 1ff.

92　EEG 2条「発電関連の施設の設置と稼働は、相当高位の公益であり、公衆衛生および安全に資するものである。ドイツの発電がほぼカーボンニュートラルになるまでは、再生可能エネルギーは優先的な利害として個別の保護利益の衡量において取り扱われるべきである。第2文は、州および連邦の防衛に係る利益に対しては適用されない。」

93　Gesetz für den Ausbau erneuerbarer Energien（Erneuerbare-Energien-Gesetz - EEG2021）,（BGBl. I S. 1353）.

り公共の安全に資するものと定義されること（2 条1 文）は、個別の衡量事例において、再生可能エネルギーに係る公益を特に高い重要性を有するものとして尊重させることを要求する（2 条2 文）。特に公益の種類の指定が条文上には記載されていないが、草案では、具体的にここで問題となる個別衡量の場面の例として、記念物保存の分野における衡量も取り上げている[94]。そして特殊な事例について2 条3 文が規律する[95]。

2　EEG 2条の評価

　EEG 2 条が追加されたことについて、気候変動防止の公益としての地位をこれまで以上に高めることとなったと学説では評価されている。一部の EEGのコンメンタールでは、記念物保存の公益が気候変動防止のための措置にとっての障害となっていることが指摘され、これまで基本法 20a 条の国家目標であることを根拠として記念物保存の公益と優先性を競いあってきたものの、気候変動防止の優先性は必ずしも常に認められてこなかったことを問題視する傾向も存在した。このような立場からすれば、EEG 2 条による状況の"改善"は高く評価される[96]。

　特に第2 文に基づく利害調整に係る文言は、行政決定および裁判審査に一定の裁量があり、必ずしも決定が安定しない可能性を有しているという難点はEEG 2 条の有無にかかわらず存在するものの、従来の衡量決定に比べれば、より明確に優先順位が定められたことは利点として考えうる。すなわち EEG 2 条2 文では、単なる経済利益、財産利益よりも、人を含めたあらゆる生物の保護につながる利益が明らかに優先されている。

　ただし、あくまで衡量のなかでの優先であるからして、絶対的な優先が再生可能エネルギーに係る公益にあるわけではないことに留意する必要がある[97]。

94　DT-Drs, a. a. O., (Fn. 91), S. 158f.

95　Salje, a. a. O., (Fn. 90), S. 50.

96　Salje, a. a. O., (Fn. 90), S. 48.

97　Salje, a. a. O., (Fn. 90), S. 56ff.

第3節　立法による利害調整の試み　*213*

Ⅱ　EEG 2 条に基づく司法上の利害調整

——OVG Mecklenburg-Vorpommern, Urt. v. 7. 2. 2023, 5 K 171/22

　さて、以上の特徴を持つ EEG 2 条が司法の場面でいかに用いられるか、特に記念物保存と気候変動防止の利害調整の場面でいかに用いられるかということについて、判決を概観したうえで検討を行う。

　メクレンブルク・フォアポメルン州上級行政裁判所 2023 年 2 月 7 日判決[98]は、EEG 2 条 2 文が記念物保存の利害に適用されるか否かという問題に取り組んだ数少ない判決である。

　なお、メクレンブルク・フォアポメルン州上級行政裁判所判決は、再生可能エネルギーの利用の利害と記念物保存の利害との関係という論点以外にも、連邦イミシオン防止法の集中効に関する複数の論点（同意対象の行政官庁の地位、同意を受けて手続を進める許可官庁の役割、同意手続が裁判審理上の召喚手続にもたらす影響）やメクレンブルク・フォアポメルン州記念物保存法の許可手続に関する興味深い指摘も存在するが、本款においては、あくまでこれまで本章において検討してきた記念物保存利害と気候変動防止利害との衝突に係る論点を取り上げたいため、これらは省略する。

1　事実の概要

　2020 年 4 月 6 日、原告らはメクレンブルク・フォアポメルン州内の土地 C にて風力発電施設を設置および操業することを企図し、被告（Staatsamt für Landwirtschaft und Umwelt）に連邦イミシオン防止法上の許可を申請した（4 条、19 条）。連邦イミシオン防止法 13 条に基づいて、被告は問題の許可により影響を受ける公益を所掌する各行政官庁に対し、許可付与の同意を求めたが、そのうちのメクレンブルク・フォアポメルン州記念物保護専門職（Landesamt für Kultur und Denkmalpflege Mecklenburg- Vorpommern, LAKD[99]）が同意を拒否する予定であることを、被告および原告に対して明言した。なお、原告は申請書類において土地 C 内の記念物への影響は軽微であるとしていた。

　その後、原告と被告が複数回にわたって LAKD との交渉を行ったが LAKD

98　OVG Mecklenburg-Vorpommern, Urt. v. 7. 2. 2023, 5 K 171/22, juris.

99　メクレンブルク・フォアポメルン州記念物保存法 4 条にいう記念物保護職員である。

が翻意することはなかった。LAKD によれば、原告の求める風力発電施設が仮に建設された場合、当該施設の周辺に広がる土地 C 内の都市空間に対する視覚的影響が甚大であると考えられる。風力発電施設の設置予定地周辺には、教会、風車、古城（Burganlage）などの恒久的遺産（Festungsanlage）、公園施設、商社（Gutsanlage）、城（Schlossanlage）、商家（Gutshäuser）、楼閣（Schlösser）といった建築記念物が多く立ち並んでおり、これらは個々の施設としても記念物としての価値を有するのみならず、一体となって貴重な都市景観を形成しているものとされる。そして、原告に対して、風力発電施設の設置がもたらす視覚的影響を可視化する作業（Visualisierung）が必要であり、それが許可申請資料として提出されなければならないとした。さらに LAKD は、独自にこの視覚的影響のシミュレーションを行い、結果として、土地 C の南北および東の中心的な通りから教会に視線を向けたときに、設置予定の風力発電施設が視界に入ることとなり、この視覚的影響は都市の景観的価値に重大な侵害をもたらすと評価した。

　原告、被告、そして LAKD の再三にわたる交渉において、原告は改めて申請した風力発電施設が記念物にもたらす影響について調査を行い（LAKD が求めていた視覚的影響の可視化作業も行い）、その結果を 2021 年 8 月 27 日に被告と LAKD に提出している。しかしながら、当該調査結果を受け取った LAKD が、調査結果の評価をする時間が要るという理由で即座に回答することを拒否し、LAKD の同意を待つことが必要であると判断した被告もまた、許可申請に係る判断を行わなかった。

　結局、許可申請に対する回答を被告より得られず長期間にわたって風力発電施設設置および操業ができなかった原告は、2022 年 3 月 10 日に不作為に基づく義務付け訴訟を提起した（行政裁判所法 75 条）。

2　判　　旨
　本款に関わる限りで、判決の大要は以下の通りである。
　LAKD から（同意に関して）否定的な意見が出された場合、被告は州記念物保存法の規定に基づく条件に従い、与えられた事実に基づいて独自の意見を形成しなければならないことは明らかである。判例（OVG Mecklenburg-Vorpommern, Urt. v. 30. 11. 2021 5K 148/21）によれば、

第3節　立法による利害調整の試み　　*215*

"……メクレンブルク・フォアポメルン州記念物保存法 7 条 6 項[100]に関して、裁判所同様、イミシオン防止法上の許可官庁としての被告は、たとえそれが正しい評価であったとしても、記念物保存官庁の専門的評価、とりわけ州専門職員の評価に拘束されないということは指摘しなければならない。許可官庁と裁判所は、州職員の評価の妥当性や説得力を総合的に検討し、手続の全体を見て独自の見解を形成しなければならない（行政手続法 108 条 1 項）。他方、メクレンブルク・フォアポメルン州記念物保存法 7 条 6 項のような形式的規定は、連邦イミシオン防止法上の集中効の範囲でいずれにせよ押しのけられ、集中手続のなかでは適用されない"[101]。

結局、連邦イミシオン防止法に基づく被告の許可は、たとえ記念物保存法上の許可の必要性あるいは記念物への外観に対する侵害の相当性が認識されるような場合であっても与えられる可能性はある。

以上から、優先的な公益が許可付与を要求するとき、メクレンブルク・フォアポメルン州記念物保存法 7 条 3 項 2 号[102]によって許可が与えられ、かつ本件において州記念物保存法上の要件は既に満たされている。

メクレンブルク・フォアポメルン州記念物保存法 7 条 3 項 2 号は、個別事例ごとに係る記念物の侵害性のない保存という公益と、建設案によってもたらされる公益との衡量を要求する。建設案に係る公益の高い評価は、許可が要求される状況、つまり許可付与が拒否できない状態が優勢という状況を必要とする。本件においては、C 地内の三つの記念物の外観が変更されずに保存される公益に対し、対立する建設案の実現という公益が優先されるほど重要であり、許可付与が要求されている。

許可付与審査のために衡量される公益の重要性に係る評価は、再生可能エネルギー法（EEG）2 条 2 文に基づき、連邦の立法者が衡量手続において"あ

100　メクレンブルク・フォアポメルン州記念物保存法 7 条 6 項「許可を要する措置が、他の法令規定に基づく計画決定、許認可または同意を必要とする場合、それらの決定が第 1 項の許可に代わるものとする。第 1 文に基づき責任を有する官庁は、許可付与の前に、担当の専門州職員と合意しなくてはならない。4 週間以内に合意に達することができなかった場合、所管の州最上級官庁は 4 週間以内に最終決定を下す」

101　OVG Mecklenburg-Vorpommern, a. a. O., (Fn. **98**), Rn. 100f.

102　メクレンブルク・フォアポメルン州記念物保存法 7 条 3 項「以下の場合に許可が与えられる。……(2)優先される公益のためにその措置が必要な場合」

216　第4章　法領域間での利害調整過程の分析——環境保護と記念物保存

らかじめ設定"している。

　裁判所は、基本法72条2項との関係における同法74条1項11号および24号から、EEG 2条の制定とその具体的な規律について適切な立法権限が連邦の立法者に与えられていることにつき、疑いを持っていない。そして、——記念物保存法のように——連邦に関係の専門法が管轄する分野について立法権限を持たない場合でも、基本法に基づく立法権限に係る規律間の争いは生じない。というのも、EEGにおいて定められた重要性に係る優先度の規範化は、再生エネルギー生産の加速という公益の重要性について、個別の専門法の外で独立して定められた規律であるためである。この規律は、専門法の規律に直接的な影響を及ぼすものでなく、専門法で規範化された衡量過程に対し間接的な影響しかもたらさない。……[103]

　EEG 2条の規定は、メクレンブルク・フォアポメルン州記念物保存法7条3項2号に従って行われる衡量に関していうと、二つの点で重要である。まず第一に、連邦立法者はEEG 2条1文において、風力発電施設の設置および管理に係る利害を、「優先的」、というよりむしろ最高位の公益として定義している。……第二に、EEG 2条2文は——連邦全域におけるほとんどカーボンニュートラルな発電を実現するという目標がまだ達成されていないことが一般的に認識されているため——、現状再生可能エネルギーを保護価値の衡量において優先するべきであると規定している（Soll- Bestimmung）。……

　この規律は個々の風力発電施設にも適用されることを強調されるべきである。個別事例への適用はEEG 2条2文からも体系的に導かれる。なぜなら、EEG 2条で言及される保護価値の衡量は、当然ながら専門法の基準に基づいて建設案ごとあるいは個別事例ごとに実施されるためである。再生可能エネルギーの"加速度的"拡大のために"即時措置"を講ずるという立法上の配慮は、EEG 2条の規定が個別事例の許可のレベルで効力を発揮し、行政のための一種のプログラム規定として誤解されないときに限って有効であることは明らかである。いずれの異なる解釈は当裁判所の見解が従う立法上の関心に明らかに違反する。連邦憲法裁判所のかつての判決（BVerfG Beschul., v. 27. 9. 2022, 1 BvR 2661/21, NVwZ 2022, 1890（1899））もまた、風力発電の拡大と利用

103　OVG Mecklenburg-Vorpommern, a. a. O., (Fn. **98**), Rn. 152ff.

は、基本法 20 条 a および基本権の保護義務によってもたらされる気候変動防止に事実上不可欠な貢献をするものであり、同時に、風力発電の拡大は、現在特に危機に瀕しているエネルギー供給の安定を支えるものであることを強調している。連邦憲法裁判所は明確に、"再生可能エネルギーの利用をさらに拡大することを目的とするあらゆる措置は、基本法 20a 条の気候保護原則に基づき国家が義務付けられている気候を保護する役割を果たす"、と一貫して述べている。ザクセンアンハルト州の州議会（後述 3）が EEG 2 条の規律について逸脱した見解を示しているが、以上の検討からすればこれに従うことはできない。

EEG 2 条 2 文は、いわゆる Soll-Bestimmung として理解され、個々の保護価値の衡量——記念物保存の分野も衡量の例として立法過程において明確に言及されていた——において、風力発電施設設置という優先的な公益と公共の安全の公益が、個別事情に根拠付けられた非典型的かつ例外的ケースにのみ克服されるという意味で、再生可能エネルギーの利益が基本的に優位に立つことになる。

したがって、今回の場合における風力発電施設設置と管理における優先的な公益は、建設案に関連した優先的公益であり、この措置は、メクレンブルク・フォアポメルン州記念物保存法 7 条 3 項 2 号の意味において、やむをえない、あるいは必要とされるものである。これは、首尾一貫した公共の安全の公益によって裏付けられている。

本件の場合においては、問題の法的保護を受けている記念物の外観に係る具体的な状況に関して、以上の評価の結果が異なるような特別な事情は看取できなかった。

もし被告において、個々の事案の状況にかかわらず、メクレンブルク・フォアポメルン州憲法 16 条 1 項から導かれる記念物保存の "憲法上の地位" が、EEG 2 条 1 文の優先される公益が許可決定をもたらすことに対する障害となると考えているのならば、被告は——行政手続時の上級の省庁と同様に——誤っている。この点に関してまず指摘しなければならないのは、メクレンブルク・フォアポメルン州の憲法、特にその 16 条 1 項は、他の州の憲法とは異なり、記念物保存について明確に言及していないことである。したがって、州憲法の文言から直接 "憲法上の地位" を導くことはできない。当

時、州憲法はまだ州議会で採択されていなかったことに留意すべきであるものの、州記念物保存法に関する議会草案初版の問題提起と制定理由の資料においても、そのような憲法上の地位に関する言及はない。仮に、メクレンブルク・フォアポメルン州憲法16条1項1文に、特に文化や記念物保存に関する州、ゲマインデ、クライスの保存・支援義務が定められていたとしても、おそらく（ただ単に）、憲法において設定された最適化要請が問題となるだろう。確かに、文化記念物の保存は立法上の正当な関心事であり、そして記念物の保護は高位の公共の福祉任務である。しかしながら、最適化要件あるいは公共の福祉の任務の存在を受け入れたとして、憲法条文を見れば、EEG 2条1文において優先すると定められている風力発電施設の設置および管理に係る利害と個別事例で対立し、あるいはそれを克服しうる公益の根拠となるわけではない。むしろ、メクレンブルク・フォアポメルン州記念物保存法7条3項2号の州法上の規制は（規範全体としても）、最適化要件を単純法で表したもの、あるいは公共の福祉任務の保障の表現にすぎない。この限りで、州記念物保存法上の規範は審査のための枠組みを提供しており、個別事例ごとに関連する記念物に対して優先される公益によって、許可が与えられる。むしろ、これらの前提条件が存在する場合に、記念物保存は——まさに最適化要件あるいは公共の福祉任務を根拠として——克服されるのである。その限りで口頭審理中に登場したEEG 2条に関するザクセン・アンハルト州の州議会の見解（後述3）は裁判所と異なる見解を示しており、上記の考慮事項によって賛同できない。

　法律に基づき実施されなければならない個別事例ごとの具体的状況の評価において、本件で問題となっている記念物については、その外観に重大な侵害が想定された場合でさえも、上記の考慮事項の内容によれば、それはせいぜい閾値の低いものであると見なされることが確実である。さらにこれについては、物質的な侵害がないことも考慮しなければならない。また、以上のことから、記念物保存に係る重要性は明らかに“低い位置に”置かれる。風力発電施設は通常20年程度の耐用年数で設計されるという事実を考慮すると、このような風力発電施設の設置によって影響を受ける文化記念物の外観への侵害は、通常可逆的なものと考えられ、したがって受忍可能なものと考えられる。……[104]

第3節　立法による利害調整の試み　*219*

3　メクレンブルク・フォアポメルン州上級行政裁判所判決の分析
——もう一つの判決との比較検討

　以下、メクレンブルク・フォアポメルン州上級行政裁判所判決における記念物保存法領域との法領域間関係にとって重要な点を分析し、法領域間関係への今後の影響について検討する。

⑴　メクレンブルク・フォアポメルン州上級行政裁判所判決の意義

　メクレンブルク・フォアポメルン州上級行政裁判所判決は、利害衡量の場面において EEG 2 条が具体的にいかなる効果を発揮するのかを示した判決のうちの一つとされる。その意味では、同様の問題に関する"最初の判決でもなければ最後の判決でもない[105]"、一つの事例にすぎないといえる。しかしながら、メクレンブルク・フォアポメルン州上級行政裁判所判決が①州記念物保存法と EEG との関係について検討した希少な判決であったこと、そして、②同じく州記念物保存法と EEG の関係について審理した過去の判決（後述⑵）が、風力発電施設設置の利害よりも記念物のある都市景観の侵害の程度を重視したうえ、EEG 2 条の効果について慎重に判断すべきとして適用に慎重な態度を示していたのに対して、メクレンブルク・フォアポメルン州上級行政裁判所判決が対照的な立場をとったことから、学説からの注目が大きかったものと考えられる。また、一部の学説からは、メクレンブルク・フォアポメルン州上級行政裁判所判決が EEG 2 条の解釈に非常に丁寧に取り組んだ初めての判決との評もなされている[106]。

⑵　EEG 2 条が州記念物保存法にもたらす影響

　メクレンブルク・フォアポメルン州上級行政裁判所判決が注目されている最大の理由は、EEG 2 条への好意的な評価がされた点である。メクレンブルク・フォアポメルン州上級行政裁判所判決によれば、州記念物保存法（メクレンブルク・フォアポメルン州上級行政裁判所判決の事例では連邦イミシオン防止

104　OVG Mecklenburg-Vorpommern, a. a. O.,（Fn. **98**）, Rn. 158ff.

105　Tillmann Gollan, Wirkung des §2 EEG bei der Genehmigung von Anlagen zur Energieerzeugung, IR 2023, 182f.（183）; Andreas Große, Windenergieanlage–Überragendes öffentliches Interesse am Ausbau erneuerbarer Energien, NVwZ 2023, 1015ff.（1017）.

106　Johannes Graetschel, Windenergieanlage und Denkmalschutz, KlimR 2023, 120ff.（125）.

220　第 4 章　法領域間での利害調整過程の分析——環境保護と記念物保存

法の集中効のなかに取り込まれているが）上の利害衡量の具体的な場面において、
EEG 2 条があらかじめ順位付けをしているため、州記念物保存法の許可付与
規定にいう "他の公益が記念物保存の公益を上回る場合" や "より重要な公
益が許可付与審査で問題になる場合" といった判断基準における記念物保存
以外の利害の評価に EEG 2 条が影響をもたらす。結果、EEG 2 条によって基
本的に再生可能エネルギー利用に関する利害が記念物保存の利害に優先する
ことになり、例外的な場合に限って、この優先順位が覆されるとした。

　このような具体の利害衡量の場で優先順位を設定する効果は、EEG の草案
において述べられた EEG 2 条 2 文の説明と合致するように思われる。かつ、
記念物保存の分野に関するものではないものの、メクレンブルク・フォアポ
メルン州上級行政裁判所判決と同様の立場をとる判決が複数存在することか
らすると[107]、比較的優勢な立場での判決が出されたと評することができる。

　ただし、上記のような EEG 2 条の解釈は、ドイツ連邦制の観点から実質的
に州が立法管轄を有する州記念物保存法の規律内容に干渉することになり、
州の立法管轄を侵害することにならないかとの疑問が生ずる。歴史的に、記
念物保存行政の法制化に関して連邦単位での法案が州に警戒されたように
（第 1 章）、そして、成立当初の建設法典の規定が州記念物保存法の立法管轄
を侵害する恐れがあるとして裁判に及んだ事例があったように（第 2 章）、連
邦と州との立法管轄に係る権限配分にドイツは厳格に取り組んできたとの理
解を、これまでの研究から筆者は得ているが、このような理解からすると、
今回の EEG 2 条がもたらした州記念物保存法の利害衡量への影響が、権限配
分の点からいかに捉えられるのかは重要であるように思われる。

　州記念物保存法と EEG との関係についてメクレンブルク・フォアポメルン
州上級行政裁判所判決より以前に検討したニーダーザクセン州上級行政裁判
所 2022 年 10 月 12 日判決[108]は、この点を慎重に見た判決であったといえる。
この判決においても、記念物の存在する眺望に影響を及ぼす風力発電施設の
設置計画承認に係る利害衡量が行われた。そのなかで、EEG の役割をどのよ
うに考えるかという問題に対し、ニーダーザクセン州上級行政裁判所は本書

107　OVG Schleswig-Holstein, Beschul. v. 3. 5. 2023, 5 MR 1/23, juris; OVG Nordrhein-Westfalen, Bes-
　　chul. v. 29. 3. 2023, 22 B 176/23. AK, juris.
108　OVG Lüneburg, Beschul. v. 12. 10. 2022, 12 MS 188/21, juris.

第2章および第3章で取り上げた連邦行政裁判所 2009 年 4 月 21 日判決を援用した。すなわち、連邦行政裁判所の判決によれば、建設法典 35 条は州から独立した連邦の最低レベルの保護を提供しているが、州の保護に介入する場面は限定されており、通常求められる配慮が州法によってなされていればそれ以上の配慮を建設法典に基づいて求めるわけではない。このことを踏まえるならば、新しい EEG 2 条 2 文が、単に官庁の裁量を誘導する狭義の最適化要請を含むにすぎないか否か、あるいは、（EEG 2 条の草案がいうように）建設法典 35 条 1 項の衡量に後付けされた衡量の具体化装置なのか否か――そしてその限りで州法から独立した連邦法固有の最低保護基準をより一層具体化し、州と連邦の当該基準に係る関係を相対化する効果を発揮するか否か――は未確定であるとした[109]。

　ニーダーザクセン州上級行政裁判所判決を受け、ザクセン・アンハルト州議会において州政府が質問への回答という形で、EEG 2 条と州記念物保存法の関係について見解を述べている。州政府は、ニーダーザクセン州上級行政裁判所が EEG 2 条は狭義の最適化要請を含むにすぎないと述べていることを前提とし（この点においてそもそも判決の引用が不正確であるように思われるが[110]）、加えて①記念物保存の利害が州記念物保存法のみならず基本法等によって、環境保護利害（基本法 20a 条）に対抗できる高い地位にある国家目標とされていること、②基本法 20a 条と記念物保存利害との間に優劣がないとの見解が一般的であること、から、ニーダーザクセン州上級行政裁判所判決を参考に、引き続き個別事例ごとの慎重な衡量を行うべきであることを強調した。特に、EEG 2 条の草案において衡量の事例として挙がっていたもののうち、記念物保存だけが本来連邦の立法権限外の利害であることを重視して、EEG 2 条との衡量例として草案で紹介されているのは、建設法典 35 条で保障される範囲（連邦法上の最低限の保護）のみであり、建設法典 29 条で州記念物保存法に一任されている部分ではないとした[111]。

　ニーダーザクセン州上級行政裁判所判決およびザクセン・アンハルト州政府の見解が述べる"狭義"の最適化要請の具体的な意味は他の資料からも明

109　OVG Lüneburg, a. a. O.,(Fn. 108), Rn. 58f.

110　同様の指摘として Große, a. a. O.,(Fn. 104), 1017.

111　LT-Drs. 8/1926, S. 2ff.

222　第4章　法領域間での利害調整過程の分析——環境保護と記念物保存

らかでないが、両者の意味するところは大要、衡量に係る利害の評価に一定
の影響をもたらすものの、その影響力は少なくともメクレンブルク・フォア
ポメルン州上級行政裁判所判決が考えるほど強力に優先順位をつけるもので
はない可能性があるとのことではないか。この点、一部の評釈においてニー
ダーザクセン州上級行政裁判所判決は EEG 2 条がプログラム規定にすぎな
いのではないかという疑義を呈した判決であるとしている[112]。そうであると
するならば、EEG 2 条の規定のみではほとんど従来の利害衡量の状況に変化
をもたらさない恐れがある。

　そして、二つの見解が EEG 2 条の影響力を以上のように考える背景に、連
邦と州との権限配分への厳格な態度があることがわかる。ニーダーザクセン
州上級行政裁判所判決では、連邦法（建設法典）が州法の機能している領域に
おいては最低限の保護を提供するのみであるとした連邦行政裁判所の判決を
踏まえて、EEG 2 条の州記念物保存法に対する影響力の可能性を検討してい
る（つまり連邦法上の最低限の保護基準の理論が、建設法典以外の連邦法にも適用
される可能性を考慮している）。かつ、EEG 2 条草案への言及についても、こ
れが建設法典 35 条のような連邦法特有の保護基準の延長のものを示してい
るにとどまり、それ以上に特別に州の立法権限に介入するような効果は想定
されていない可能性にも触れている。また、ザクセン・アンハルトの見解に
おいては、連邦法特有の保護基準であることの可能性が消え、より影響力が
少ないものと考えられた。さらに EEG 2 条が想定している衡量の対象利害の
なかで、唯一記念物保存の利害が州の立法管轄の下で保護されるものである
ことから、特別な扱いを受けるべきであると強調している。

　これに対して、メクレンブルク・フォアポメルン州上級行政裁判所判決が
ニーダーザクセン州上級行政裁判所判決およびザクセン・アンハルトの州政
府見解とは異なる立場をとっていることは明らかである。

　メクレンブルク・フォアポメルン州上級行政裁判所判決は、州記念物保存
法に基づくあらゆる決定について EEG 2 条の影響を論じており、当該決定が
連邦法特有の保護基準内か否かという線引きは行われていない。そして、メ
クレンブルク・フォアポメルン州上級行政裁判所判決は、EEG の立法権限が

112　Greatschel, a. a. O., (Fn. 106), 126.

連邦に存することは明らか（基本法74条の競合的立法管轄に含まれる経済法および気候変動防止法）であって、かつ、EEGの適用に関連を有する各分野の個別法の管轄が連邦になかったとしても、EEGの存在が当該個別法に係る権限を侵害することはないとしている。EEGがもたらす利害の優先順位は個別法の外から間接的に影響をもたらすのみで、直接州法に介入しない。

EEGの草案でも、この法律の制定根拠が基本法74条1項の競合的立法管轄に属する事項であることを根拠として、EEGの制定は憲法上問題がないと述べられるにとどまっていた[113]。したがって、EEGの存在に係る立法管轄上の適法性以上の指摘、つまり州記念物保存法への間接的な影響をもたらす効果が州の立法管轄を侵害しないとする指摘は、メクレンブルク・フォアポメルン州上級行政裁判所判決が示したEEG 2条の解釈である[114]。

メクレンブルク・フォアポメルン州上級行政裁判所判決において、これ以上に連邦と州の権限配分に関する検討はなされていない。メクレンブルク・フォアポメルン州上級行政裁判所判決の言及を敷衍すると、EEG 2条によって優先順位付けがなされるものの、州記念物保存法に定められた衡量決定そのものは排除されておらず、そして記念物保存の利害が気候変動防止利害よりも優先されるケースが少なくとも理論上存在することが、州法の立法管轄を侵害しないことの根拠であるように思われる。踏み込んだ見方をすると、メクレンブルク・フォアポメルン州上級行政裁判所判決は、州の立法権限によって規律される分野であっても州法の規律の根幹的な部分に立ち入りさえしなければ、連邦法は州法の規律に影響を与えることが許されると考えているように思われ、これは、過去の判決等に比して、連邦と州の権限配分についてより緩やかな線引きをしている立場と見ることができるであろう。

(3) 州憲法とEEG 2条の関係

メクレンブルク・フォアポメルン州上級行政裁判所判決はさらに、記念物

---

[113]　DT-Drs., a. a. O., (Fn. **91**), S. 146.

[114]　なお、メクレンブルク・フォアポメルン州上級行政裁判所判決以前の学説ではあるが、連邦の州の立法管轄に影響しないEEG 2条の効果のことを "überprägender Wirkung" と表現するものがあった（Thorsten Attendorn, Umweltrechtliche Ausnahmeabwägungen über die Zulassung von Wasser- und Windkraftanlagen nach dem "Osterpaket", NVwZ 2022, 1586ff.(1588)）。しかしながら、この表現について一般的な言説は管見の限り確認できなかった。

224　第4章　法領域間での利害調整過程の分析——環境保護と記念物保存

保存の利害について、公益として高い順位にあることの根拠とされてきた憲法上の地位についても評価を行った。メクレンブルク・フォアポメルン州上級行政裁判所判決によれば、州憲法に記念物保存が国家目標として定められていることのみではEEG 2条の設定する優先順位を覆すことはできないし、州憲法の定めは最適化要請をもたらすのみであり、州記念物保存法という個別法がその憲法上の要請の表現であるとしている。

　先に紹介したザクセン・アンハルト州政府見解が指摘し、また、本章第2節で紹介した判決や学説の通り、従来、記念物保存と気候変動防止の利害は、互いに基本法上高い地位を持つ公益で同程度に価値があるものという考えが一般的であり、事例ごとにどちらの利害を優先するか判断が分かれてきた。そのような抽象的な憲法を基準とした不安定な状態に対して、利害衡量の具体的な基準を提供する個別法が誕生した以上は、（違憲の疑いがない限り）具体的な法的規律の適用がまず優先されることに違和感はなかろう[115]。

　他方において、特定の利害について定めた憲法条文の要請が、個別法の制定によって完全に解消すると考えるのは最適化要請のこれまで本書で紹介してきた議論（本書第2章第3節）の内容からして疑問があること、また、メクレンブルク・フォアポメルン州上級行政裁判所判決が触れていた州憲法の規定の文言による規律密度の違いに関して、記念物保存法領域の通説との整合性の観点から疑問が生じうること[116]に留意する必要があると思われる。

⑷　評釈の傾向と今後の展開について

　メクレンブルク・フォアポメルン州上級行政裁判所判決の評釈は、EEG 2条に係る判断について賛同するもののみである。本判決の提示した見解によって、例外事例は存在するものの、具体的事例への当てはめ以前の段階で

---

[115]　記念物保存の利害が今後EEGと争うためには、州憲法だけではなく具体的状況に応じて、より説得的な根拠を出さなくてはならないとする見解について、Rudi Seckel, Förderung des Ausbaus erneuerbaren Energien nur Programmsatz?, NJW - Spezial 2023, 269f.(269).

[116]　記念物保存法領域の一般的な解説書によれば、州憲法のなかには記念物と直接に表現しているものや文化的事務など間接的に表現しているものなどの違いはあれど、文化的な事務等の重要な構成要素として記念物が存在することを踏まえて、これらの州憲法の理解に違いを設けることはしていない（Vgl. Hammer, Martin/Krautzberger, Handbuch Denkmalschutz und Denkmalpflege, 5. Aufl., 2022, S. 72ff.）。なお、記念物の文言がない州憲法は現在六つである（文化保護への言及は五つの州にある）。

原則的な優先順位が決定されたことには、衡量決定で“間違い”を犯す可能性が減る[117]との期待や、再生可能エネルギー利用拡充の動きに法的安全性がもたらされたとの評価[118]が与えられている。この点、記念物保存法の研究者による評釈が一つもないことは気がかりではある。メクレンブルク・フォアポメルン州上級行政裁判所判決含む EEG に係る議論は今まさに活発な状況であるからして、今後の記念物保存法関係者の見解がまたれる。

　なお、バイエルン州記念物保存法が、EEG 2 条の登場を受けて 2023 年 6 月に改正されている[119]。改正法には、記念物に係る措置の許可審査について、①再生可能エネルギーの生産、記念物のエネルギー効率の改善に資する措置に関する許可は、例外的事情に限って拒否されること（6 条 2 項 3 文）、②記念物の周辺地域での措置に対する許可審査の例外で、風力発電施設の設置、変更、除去に関する許可については、場合によっては都市景観を特徴付ける重要な記念物の近辺においても付与されうること（同条 5 項 1 文）、③そのような許可は、都市景観を特徴付ける重大な記念物の本質的部分、伝統的概観、あるいは芸術的な効果を侵害し、記念物の状態を不変に保つという公的事由と強く対立する場合に拒否される（同項 2 文）ことが新たに追加されている。この条文の制定理由として立法府は、EEG 2 条がもたらした、“エネルギー供給に関する連邦法上の基本的決定”を受けて、記念物保存に関する法的規制をさらに発展させる必要が生じたためとしている。加えて立法府は、州記念物保存法の改正を足掛かりとし、今後関連組織との合意によって再生可能エネルギーに係る利害を上回る例外ケースのより詳細な定義を行い、両利害の矛盾を解決していく必要があると強調した[120]。専門委員会においてもそれほど強い反対が見られなかったこの改正州記念物保存法の内容からすれば、記念物保存法に関わる人々の間でも、少なくとも EEG 2 条がもたらす原則的な優先順位の存在それ自体には異論がないとする判断材料の一つとすること

---

[117]　Thomas Lingemann, Der neue §2 EEG in der verwaltungsgerichtlichen Rechtsprechung, NVwZ 2023, 1634ff.（1637）.

[118]　Große, a. a. O.,（Fn. **105**), 1017.; Terezie Hovorková, OVG Greifswald（5. Senat）, Urteil vom 23. 02. 2023—5 K 171/22 OVG: Weg frei für Anlagen für erneuerbare Energien?, EWeRK 2023, 130ff.（136）; Gollan, a. a. O.,（Fn. **105**), 183.

[119]　GVBl. 2023 S. 251.

[120]　Bayerisch Landestag 18/25751, vom 13. 12. 2022.

226 第 4 章 法領域間での利害調整過程の分析——環境保護と記念物保存

は可能であるかもしれない。

最後に今後の展開について検討する。先述の通り、メクレンブルク・フォアポメルン州上級行政裁判所判決のように EEG の優位を積極的に肯定する判決がほかにもあることにはもちろん留意しなければならないが、他方において、連邦裁判所レベルの判決がこの問題について未だ登場しておらず。メクレンブルク・フォアポメルン州上級行政裁判所判決の立場は有力であるとはいえるものの主流とできるかどうかについては未だ不明確である[121]。また現在、EEG 2 条の個別法への適用に関する判決の多くが風力発電施設の設置計画の義務付けの類型であるのは、EEG 2 条の制定からまた期間がそれほど経過しておらず、違法判断の基準時の問題からであると思われる（ドイツにおいても義務付け裁判は口頭弁論終結時である）。となれば今後、EEG 2 条と個別法との関係を審査する判決がより多様な形で登場してくるものと思われ、さらなる事例の積み重ねが期待される。

とりわけ、メクレンブルク・フォアポメルン州上級行政裁判所判決で未だ明快でない問題として、気候変動防止利害の優位を覆す例外事例の問題が残っている。メクレンブルク・フォアポメルン州上級行政裁判所判決も、それから改正されたバイエルン州記念物保存法も、仮に都市景観を構成する重要な記念物であったとしても気候変動防止利害との比較においては、侵害を許容しなければならない場合があるとしている。この点は特に建設法典や連邦イミシオン防止法上の衡量のなかでの記念物保存であるから、眺望、視覚的効果の面が中心に語られがちであるが、例えば記念物自体の一部破壊などにつながる場合は、この優位を覆しうるのかなどが検討されるべきであろう[122]。

---

121 同様の指摘として、Gollan, a. a. O.,（Fn. 105）, 183.
122 かつての裁判例のなかでも記念物の中心部分でないところの多少の破壊などは許される事例があったことからすると、一律には例外事例には入れてもらえないように思われる。また、眺望という観点からしても、ニーダーザクセン州上級行政裁判所判決は、EEG 2 条の貢献を消極的に解しているものの、結論として風力発電施設の設置によって記念物を含む景観に重大な侵害を及ぶこととして、設置計画の遂行を認めていないことからすると、記念物そのものを傷付けておらずとも、例外事例にならないともし難い。

第3款 小 括

　本節では、州記念物保存法の改正と、連邦によるEEG 2 条 2 文の創設とを題材として、規範体系間の調整が乏しい法領域間関係にあって利害が衝突する問題を立法によって克服する過程を分析してきた。以下、本節の研究結果を整理しつつ、敷衍する。

　まず、第1款における州記念物保存法の改正に係るドイツの議論の主題は、歴史的・文化的価値を有する建築物の保存と、気候変動防止の観点での建築物の変更がいかに調整されるのか、ということであった。検証を行った事例からは、記念物保存の固有の保護法益を気候変動防止と調和的に理解する傾向があったことが注目される。

　また、州記念物保存法に責任が集中しやすい許可法制の構造上の問題に加え、記念物が各州に存在する建築物のうちごく少数の物であるために州を越えて全体的な対応をする意義が乏しいと思われること、事例検証から見て否定的な見解が根強い問題であることから考えても、連邦法である建築物エネルギー法ほか連邦の環境関連の法令ではなく、州管轄の記念物保存法に対応を委ね、州ごとに判断をするという対応をとったことは妥当な流れであるように思われる。繰り返しになるが、記念物保存は州の管轄であるため、連邦法で記念物保存業務に関係する規律を定めた場合州の権限を侵害する恐れがあり、したがって重大な権限侵害を避けるべく連邦法での規律には慎重にならざるをえないということもいえる。そのような権限管轄の観点からも、州法で記念物保存の管轄を侵さないように制度が作られることを肯定的に評価することが可能である。

　第1章の通り、歴史的に見れば、そもそも記念物保存の立法・行政がドイツにおいて州の管轄とされ州法で規律されてきた背景は、「地域の文化を地域で守る」という記念物保存法分野の根幹の保護目的がある[123]。本章の検証においても、ノルトライン・ヴェストファーレン州での、地域の人々の生活に引き付けて記念物の価値を検討する議論があり、州記念物保存法および行政において「地域のことは地域で」という視座が重要なものであることがうかがえる[124]。

123　本書第1章第2節など参照。

228　第4章　法領域間での利害調整過程の分析——環境保護と記念物保存

　次に、第2款では、連邦が制定したEEG 2条によって、記念物保存と気候変動防止の間の利害調整にいかなる影響が及ぶのか、とりわけ連邦制のなかで州記念物保存法の運用にいかなる影響を及ぼすのか、という点についてドイツの議論を追った。

　前款で紹介した動きの時点ではあくまで一部の先行した州の活動として再生可能エネルギー利用の尊重が捉えられていたが、今回のEEG改正によって、州記念物保存法の改正如何を問わず、全ての州が再生可能エネルギー利用の拡充について再検討を余儀なくされたと見てよいであろう。

　EEG 2条2文は、草案段階の議論と条文を併せれば、個別具体的な利害衡量の場面において気候変動防止利害を優先するよう求めているように読めるが、ニーダーザクセン州上級裁判所判決では、EEG 2条2文は連邦行政裁判

124　このような議論は日本にも通ずるものがあると思われる。すなわち、現代における記念物の利用可能性を確保しつつ地域の歴史を守るという観点は、わが国の文化財活用の施策にとっても重要な視点である。活用、そして文化財の利用可能性という点は、例えば対象物に保存措置を行ったうえでの公開といったことなどが想起されるが（例えば文化庁文化財部記念物課「史跡等・重要文化的景観マネジメント支援事業報告書」（平成27年3月）44頁以下）、かつての文化庁の通知（文化庁「重要文化財（建造物）の活用について（通知）」（平成8年12月））においては、重要文化財の活用につき、「例えば民家建築に住み続けること、社寺建築を宗教行事に用いることなど」、「文化財がもつ機能や用途を維持し、使い続けることは活用のひとつの在り方である」との認識が示され、そのような文化財の機能や用途を維持するために、「内部の改造等を行うことは、文化財としての価値を損なう可能性を有するが、一方で、居住に用いられるというような従来からの機能や用途が維持されていることの意義は非常に大きい。したがって、本来の機能や用途の維持をできる限り図るとともに、既に機能や用途が失われている文化財についてもその復活が可能となるように十分に配慮すべきである」と述べられている。加えて、文化財保護法の2018年改正によって創設された文化財保存活用地域計画の策定内容においても、文化財に対する防災対策等の観点からの変更や、歴史的建造物の活用のための増改築・用途変更等が想定されている（文化庁「文化財保護法に基づく文化財保存活用大綱・文化財保存活用地域計画・保存活用計画の策定等に関する指針」（令和3年6月版）6頁以下）。さらに、文化財の地域性という点は、2018年改正文化財保護法が、上記の事項に加え、都道府県による文化財保存活用大綱、そして市町村による文化財保存活用地域計画の制度を創設し、地域総がかりでの文化の保存および活用（そしてそれら活動に基づく文化の継承）を積極的に目指す方向へと舵を切ったことが注目される。続く2021年改正の文化財保護法でも、地域における文化財の保護および活用を進めるため、地方公共団体による文化財登録制度が法制化された。
　このような、従来からの考え方と近年の法改正の内容からすれば、ドイツの議論は、歴史的・文化的価値を有する建築物を当時の姿のまま保存され観賞対象として残すのみならず、対象物が有する価値も十分に踏まえたうえで、必要な変更を施して維持および活用していくことの動機付け、論理の組み立てをいかに行うか、というわが国にも通ずる課題に対して、一つの解決法を示したといえるし、文化財保護行政における地域、そして地域の行政を担う自治体の重要性を改めて示したと見ることが可能である。

所 2009 年 4 月 21 日判決が述べたように州法による支配を前提とした連邦法
独自の基準作成の効果にとどまるとする、つまり連邦法が州法に対して提供
する最低限のセーフティラインとしてしか扱わない可能性が指摘されてい
た[125]。その背景には、州法の通用する範囲を厳格に維持しなければならない
という、連邦制を尊重する姿勢が存在する。これに対し、後続のメクレンブ
ルク・フォアポメルン州上級行政裁判所判決は、EEG 2 条 2 文が州記念物保
存法上求められている記念物保存の利害と他の利害との衡量の場において、
優先順位をあらかじめ定める効果を持つとした。判決によれば、EEG 2 条 2
文は州の規律に直接介入するものでない限りは、たとえ介入する分野に連邦
の立法権限がなかったとしても、憲法がもたらす連邦制の観点から州法への
介入も許されるとの考えを前提にしているように見える。したがって現在の
ところ、EEG 2 条 2 文の効果は連邦と州の権限配分を侵害しない範囲で発揮
されていると解される。また、バイエルン州では EEG 2 条 2 文の効果を尊
重する方向での州記念物保存法の改正も行われていることも確認され、EEG
2 条の州記念物保存法への影響が積極的に肯定される傾向も見られる。

　これら一連の出来事を法領域間関係の視点に引き直してみると、気候変動
防止含む環境法領域の保護法益と記念物保存法領域の保護法益はかねてより
衝突する傾向があったため、衝突を回避し、特にどちらか一方の利益が不当
に侵害される事態を防ぐための調整規律が求められていたところ、裁判判決
や学説による問題提起から一部州法の改正、そして（カーボンニュートラル実
現までという一時的なものではあるが）連邦による統一的な衡量指標が提示さ
れるという、異なる分野間での利害調整手法の緻密化の過程と見ることがで
きる。ただし建設法典や州建築規制法のような詳細な手続規定を整備するな
どの手法ではなく、記念物保存法に限らず多様な個別法に対して大まかな方
針を提示するという手法で衡量指標を提示したがために、両法領域間で適切
な権限配分が行われているかが不明瞭なものとなった。二つの異なる裁判判
決はまさに、連邦制の権限配分からの適法性を確保しながらも異なる分野間
の利害調整基準をいかに形成するかという、法領域間関係の重要な側面を論
じていると評価できよう。

125　ただしこの連邦制に厳格な立場の論拠としての建設法典 35 条に係る判例が、都市計画法領域
　　以外にも適用されるのかは明らかでなく、この点はさらなる検討を要するであろう。

結局のところ、EEG 2条という気候変動防止利害の一般的優先を求める連邦法の条文に対する、州法の権限侵害の可能性の有無というこの問題は、事例が少なく未だ一般的な傾向を示すに至っていない。また終章にて後述するが、仮に衡量指標ができたとしても、不当な衡量が行われないように絶えず指標の監視、更新は行っていかなければならないし、EEG 2 条 2 文のみでは具体的な判断基準が明らかでないことにも注意しなければならない。本章において描き続けてきた環境法領域と記念物保存法領域の関係は今大きな転換を迎えたところであるが、以上のことからすれば、これからもその展開を注視し続ける必要がある。その意味において、バイエルン州記念物保存法が、風力発電施設の設置の優先に理解を示しつつ必要な手続を追加し、さらに衡量基準の精緻化に努めるとしていることは妥当であり、積極的に評価できるもののように思われる。

第4節 小　　括

本節では、気候変動防止利害と記念物保存利害の利害の衝突事例を題材として、裁判判決と立法過程を見ることによって、法領域間関係が比較的希薄な場面における課題とその克服策を分析することを行った。

第2節では、まず、環境法領域と記念物保存法領域との規範体系を確認した。保護法益の観点から両法領域は関係を持ちうるし、かつ環境法領域の基本的な権限主体が連邦であることから、連邦制の下で両法領域の権限配分の問題について検討すべきであるにもかかわらず、実際には、両法領域間には互いに配慮するような規定がなく、関係性が希薄であることがわかる。

この関係性の希薄さが、司法上の利害衡量の問題の解決を困難にし、二つの法領域間の関係性に学説の注目が集まることとなった。

記念物あるいはその周辺地における気候変動防止のための措置の許容性を、気候変動防止利害と記念物保存利害どちらを優先するか、という観点から審査する裁判判決が多く登場していることを同節では続いて取り上げている。これら事例は、太陽光パネルの設置に係る事例と風力発電施設設置に係る事例とがある。前者では記念物保存の利害と環境保護の利害を基本法の条文を解釈することで評価し優先順位を決めるという、不安定な利害衡量が行われ

終章　ドイツ法領域間関係論と日本行政法

　本書は、日本行政法の体系的整理に関する議論のさらなる発展に向けて、ドイツ行政法での法領域間関係に基づく実体法上、手続法上、組織法上、救済法上の議論を分析し、ドイツにおける個別行政法の認識手法とその効果について明らかにすることを試みた。最後に、本章では以上の成果を改めてまとめたうえで、わが国の行政法研究に本書の成果がいかに貢献しうるか検討する。

I　本書の成果――ドイツ法領域間関係の発見

　本節においては、ドイツ行政法における法領域間関係の一例としての、ドイツ記念物保存法をめぐる他法領域との関係性について、これまでの研究で明らかにしたことを整理する。

1　法領域間関係の形成

　ドイツにおいて（現在は）歴史的、芸術的価値を有する物を保存する制度であるドイツ記念物保存法領域が都市計画法領域との密接な関係を有する現在の体制となるまでには、そもそもの独自の州記念物保存法を中心とした規範体系の形成を含め、いくつかの重要な歴史的展開を経た。

　元々、特定の遺産を保存することで地域文化を保護する法制度を作る試みと、都市の良好な景観を維持する法政策がそれぞれの領域で行われてきており、両者の関係性は不透明であったが、19世紀以降に都市環境の改善のための法制度構築に係る議論を経て、互いに独立した領域として位置付けがなされることとなった。すなわち、プロイセンにおいて制定された醜悪化防止法について、景観を損なう行為の禁止や、歴史的あるいは芸術的に優れた建築物等の変更に係る許可留保が導入されたが、それらに加えて記念物保存の観点を法に取り入れることの可能性が論じられていた。最終的に記念物保存の観点は醜悪化防止法から排除されたが、その根拠は、歴史的・芸術的価値の保護という目的から財産に現状保存などの制限をもたらすことが、所有権に

対する強力な介入となることの恐れであった。醜悪化防止法において建築行為などの規制が行われるのはあくまで都市の景観を維持することによって良好な生活環境を守るためであり、郷土保全など近しい要素は取り入れられているものの、建築物の外観、雰囲気の保存を求める都市景観保護と、記念物保存とは別物であるとの認識がここで決定付けられた。ここで改めて、都市計画から分離独立した記念物保存のための法制度の存在が要求されたのである[1]。

　その後、ナチス・ドイツ期において検討された州（ラント）の権限の縮減、ライヒ組織による州組織への監督やライヒ記念物保存法制定の試みは失敗に終わったものの、ドイツ国民の義務として記念物の保存を定め、所有者には所有物の保存義務を課すことで高権的な記念物保存を法律で行うという発想は戦後に引き継がれることとなった。

　戦後、都市の荒廃と急速な復興による記念物の相次ぐ破壊は、ドイツ含めヨーロッパ全体で記念物の保存運動を引き起こした。その結果、現在の各州の記念物保存法の原型が誕生した。他方、都市計画行政においては連邦建設法が誕生し、戦後の広範な都市復興に貢献した。連邦建設法はのちに建設法典となるが、その過程において再び都市計画行政は記念物保存の視点を積極的に取り入れようとした。つまり、都市計画において経済や交通上の要求に過度に従わず、都市の近代化、修復を適切に行うことが必要であるとの認識に基づき、建設法典内の保全条例、再開発制度などの仕組みが用意され、さらに建設法典全体で記念物保存を補強するための制度作りが求められた。

　法領域間関係の生成過程として以上の歴史を引き直すと、一方において、都市計画と記念物保存という二つの法領域は、都市の景観の維持という点で保護目的、規律領域が一部重なるために未だ記念物保存のための法体制が整備されていない時期から、都市計画の文脈において並行する法秩序として存在してきたが、それぞれの保護目的に直結するコアな部分を独立して規律する必要性が強く認識され、ナチス・ドイツ期と戦後の復興期を経て、それぞれの法制度が成立した。しかしながら二つの法分野は完全に独立したわけではなく、それまでの歴史的経緯を踏まえて引き続き都市の適切な発展のため

1　本書第1章第2節。

に協力する法制度を維持しているのである。この二つの法領域における制度間の連携は、一方で、個別行政法間の協力と見ることができるが、他方において、ドイツの連邦制の観点を踏まえれば、地域文化の保護のため（そして国による文化統制を避けるため）州の権限において行われる記念物保存行政と、広域の管理のため連邦の権限において行われる（実行主体は州だが）都市計画行政との間に存在する、権限付与規定である憲法を頂点とした連邦と州との厳格な権限配分に基づく立法・行政・司法における役割の調整と見ることもでき、ここにドイツ特有の関係性を見出すことができる。したがって、ドイツ記念物保存法とドイツ都市計画法の関係の歴史的展開、そして最終的に記念物保存を"補強"するとした都市計画法制の誕生は、まさにドイツ行政法における法領域間関係の形成過程と見ることができる[2]。

2　記念物保存と都市計画の連携

　第1章で紹介した歴史的な展開を経た、ドイツ記念物保存法領域とドイツ都市計画法領域の関係性の現状を、第2章では各法領域を構成する法律の条文を検討することを通じて、立法、行政、司法の観点からそれぞれ分析した。

　立法の面から見ていくと、都市計画法領域では国土整備法、建設法典といった連邦法で都市計画の大要が定められ、各州の建築規制法によって具体的な許可手続が定められている。連邦法では州や行政管区による広域計画から、ゲマインデの建設管理計画において、記念物保存の利害に配慮しなければならないこと等が定められている。加えて、再開発や、都市の歴史的・芸術的特徴の維持のために面的に修復、保存措置を施すための保全条例といった、特定の区域に対して発出される特殊な都市計画の制度においても、記念物保存の利害は重要な考慮要素とされている。

　ただし、これらはあくまで究極的には都市計画上の目的のために制定された法制度であることは留意しなくてはならず、そして、直接記念物保存を目的とした法律を連邦が定めることは許されない。かつて建設法典の前身たる連邦建設法が制定された時代には、保全条例制度が基本法に基づく連邦と州との立法権限配分の原則を侵害してはいないか、との疑義が多く出された。

2　本書第1章第3節。

都市の歴史的・芸術的特徴のために保存措置を施すことは、まさに州が担ってきた記念物保存法の任務と重なるものではないかと考えられたためである。基本法違反の疑いに対し連邦憲法裁判所は、規律対象が重なるとしても制度の目的が異なれば、それはあくまで別の視点から用意された制度であり、州の立法権を侵害したことにならないとした。「都市計画上の記念物保存」と呼ばれるこの考え方によって、都市計画法領域上の記念物保存への配慮は、州の立法権限を侵害しない範囲で認められている[3]。

　以上の立法管轄の整理に基づき成立している建設法典等の連邦法を受けて、定められた州建築規制法、そして州記念物保存法においても、法の保護対象に都市計画上の価値を有する建築物が入っており、建築許可手続や規格外の建築物を例外的に認める審査手続において、記念物保存の利害が配慮対象となっている。また、都市計画に記念物の保存状況を反映させるための特殊な計画制度も明らかとなった。

　法の執行という面では、執行管轄は基本的に州に存することから、州建築規制法と州記念物保存法の仕組みが問題となる。これらにおいては、建築許可と記念物保存法上の許可手続の遂行に際して、州ごとに許可の統合が行われたり、一方の許可審査手続に他方の担当が参加したり、同意を与えたりする仕組みが整備されている。加えて、許可に限らず都市計画あるいは記念物保存に係る専門組織のメンバーに他方の担当者が選ばれ、さらには記念物保存を担う行政組織が都市計画を担う行政組織に統合され一体的に活動している州が存在する[4]。

　司法の面では、連邦裁判所と州裁判所の間の権限配分、そして判決内での利害衡量が問題となる。

　前者は、記念物の周辺地における建築許可付与の取消訴訟と義務付け訴訟のなかで、州記念物保存法の解釈を州裁判所に委ねつつ、基本法の解釈と、建設法典内で配慮される範囲での記念物保存利益の侵害の有無について判断した連邦行政裁判所の裁判例などを本書第3章の準備作業として先行して検討した。これらの検討からは、司法の場においても連邦制に基づく権限配分は厳格に遵守されていることがわかる。

3　本書第2章第2節第3款。
4　本書第2章第2節第1款、第2款。

そして後者は、建設法典における記念物保存利害の衡量が、都市計画の利益含め他の公益に比して、どの程度重要なものとして取り扱われるかということについて学説や裁判例をもとに検討した。結果、①建設法典にいう都市計画の衡量要請のなかで、強力な優位性が存在するわけではないものの、一定程度利害が尊重される理論の構築可能性、都市計画の利害関係者が記念物保存の利害を尊重することを求める訴訟提起の可能性など、衡量要請の存在自体が訴訟による記念物保存の強化につながることを指摘されていること、②衡量要請を踏まえた建設法典に基づく都市計画決定上の利害衡量と、州記念物保存法による記念物保存利害と他の利害との利害衡量は、必ずしも連動するものではなく、連邦法の優位は働かないこと、③最適化要請や国家目標としての文化保護といった要素から、衡量される記念物保存利害の地位が高められる可能性を示した見解が存在することが明らかになった[5]。

　以上から、ドイツにおける記念物保存法領域と都市計画法領域は、連邦と州との厳格な権限配分を遵守しつつも、多面にわたる連携体制が構築されていることが看取できる。このように、基本法の権限配分規定を頂点として立法、行政、司法全ての面において存在する関係性を、単純に個別法同士の関係と整理することは困難であり、まさにドイツ特有の思考であるといえよう。

3　法領域間関係に基づく権利救済

　連邦行政裁判所 2009 年 4 月 21 日判決は、記念物保存に係る第三者訴訟の原告適格拡大の可能性を示唆したという点でドイツ学説において大きな注目を集めた。他方において、同裁判例は、ドイツ行政法における法領域間関係の司法の場における重要性を示した判決といえ、本書にとっても注目すべき判決であったといえる。第3章においては、第三者訴訟の原告適格について保護規範説を基底にしつつ、特に都市計画分野において隣人への配慮という考えから、土地所有権の特殊性から隣接土地所有者の原告適格を認める可能性が存在すること、また基本法が個別法上の規範に及ぼす効果によって原告適格を認めうることを確認し、加えて舞台となったラインラント・プファルツ州記念物保存法と州建築規制法の仕組みを確認したうえで、分析を行った。

5　本書第 2 章第 3 節。

連邦行政裁判所は、まず取消訴訟について、原告が記念物の所有者であるという点に着目している。州記念物保存法の解釈それ自体には連邦行政裁判所は関与できないとしつつ、原審が州法解釈の際に所有権保障を定めた基本法14条1項を適切に用いているか否かを審査することは可能であるとした。そのうえで、隣接地の建築許可によって所有物たる記念物の価値が著しく減ぜられる場合には、所有者に許可取消請求権を与えなければならず、記念物保存が公益のために行われ私益を本質とせずとも、州記念物保存法に基づく許可制度や保存義務によって所有権が制限されうる制度である以上、所有権保障の観点から全く保護されないことはあってはならない旨を判示した。結論として裁判所は、この基本法から直接もたらされる最低限の保護のみが本件の原告に与えられているのか、それとも基本法を適切に用いて改めて州記念物保存法を解釈した結果、さらなる保護が与えられるのかについて審査する必要があるとして事件を原審に差し戻した。

また除却命令の義務付け訴訟については、記念物の存在する土地を規律する建設法典の規定を解釈し、取消訴訟の判断における基本法の解釈同様、建設法典の許す限りでの記念物保存利害への配慮が存在し、その配慮を根拠とした請求権の存在を示したのであった。ただし、州記念物保存法の許可が正当である以上は、基本的に建設法典の観点からしても衡量は適切であったとされた[6]。

この連邦行政裁判所の判決によって州記念物保存法に基づく許可に対する第三者訴訟の可能性が拓かれたことはドイツのみならず日本の原告適格論にとっても大きな意義を有する。さらにドイツ行政法における法領域間関係の分析という観点からすれば、州記念物保存法の解釈はあくまで州裁判所に委ねるとしながらも、基本法と建設法典という連邦が定めた法律の解釈のみ行い、かつ、基本法の解釈によって州記念物保存法にも影響をもたらすこと（基本法の規範内効果）を試みた連邦行政裁判所の判断手法は司法の場においても連邦制に基づく個別行政法分野の領分を尊重する考え方が根ざしていることを示したといえるだろう。

加えて、本判決を受けた下級審の判決や一部学説が、連邦行政裁判所の発

6　本書第3章第2節。

信に応えて積極的に州法の解釈を行っていることは、法領域間関係の考え方が連邦と州とをただ厳格に分離するものではなく、互いの関係を変質させよりよい連携体制への動機付けとなるものであることをうかがわせる[7]。

4　法領域間における利害調整基準策定の試み

　ドイツ記念物保存法領域とドイツ都市計画法領域との間には、連邦制の許す範囲での連携の関係が見られた一方で、近年記念物保存法領域との関係が注目される環境法領域との関係については異なる様相が見られることも第4章において紹介、検討を行った。

　連邦制の観点から、立法・行政・司法の体制を整理すると、環境保護の分野は都市計画同様、競合立法管轄の下複数の連邦法を基礎とし、州法によって補完されつつ環境保護任務が遂行されている。しかしながら、都市計画法領域と異なり、これら環境保護に係る連邦法において建設法典のような記念物保存への配慮が示された条文は見当たらない。

　そうであるにもかかわらず、近年環境保護、とりわけ気候変動防止のための再生可能エネルギー利用に関する措置を記念物たる建築物に対して施すことに係る許可申請にまつわる判決が多く出されており、両法領域の調整が喫緊の課題となっていることから、本書ではこれら判決のなかで、記念物保存の利害と気候変動防止の利害とが司法上いかに調整されているのかを検証した。その結果、建設法典が記念物保存利害と気候変動防止利害との衡量の場となるケースを除いては、利害調整が個別事例ごとの価値判断によってなされていることが明らかであり、特に気候変動防止利害の評価については、判決によって全く異なる結果を招きうる、非常に不安定なものとなっている状況が看取された[8]。

　以上の状況に対して、記念物保存と環境保護（とりわけ気候変動防止）の利害衡量のための、より明確な判断基準を設定しようとする動きが、記念物保存を管轄する州から、そして環境保護を管轄する連邦から、それぞれに行われている。

　州の動きとして、一部の州が記念物保存法の改正を通じて気候変動防止の

7　本書第3章第3節。
8　本書第4章第2節。

利害を配慮すべき利害として明示しようとする試みを紹介した。

　本書第4章第3節においてはヘッセン州とノルトライン・ヴェストファーレン州の法改正に係る議論を取り上げている。ヘッセン州においては州記念物保存法9条1項において、「あらゆる決定および許可において、気候変動防止、資源保護の利害に特に配慮しなければならない」と定められているが、本条の追加に係る議論を見ると、改正は決して易き道ではなかったことがうかがえる。元々、ヘッセン州記念物保存法において個別の許可ごとに関係公益の衡量は要求されていたところ、改正条文によって気候変動防止の利害が特に配慮すべき利害とされることは、記念物保存の利害と気候変動防止の利害との間に優劣をつけることになりかねないという懸念が関係団体から多く出されていたためである。

　他方、記念物の変更等のための許可申請に係る衡量にあたって特に住居、気候、再生可能エネルギー、バリアフリーの利害を適切に配慮しなければならないとの条文を追加したノルトライン・ヴェストファーレン州の法改正においても、同様の批判が出されたが、こちらでは法改正の本格的な議論に入る前に議会において採択された提案において興味深い見解が提示されていた。それは、記念物は都市機能の一端を担うものとして考えられるため、記念物の所有者たちが自らの所有物の利用可能性を積極的に確保できるような体制作りがよりよい都市の形成につながるとされたものである。

　現代的な課題とされた気候変動防止対策について、ノルトライン・ヴェストファーレン州は都市機能の一部としての記念物を積極的に評価し、所有者による記念物の利用可能性の確保を重要視した。このことは、条文上でこそ新たに気候変動防止の利害を記載したのであるが、実質的な意味においては従来の所有権の尊重（所有物の利用可能性の確保）を気候変動防止という視点から詳細に論じたものといえそうである。この意味においては、対立する二つの利害の調整というよりも、むしろ気候変動防止利害を、所有権を介して記念物保存法のなかに取り入れたと評することができる[9]。

　他方において、連邦による記念物保存と環境保護の利害衡量基準に関する動きは2023年の再生可能エネルギー法（以下、「EEG」）改正が特に注目され

9　本書第4章第3節第1款。

る。EEG は、直接には国家の再生エネルギー利用割合等の目標を定める法律であるが、従来の気候変動防止に係る世界的要請に加え、今般のウクライナ情勢に伴う燃料不足、燃料価格高騰を受けて、気候変動防止に係る利害が関係する利害衡量においては、原則的に気候変動防止利害を優先するとの指針が定められた。これを受けて、気候変動防止と記念物保存の利害調整に係る判決のなかに、EEG を介して実際に気候変動防止利害を優先させる判示を行うものが現れた一方で、連邦の法律である EEG が州法である州記念物保存法の規律する領域に介入する懸念を示した判決やこれに対応する州議会の議論が展開されており、新たな連邦法の規定が権限分配の原則にかなった利害調整基準となるか否かについて、未だその評価が定まっていない状況にある。

　政治的な背景もあり喫緊の課題であった気候変動防止利害と記念物保存利害の調整の問題に対して、EEG の規定が両者の関係を明確にすることに貢献したのは間違いない。しかしながら、連邦と州の権限配分に基づいた適切な関係を構築しなければならないとの使命を果たしつつ、EEG を運用するための法解釈理論の形成は未だ発展途上にある。さらに EEG を受けて州記念物保存法の側での変化も見られるため、両法領域の関係性が今後大きく変化する可能性があり、展開を注視すべきである[10]。

II　日本法への示唆と個別行政法の整理分析手法確立の試み

　続いてわが国における行政法研究に対していかなる貢献をしうるのかについて検討を行う。

　序章にて挙げた本書の研究課題は、①行政法全体を見やすく整理するという行政法各論の機能に着目しつつ、個別行政法分野間の関係性まで踏まえた個別行政法研究を行うための枠組みを設定すること、そして、②一点目の課題を解決するためにドイツ行政法の伝統的な個別行政法の整理手法から知見を得ること、であった。

　ここでは、まず②の課題について、本書のドイツ行政法研究から得られた成果について述べ（下記1、2）、その後①の課題に対する研究成果として、個別行政法の整理分析枠組みの素案を述べることとする（下記3）。

10　本書第4章第3節第2款。

242　終章　ドイツ法領域間関係論と日本行政法

1　ドイツ行政法研究の進展の可能性

　序章（Ⅱ2）でも触れたが、本書の研究手法は、これまでわが国のドイツ行政法研究に対してさらなる研究の可能性を示すものである。建設法典などの連邦法のほかに、州建築規制法、州記念物保存法といった州法も素材とし、連邦と州とを相互に見ながら分析を行うことで、法領域間における具体的な役割分担を理解し、また権限分配の原則を踏まえた法解釈の論理の存在を明らかにすることができた。また、研究の題材として取り上げた記念物保存、都市計画、環境の三つの法領域は、ドイツ法領域間関係を把握するうえで重要であると筆者が考えたが故の選定であるが[11]、結果的に、従来の連邦法の分析に重きが置かれた日独比較行政法研究ではあまり注目されない州記念物保存法の詳細な研究を行うことができた。

2　個別法分野間の関係性分析がもたらす貢献

　続いて、ドイツ法領域間関係研究で得られた知見を踏まえ、日本行政法研究にもたらされる貢献について検討する。ここでは大きく二点、⑴法制度の仕組み分析に関する示唆と、⑵組織上の権限配分の仕組み分析に関する示唆を取り上げる。

⑴　法制度の仕組み分析に関する示唆

　本書の分析が明らかにした法領域間関係の思考は、個別法分野が、その分野の特質として有している固有の利益などを守るために形成された法体系であるという理解を前提に、さらに一歩進んで、他の法体系に配慮した具体的制度の構築——規律領域の重なる許可間の接続・吸収や記念物保存法領域の任務執行に寄与する都市計画手法の創設など——といった極めて特徴的な事象を引き起こしていた。以下、具体的に敷衍する。

　⒜　**特質を意識した法体系の形成**　ドイツ記念物保存法領域は、特に重要な保護法益である対象物の歴史的価値そして芸術的価値を守ることを主要任務とする法規で形成され、かつ保護法益が国全体の文化の理解にも資することもさることながら、それを越えて、各州、地域ごとの歴史・文化の理解に

11　法領域の選定の理由については、本書第1章第1節および第4章第1節参照。

大きく貢献するという点がとりわけ重要視されたため、この地域性という特徴の保持という目的で、記念物保存行政は古くから、そして──国が文化を統括管理することによって起きた危機を経て──現在に至るまで各州における地域の任務として執り行われてきた。記念物保存法領域において保護されるべき価値が、上記二つの根源的価値に加え、州ごとに自身の管轄する地域にとって重要な価値が付け加えられているため（例えば、学術的価値、都市計画上の価値、民俗学的価値）、記念物の価値基準について統一的な理解がないという点も地域性という特徴を体現しているといえる。

　都市計画法領域も、都市空間の土地利用のあり方を計画に基づいて決定し、都市の発展という重要命題の下に、総合計画である建設法典を中心とし、上位計画や関連する州法、そして各部門計画について定めた法規が体系的に整備されている。そして、良好な生活環境から地球全体の環境までの維持に係る法規は非常に多岐にわたって存在しており、整理が困難になってきているものの、それでもなお、それらを環境法領域として体系化し、全体を見渡せるようにしている研究がなおドイツには存在している。

　(b)　特質に基づいた法制度と、他の法領域への配慮　　記念物を法律上保護するにあたって特徴的なルールは、所有者（またはそれに類する権利者。以下、「所有者等」）に包括的な保存義務が課せられていることである。所有者等は、「受忍可能な限りで、自身の所有する記念物の良好な状態を保ち（instandhalten）、または良好な状態になるよう整備し（instandsetzen）、適切に取り扱い（sachgemäß zu behandeln）そして危険から守らなくてはならない（vor Gefährung zu schutzen）（バイエルン州法 4 条 1 項 1 文）」。この所有者等に課せられる保存義務は、基本法にいう所有権に対する制約となる。そのため、著しく厳しい義務を課すことは基本権の保護という観点から許されない。保存義務に対する制限として働くのが上記の条文紹介における「受忍可能な限りで」という表現である。いわゆる受忍可能性（Zumutbarkeit）は、とりわけ記念物保存法との関係においては経済性とも呼ばれ、より金銭負担の軽い保存手法が存在すればそうではない手法で保存することを求められず、かつ所有者等の経済状態、記念物の利用による収入などに見合った金銭負担で行うことのできる範囲における保存しか所有者等に求められないことを意味する。特に本書第4章で触れたが、所有物の利用可能性は所有権の保障の観点において重要な要

素となっている。ドイツでは記念物が住宅など普段の生活に用いられている
ケースが少なくないため、町の一部、生活の一部として十分に利用可能であ
ることが重視される。

　他方、記念物保存法の性質から導かれる保存義務を確実に履行させるため
の法制度として、各州の記念物保存法においては、記念物の変更等を行うた
め、担当官庁の許可を要することとされている。これにより無秩序な記念物
の改変、破壊が防止されている。加えて、記念物という財産の放射効として、
記念物の周辺地にある建築物の変更等についても、記念物（および記念物の存
在する景観）の保存に影響するとして許可制の対象とされている。

　これに対して、都市計画行政は個別の建築物のみならず道路等インフラな
どの様々な都市の要素を法的に規制しかつ誘導することが可能である一方で、
広範な規律であるが故に行政過程のなかで多様な利害間での調整が避けられ
ない。特に、土地利用の態様が都市環境全体の良し悪しにも大きく影響する
ことから、都市計画法領域は必然的に様々な個別法分野と調整をせざるをえ
ないし、特に文化的・歴史的に豊かな都市環境の実現という観点から記念物
保存法領域との調整は欠かせなかった。

　この点、都市計画法領域の規律の特徴として、広範な区域を面的、総合的
に管理する制度が集積していることが挙げられる。記念物に関連していえば、
記念物を含む地域・都市の空間全体の外観や眺望の確保が重視され、そのた
めの計画や許可制度が用意されていた。

　以上を総合すると、ドイツの議論からは、都市の要素として重要な記念物
の保存という目的の下に、対象物の個別的な保護は、所有権に配慮しつつ州
記念物保存法によって行われる一方で、都市計画法領域の諸制度は、（もちろ
ん両法領域の領分は厳守しつつ）より広域の観点から記念物を含む都市の維持
管理を行うために用いられるという体制が構築されていったことが、うかが
うことができる。

　さらに、環境法領域については、少なくとも気候変動防止目的での再生可
能エネルギー利用という点からは、建築物の規格に対する制限を設ける制度
が主要なものであるが、これら制度において記念物保存に関わるのは、せい
ぜい制限免除の特例規定しか確認できない。

　良好な生活環境の維持および次世代への継承という環境保護全体の目的は、

文化的・歴史的居住環境についても通ずる点があると思われ、自然環境と歴史的環境が調和した空間を構築するための制度上のつながりが存在していても不思議ではない。一方で、明確でない被害、あるいは危険との因果関係が明確でない物質に対する警戒——いわゆるリスクの検討という環境法にとっての重要な要素は、記念物保存の本旨とは一致しない。また、環境問題のように、日常生活から生ずる負荷が非常に広大な空間に波及しうるという性質も記念物保存は有さない。これらのことから、ある事務において記念物保存法領域と環境法領域の目的、規律の保護対象が重なること自体はあっても、記念物保存法領域と都市計画法領域との関係のように協調的関係は生まれにくく、根本の法制度の改善よりも一旦の衝突回避のための検討が優先されるものと考えられる。ただ、本書の研究から明らかなように、この関係性は不動のものでは決してない。

　以上が、本書の研究に引き付けた具体的な法分野の形成および作用の面での関係性の整理である。これらの事象を認識し、分析・研究することは、個別行政法分野の詳細な理解が要求されることはもちろん、特定の個別行政法研究からさらに視野を広げて法体系を考える必要性を示しているように思われる。日本の行政法研究の大きな流れである個別行政法研究の、発展の方向性の一つになりえないだろうか。

⑵　組織上の権限配分の仕組み分析に関する示唆

　上述のような法領域の固有の論理、作用法上の動態に加え、本書の研究からは組織法の観点からも特徴的な事象を確認することができた。すなわち、ドイツでは記念物保存行政を間接的に担う組織が他の法領域での活動をメインしている組織にまで分散しているため、記念物保存に係る組織体制の分析を行うためには、州記念物保存法のみを検討することでは十分な理解はできず、おのずと関連の法領域に目を向ける必要が出てくる。そして広い視野でもって組織の動きを見ていくと、実際の態様は州の規律の仕方によるものの、例えば管轄するゲマインデにおける部局間での組織間協力や、分野を横断した組織の構築など組織の統合といった事象が確認できるのである。

　これらは、そもそもの組織を設置する主体の選択としての、連邦制に基づく連邦と州との間の権限配分の問題と、各法領域を担当する分野間での権限

配分の問題とに整理することができる。記念物保存行政は、地域ごとの歴史、文化の保護という重要な目的のために、より身近な主体である州、そして州の監督の下動くゲマインデに権限が付与され、またそれら権限に基づいて司法上の管轄も州に存することが本書の検討より明らかとなった。

都市計画法領域や環境法領域においても、ゲマインデなど特定の地域を管轄する主体が法の執行を担ったり、また詳細な手続等は州によって法規制が行われていたりする。しかしながら、都市計画法領域の本質的な目的は土地の管理であり、したがって連邦、州、ゲマインデとそれぞれの行政主体が管轄する規模に応じて国土計画を策定して相互に関連させることで国土全体を管理する仕組みとなっていることから、その仕組みの基礎を管轄する主体は連邦である。また、環境法領域は（都市計画よりも管轄に係る議論は複雑なように思われるが）空間的に大きな広がりを持つ環境問題への対処という点から連邦によって大まかな制度の基礎が構築されており、かつ、特に環境保護の場合は国際組織において定められたルールとの調整の問題があり、連邦が全体の対処方針を定める役割を担うことから、記念物保存法領域のような専ら地方が管轄を有する法領域とは様相が異なると言ってよいであろう。

(a) **連邦と州の権限配分の問題**　　以上を踏まえて、連邦と州との権限配分という視点から本書の研究成果を検証すると、まず記念物保存法領域と都市計画法領域の権限配分は、旧時より現在に至るまで、広域規制（連邦）と地域文化の保護（州）という重要な利益を保護するにふさわしい主体が検討され、それぞれ選定されているということが看取できる。次に環境法領域と記念物保存法領域との関係については、そもそも役割分担を協力して行っているわけではないことがわかるが、特に新しく改正された EEG において、重視すべき国家目標と定められた連邦の気候変動防止の任務のために州の記念物保存行政が（間接的にではあるが）制限されうる状況は、連邦と州との権限配分が決して不変ではなく、法分野間の関係性の理解のためにも不断の検討を要する事項であることを示しているように思われる。

連邦制をとっていない日本にとっては、例えば、地方分権改革の流れにあって、今なお地方公共団体に係る法令の改革が行われ、条例の制定範囲等について議論の続く地方公共団体と国との権限配分の観点から、国、地方それぞれが担うべき任務の選択、範囲の措定や、権限配分の手法について検討

する際の参考に値するのではなかろうか（ただし日本の国―地方関係とドイツの連邦―州やゲマインデとの関係との違いには留意しなければならない）。

　(b)　所掌事務間での権限配分の問題　　続いて、所掌事務間の組織上の権限配分という観点から検討すると、環境法領域との関係においては組織上の動きは見られない一方で、州によってはドイツ記念物保存法領域と都市計画法領域の双方にわたり、同意や意見聴取手続よりも緊密な協力を期待できるといった記念物保存に係る協議体を設置する事例のほか、州の記念物保存行政と都市計画行政を同一の省の下で一体的に行う事例が見られる。

　関係組織間での権限配分については、日本では対等な行政組織間での分立的調整[12]による意思決定の手法の一例としてこれを捉えることが可能であると考える。組織統合の事例は分立的調整を超えたよりダイナミックな手法とも表現が可能である。ドイツ行政法が有する、複数の利害を踏まえた適切な意思決定を行うための組織上の調整手法の多様さは、複数の利害、立場を踏まえた適切な意思決定手法の構築というわが国において近年注目されている問題に示唆を与えるであろう。

3　個別行政法の整理分析手法の試み

(1)　試　　論

　以上、本書の成果から導き出されることについて述べた。ここからは、日本の個別行政法研究の新たな研究枠組みの設定という課題に対する現在の筆者の考えを述べる。とはいっても以下で述べるのは、現在の個別行政法よりも広く視野を持った行政法の整理枠組みについての試論であり、ここからより精緻な整理手法をまとめるにはさらに研究を続ける必要がある。

　ある個別行政法を、その個別行政法が有する他の分野との関係性も含めて認識し体系的に観察することによって、法の体系化による法解釈機能および問題発見機能を利用し分析を行うための指標として、筆者が考えているのは次のような分類法である。

12　宇賀克也『行政法概説Ⅲ［第6版］』（有斐閣、2024年）73頁以下。

248   終章　ドイツ法領域間関係論と日本行政法

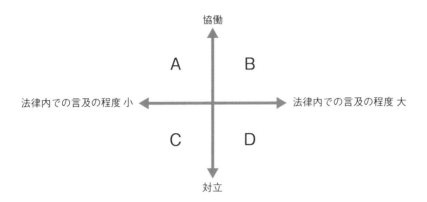

　縦軸は、ある任務に関係する個別法同士の目的・保護法益が共存しうるか否かを表し、横軸は、個別法間で関係する他法と規律範囲の調整や利害への配慮を規律した条文の有無、さらにその条文が他法にどの程度言及しているかについて表している。
　Aの領域は個別法間の規律目的、保護法益は協働しうると考えられるものの、個別法間において互いに配慮したり事務の重複を調整するための条文がなく、あるいは消極的に片方の規律を排除するような条文が定められている場合である。この領域では、必要に応じて一方に規律を委ねたり、集約したりすることで、関連する複数の保護法益を一体的に管理する可能性や、協働する面での意見聴取手続の設置の必要性といったことを議論する余地がある。
　Bの領域は規律目的・保護法益が協働しうると考えられ、かつ、個別法間で協力する、あるいは配慮するための条文が存在する場合である。この場合には、複雑に利害が絡み合う現代行政において効果的な規律を達成しているといえそうである。ただ、このような規律は結局利害の重要性、関係性が時代に応じて変化するため、継続的な観察、場合によっては修正が必要である（この点、わが国の原子力法が環境法分野との関係を強めた展開（序章参照）が想起される）。
　Cの領域は個別法間の規律目的・保護法益が衝突する傾向にあり、かつ、利害調整のための規律が存しない場合である（なお、CDともにどちらか一方に規律を委ねるような条文を設けることは、ABの領域と異なり、他方の利害を適切に考慮できる可能性が低いと考えられるので、避けるべきである）。調整の規律が

そもそも必要かについては議論の余地があるが、同じ任務に対立要素が存在するのだから、一方の利害が不当に配慮されない事態を未然に防ぐ手立てが講じられることは互いの利害の尊重のために有効な方策となる可能性があることからすれば（本書第4章第2節で記念物に太陽光パネルが設置された判決で、基本法の規定から直接的に価値判断がされていた事例が想起される）、法的紛争の予防や解決のため、このような規律は検討されて然るべきであろう。

　Dの領域は、個別法間の規律目的・保護法益が衝突する傾向にあり、かつ、法律上に対立を解消するための条文が存在する。このような場合は、互いの利害に配慮するための方策が備わっており、一方の事務遂行時に他方の利害の侵害が訴訟において問題となった場合は衡量の指標とすることが期待できる。

　以上の整理方法は、あくまで抽象的な素案にとどまるものであるが、関係法律を意識した法内容の整理を行うことで、規律のさらなる充実や組織体制上の課題、裁判統制の問題に貢献しうる考え方の一端を提示したつもりである。問題が生じてから初めて対処療法的に条文を挿入し、基本方針や特措法による対応が試みられるわが国の現状に照らせば、あらかじめ行政任務を規律する法律の分析・整理手法の一着眼点として個別法をより広い体系のなかで捉える視点が有用ではないか。

　現に、日本法においてもこれまで個別法同士の関係の分析が注目された事例がなかったわけではなく、また個別法間の関係を分析することに大きな意義が認められる領域が存在するとも考えている。最後に、そのような日本法における行政法の体系的整理の有用性を考えうるケースを取り上げて、上記整理枠組みの可能性を示すことにより、本書の考察を終えることとしたい。

⑵　体系的整理手法の日本法への貢献可能性

　⒜　**原子力法**　　わが国の原子力法が、組織的には経済法の文脈から環境法の文脈へ、そして保護対象の性質的には環境法の文脈でありながら独立した取扱いがなされていた時期を経て積極的に環境法に取り込まれた動きについては、序章にて既に紹介した。改めてこの動態を⑴で措定した分類で検証すると、AからBへの動きと整理することができる。つまり、目的・保護法益の共通性に着目した規律範囲の統合および組織の一元化が行われたといえ、

序章でも触れた通り、さらなる協働の必要の有無や、あるいは原子力法が独立して担うべき任務の存在について引き続き検討を続けることが要請されることが、上記分類法に照らして明瞭になるものと考えられる。

(b) **環境法と文化法**　本書の成果からは、ドイツにおいて、気候変動防止に係る法制度と記念物保存法とが利害調整に苦労している様相を見て取ることができた。日本ではあまりこの二分野間の問題は明確に指摘されていないものの、例えば、美しい自然景観の確保や観光資源獲得の目的で行われた植樹活動が付近の遺跡を破壊する事例などはかねてより複数存在することを鑑みれば、日本にも同様の問題が存在するように思われる。両者の間の規律について議論されたことも、実際に利害調整などの規律も存在しないことから、上記分類法で考えた場合に、Ｃと考え、利害調整、紛争予防の観点から、事前の手続規定を充実させることが有用に働く可能性を検討しうる。

(c) **文化法と教育法**　こちらも(b)同様、日本の行政法研究ではあまり議論されてこなかった点であるように思われるが、本書の提示する整理分析枠組みで取り扱うことに意義があるのではないかと考え、ここに問題意識を述べる。

日本のように教育行政と文化行政が同じ組織で所掌されていることは他国と比較して珍しい[13]ことである。そして「文教」という言葉がわが国に存在するように、理念的には両者を結び付けて考えることが、行政実務の場で行われていることがある。他方において、実体法上両者は一体的に取り扱われておらず、文化と教育を規律するそれぞれの法律において関連を示すような規定は文科省設置法および地教行法という組織法の所掌事務に関するもの以外見当たらない。

所管の組織が同じである以上の手がかりのない、この日本特有の実体の不明確な関連性は、結果として、わが国での行政法学上の分類もあいまいにしているように思われる。序章と重なる部分が多いものの、改めて行政法各論や個別行政法の成果を確認すると、文化法と教育法が同一に扱われているもの、別個に分析されているもの、双方が存在する。前者は、例えば、かつての美濃部教授の個別行政法では教育と文化を総合した「文化」の概念を紹介

13　文化庁平成30年度文化行政調査研究「諸外国における文化政策等の比較調査研究事業報告書［概要版］」7頁以下など。

している（ただし、「文化」に係る行政活動は、当該活動の外部性の有無で行政法各論上では細分化される）。そして田中二郎教授の行政法各論では、行政自ら公共の福祉のために給付活動を行う性質が強いことを根拠として教育文化事業法という名で文化法と教育法がまとめられている。一方後者については、特に 1970 年代からの成果を見ると、文化法[14]と教育法[15]を分けて議論する研究が登場している。近年の成果の一部にも文化法と教育法をともに扱うものは存在するが、それは「文部科学省の所管する法律であ[16]」るという所掌事務規定を根拠とするもので、個別行政法の有する保護法益などの特質によるとは言い難く、二つの法分野をともに扱うべき実質的な根拠たりえるかは疑問の余地がある。とはいえ、そもそも教育法や文化法を個別行政法の一分野として取り扱った行政法研究の成果自体が近年登場しなくなっており、現代の行政法学において、文化法と教育法が前者と後者いずれの文脈で議論されているか必ずしも明らかではない。管見の限りでは、文化法と教育法は、おそらく現代ではそれぞれ別個の個別行政法と捉える機運にあると思われるものの、共通の理解を確立するほどの研究が進んでいるとは言い難い状況にあるといえる。そして、行政法学上の位置付けをそれぞれ独立したものとして扱うとしたところで、引き続き「文教」の理念的・政治的観念と法の実態との乖離の問題は残存する。

　筆者は文化法と教育法はその特徴、重視すべき価値を異にする法分野であるため、これらは別個に取り扱われるべきものと考えている。例えば、昨今の教育委員会が所掌する事務について首長が介入しやすくなる地教行法の数次の改正という共通の事象に対して、教育の分野と文化の分野とでは反応の大きさ、反応の内容が全く異なる[17]ことなどは、両個別行政法を同一の枠内で論ずることは妥当ではないということを表しているように思われる。

　かつて、政治学的文脈においては、文化を教育から切り離すことが積極的に論じられた時分があった[18]。その議論の目標は、地域に見合った柔軟な文

14　椎名慎太郎＝稗貫俊文『文化・学術法』（ぎょうせい、1986 年）、根木昭『文化行政法の展開―文化政策の一般法原理』（水曜社、2005 年）。

15　兼子仁『教育法［新版］』（有斐閣、1978 年）、室井力＝鈴木英一編『教育法の基礎』（青林書院新社、1978 年）。

16　亘理格＝北村喜宣編著『重要判例とともに読み解く個別行政法』（有斐閣、2013 年）350 頁。

化行政を地方が独立して十分に行える体制を整備することであり、手段として首長によって積極的な文化行政が行われることや、文化専門部局を置きつつ、他部局も含め地方行政全体で文化任務を行うことが挙げられていた。ここだけ見れば、文化行政に首長が参画できるようになり、まちづくりなど他部局が間接的に文化行政を担う機会も増えてきているため、まさに上記議論の目指したことが現在では達成されていると見ることもできよう。しかしながら、上記議論がなされた背景事情として「文化は教育委員会の片手間でできることではない[19]」ことが指摘され、かつ教育と文化という行政任務が本質的に異なることを解明するための議論に意欲的に取り組まれていたことを見逃すことはできない。今行政法学において行われるべきことは、このような行政任務の実質的な違いを追究し、教育法と文化法を個別行政法のなかでいかに位置付けるのか、検討することではないか。

　そのうえで本書の提示する個別行政法の整理分析枠組みによって、文化法と教育法の関係がいかにあるべきかの検討をさらに行うことができる。つま

17　教育法の観点からは、首長の教育分野に対する介入について、懸念を示す見解が見受けられる（安達和志「地教行法の変遷と教育委員会制度」日本教育法学会編『教育法学 40 年と政権交代』（有斐閣、2011 年）76 頁以下（83 頁）、石崎誠也「教育の地方自治と教育委員会制度の改変」日本教育法学会編『新教育基本法と教育再生実行戦略』（有斐閣、2015 年）70 頁以下（77 頁以下）、市川須美子「会長挨拶」同（2015 年）1 頁以下）。なお、この論点は教育学の議論がより活発に行われているが、そこでは警戒感を示すものがある（高橋寛人「教育委員会制度の必要性―教育の本質と教育行政」季刊教育法 173 号（2012 年）24 頁以下（26 頁以下））一方で、住民参加が進むことや国から離れた自立的な学校運営がよりやりやすくなるなどの好意的な反応も登場している（河野和清「教育委員会制度の現状と課題―「教育委員会制度に関する全国調査」を手がかりに」教育学研究 80 巻 2 号（2013 年）222 頁以下、小林直樹「首長部局と教育委員会との連携について―「総合教育会議」の実態を通して」中部学院大学・中部学院大学短期大学部教職実践研究 1 号（2022 年）1 頁以下）。

　他方において、文化法の観点からはこのことに対する反応はほとんど見当たらず、わずかに文化財の防災・被災文化財の救出といった対応についてより機動的な対応が可能となるという評価がなされている（久末弥生『都市災害と文化財保護法制』（成文堂、2020 年）13 頁以下）。ちなみに、この問題について個人の学習権の侵害可能性などから否定的な見解が強力に展開されているのは社会教育の分野であり、社会教育法を行政法学上いかに位置付けるのかということもまた問題ではあるが、本書では取り扱わない。

18　代表的なものとして、大阪文化振興研究会編『都市と文化問題』（創元社、1975 年）、上田篤『都市の文化行政』（学陽書房、1979 年）、松下圭一＝森啓編著『文化行政―行政の自己革新』（学陽書房、1981 年）、田村明＝森啓編『文化行政とまちづくり』（時事通信社、1983 年）、上田篤『行政の文化化―まちづくり 21 世紀に向けて』（学陽書房、1983 年）。

19　大阪文化振興研究会編・前掲注 19）68 頁。

り、文化法と教育法はそれぞれ別個の個別行政法として考えたうえで、組織の所掌事務の点のみでつながっている両法分野のつながりを断ち切るべきなのか、それとも連携させるべき点を見出し、その点について手続法あるいは実体法上の規定を関連法に追加するべきなのか、といったことについて検討しうる。先に提示した四分類に引き付けて述べれば、どこに当てはめるかという問題以前に、まずそもそもの保護範囲、保護目的の重なる部分とそうでない部分の有無、および線引きをしたうえで、協働、対立の傾向を出すところから始める必要がある。そのうえで、さらなる規律の必要性や、規律を要する部分の導出を行うべきであろう。

事項索引

欧文

ALR　*37*

B プラン（Bebauungsplan）　*69, 71, 102, 119*

F プラン（Flächennutzungsplan）　*69*

あ行

委員会　*31, 34, 88, 96*

意見聴取　*69, 97*

著しい侵害　*112, 147, 157, 158, 167, 170*

イミシオン　*177, 187*

受け皿機能　*150, 190*

か行

外部区域　*72, 149, 186*

学芸員　*30, 34, 47*

環境（Umwelt）　*176*

環境法　*18*

気候変動防止　*177, 200*

期待可能性　*144*

記念物（Denkmal）　*23, 82*

記念物保護（Pflege）　*83*

記念物保護計画　*90*

記念物保護職員　*79, 89, 95, 213*

記念物保存（Schutz）　*41, 83*

記念物保存官庁　*79, 86, 88, 94*

記念物リスト　*55, 161*

基本権　*138, 152*

基本法　*61, 65, 83*

教育法　*250*

競合的立法管轄　*223*

競合立法管轄　*45, 65, 177*

行政事件訴訟法　*132, 172*

行政領域論　*4*

郷土　*39, 206*

許可　*55, 86, 119*

　建設許可　*71, 142, 186*

　――の簡略化　*81, 199*

　――の吸収　*87, 92*

　州記念物保存法の――　*55, 86, 119, 143*

計画衡量　*68, 116, 123*

景観　*28, 38, 51, 57, 66, 72, 75, 85, 93*

権限分配の原則　*99*

原告適格　*134, 155, 160, 170, 191*

原子力法　*18*

建設法典　*58, 67, 135, 153*

憲法適合的解釈　*139, 168*

国土整備法　*66, 106*

国家目標　*125, 184*

さ行

再生可能エネルギー　*178, 209*

再生可能エネルギー法　*210, 215*

最低限の保護　*149*

最適化要請　*121, 218, 221*

産業革命　*37*

参照領域論　*7, 13*

自然的生存基盤　*181*

自然的生存基盤の保護　*176, 221*

醜悪化防止法　*39*

州記念物委員会　→委員会

州記念物保存法　*54, 162, 166, 182, 200, 225*

州建設規制法　*78, 142*

州憲法　*94, 217, 223*

所有権

　――の制限　*27, 40, 156*

　――の保障　*144, 147*

た行

代替性　*195*

太陽光パネル　*179*

地域文化の保存　*30, 208, 227*

伝統的な行政法各論　*1, 12*

ドイツ環境法領域　*174, 244*

ドイツ記念物保存国家委員会（DNK）　*53*

ドイツ記念物保存法領域　*20, 242*

ドイツ基本法　→基本法

ドイツ都市計画法領域　*65, 243*

特殊法論　*4*

都市計画上の価値・意義　　84, 91
都市計画上の記念物保存　　101, 102, 153

な行
ナチス・ドイツ　　48

は行
配慮要請　　135, 166
風力発電　　186
プロイセン一般ラント法　　→ALR
文化高権　　44, 59, 126
文化財（Kulturgut）　　23
文化保護　　125
防御権　　156, 158
法システム論　　5
放射効　　101
法領域間関係論　　17, 64, 130, 132, 174, 230
保護規範説　　135
保全条例　　75, 99

保存義務　　55, 144, 147

や行
ヨーロッパ記念物保存憲章　　53, 59
ヨーロッパ記念物保存年　　53

ら行
ライヒ記念物保存法　　49
リスト　　32
利用可能性　　204
ルネサンス　　25
歴史的・文化的価値　　23, 24, 84
連邦建設法　　56, 100
連邦制　　64, 99, 220
連邦制に基づく権限配分　　83, 140, 151
連邦都市建設促進法　　57

わ行
ワイマール憲法　　45, 127

判 例 索 引

Reichsgericht, Urt. v. 11. 2. 1910, V1164/09, RGSt 43, S. 40   *42*

Reichsgericht, Urt. v. 11. 3. 1927, Ⅳ346/26, RGZ 116, S. 268   *46*

BVerwG, Beschul. v. 29. 4. 1968, Ⅳ B 77. 67, DVBl 1969, 261   *190*

BVerwG, Urt. v. 13. 6. 1969, BVerwGE 32, S. 173   *139*

BVerwG, Urt. v. 20. 10. 1972, IV C 1. 70, juris   *153, 190*

BVerfG, Urt. v. 5. 3. 1974, 1 BvR 712/68, BVerfGE 36, S. 321   *126*

BVerwG, Urt. v. 25. 2. 1977, BVerwGE 52, S. 122   *137*

VG Regensburg, Urt. v. 25. 9. 1979, R/0 V79, UPR 1982, 310   *122*

VGH Bayern, Urt. v. 30. 3. 1982, 8 B 80 A 10（判例集未登載）   *122*

OVG Lüneburg, Urt. v. 27. 4. 1983, 1 C 1/82, DÖV 1983, 640   *100*

BVerwG, Beschul. v. 12. 8. 1983, 4 B 16/83, juris   *121*

OVG Nordrhein-Westfalen, Urt. v. 29. 8. 1984, 7 A 2012/83（判例集未登載）   *101*

BVerwG, Beschul. v. 20. 9. 1984, DVBl 1985, 122   *140*

BVerwG, Urt. v. 22. 3. 1985, 4 C 73/82, juris   *122, 185*

BVerwG, Urt. v. 19. 9. 1986, 4 C 8/84 DVBl 1987, 476   *140, 148*

BVerfG, Beschul. v. 26. 1. 1987, 1 BvR 969/83, DVBl 1987, 465   *100, 143*

BVerwG, Urt. v. 3. 7. 1987, 4 C 26/85, juris   *76, 101*

BVerwG, Urt. v. 15. 7. 1987, 4 C 56/83, BVerwGE 78, S. 40   *137*

OVG Nordrhein-Westfalen, Beschul. v. 9. 6. 1989, 7 B 745/89, BauR 1989, 592   *118*

BVerfG, Beschul. v. 29. 11. 1989, 1 BvR 1402/87, 1 BvR 1528/87, BVerfGE 81, S. 108   *127*

BVerwG, Beschul. v. 21. 8. 1990, 4 B 104/90, juris   *185*

BVerwG, Beschul. v. 18. 12. 1990, 4 NB 8/90, juris   *103*

BVerwG, Beschul. v. 23. 6. 1992, 4 B 55/92, juris   *103*

BVerfG, Beschul. v. 2. 3. 1999, 1 BvL 7/91, juris   *144, 185*

OVG Rheinland- Pfalz, Urt. v. 17. 11. 1999, 8 A 10537/99, juris   *88*

BVerwG, Urt. v. 12. 4. 2001, 4 C 5/00, BauR 2001, 1701   *153*

BVerwG, Urt. v. 18. 5. 2001, 4 CN 4/00, juris   *104*

OVG Berlin, Beshul. v. 18. 7. 2001, 2 S 1/01, juris   *118*

VG Dessau, Urt. v. 6. 11. 2002, 1 A 271/02（判例集未登載）   *188*

OVG Lüneburg, Beschul. v. 22. 10. 2003, 1 MN 123/03, juris   *118*

VGH Bayern, Urt. v. 16. 2. 2004, 26 N 01, 2887, juris   *105*

VG Lüneburg, Urt. v. 8. 7. 2004, 2 A 272/03, juris   *189*

OVG Sachsen, Urt. v. 7. 4. 2005, 1 D 2/03, juris   *106*

OVG Sachsen- Anhalt, Urt. v. 16. 6. 2005, 2 L 533/02, juris   *188*

VGH Bayern, Urt. v. 13. 9. 2005, 26 N 04. 2054, juris   *129*

OVG Rheinland-Pfalz, Urt. v. 7. 12. 2006, 1 C 10901/06, juris *106*

OVG Lüneburg, Urt. v. 28. 11. 2007, 12 LC 70/07, BauR 2009, 784 *154, 189*

OVG Hamburg, Urt. v. 12. 12. 2007, 2 Bf 10/02, juris *76*

VG Trier, Urt. v. 12. 12. 2007, 5 K 784/07, TR, juris *111, 145, 151*

OVG Rheinland-Pfalz, Urt. v. 14. 5. 2008, 8 A 10076/08, juris *111, 146*

OVG Rheinland-Pfalz, Urt. v. 31. 7. 2008, 1 A 10361/08, juris *76*

VG Frankfurt, Beschul. v. 15. 9. 2008, 8 L 2436/08. F, juris *164*

BVerwG, Urt. v. 21. 4. 2009, 4 C 3/08, NVwZ 2009, 1231 *110, 134, 145, 191*

VG Frankfurt, Urt. v. 25. 8. 2009, 8 K 2609/08. F（V）, juris *114, 165*

OVG Rheinland-Pfalz, Urt. v. 16. 9. 2009, 8 A 10710/09, juris *152*

VGH Hessen, Urt. v. 9. 3. 2010, 3 A 160/10, juris *113, 164*

VG Stade, Urt. v. 24. 3. 2010, 2 A 44/07（判例集未登載） *192*

OVG Lüneburg, Urt. v. 1. 6. 2010, 12 LB 31/07, juris *160*

VG Sigmaringen, Urt. v. 22. 7. 2010, 7 K 957/09（判例集未登載） *182*

VG Meiningen, Urt. v. 28. 7. 2010, 5 K 670/06, juris *129*

BVerwG, Beschul. v. 16. 11. 2010, 4 B 28/10, juris *115, 167*

VG Mainz, Urt. v. 1. 4. 2011, 6 K 1563/10. MZ（判例集未登載） *180*

VG Köln, Urt. v. 20. 7. 2011, 4 K 3146‐10, juris *161*

OVG Rheiland-Pfalz, Beschul. v. 16. 8. 2011, 8 A 10590/11, juris *180*

VGH Baden-Württemberg, Urt. v. 1. 9. 2011, 1 S 1070/11, juris. *182*

VG Ansbach, Entsch. v. 25. 1. 2012, AN 11 K 11. 01753, AN 11 S. 01922（判例集未登載） *194*

OVG Nordrhein-Westfalen, Urt. v. 8. 3. 2012, 10 A 2037/11, juris *160*

BVerwG, Beschul. v. 14. 6. 2012, 4 B 22/12, juris *164*

OVG Lüneburg, Urt. v. 23. 8. 2012, 12 LB 170/11, juris *192*

VGH Bayern, Urt. v. 24. 1. 2013, 2 BV 11. 1631, BauR 2013, 940 *168*

VGH Bayern, Urt. v. 18. 7. 2013, 22 B 12. 1741, juris *193*

VG Bayreuth, Urt. v. 20. 3. 2014, B 2 K 14. 79, juris *93*

OVG Hamburg, Urt. v. 12. 2. 2019, 3 Bf 116/15, juris *170*

VGH Hessen, Beschul. v. 10. 2. 2020, 3 B 750/19, juris *170*

OVG Lüneburg, Beschul. v. 12. 10. 2022, 12 MS 188/21, juris *220*

OVG Mecklenburg-Vorpommern, Urt. v. 7. 2. 2023, 5 K 171/22, juris *213*

OVG Nordrhein-Westfalen, Beschul. v. 29. 3. 2023, 22 B 176/23. AK, juris *220*

OVG Schleswig-Holstein, Beschul. v. 3. 5. 2023, 5 MR 1/23, juris *220*

吉岡　郁美（よしおか　いくみ）

早稲田大学社会科学部講師

平成 3 年	岡山県生まれ、神奈川県川崎市出身
平成 26 年	一橋大学法学部法律学科卒業
平成 28 年	同大学大学院法学研究科（法学・国際関係専攻）修士課程修了
平成 31 年	同大学院博士後期課程修了
同年（令和元年）	公益財団法人後藤・安田記念東京都市研究所研究部研究員
令和 4 年	早稲田大学社会科学部講師
令和 7 年	法政大学法学部准教授（就任予定）

業績（本書初出論文以外）
「自治体による食品衛生法違反に対する不利益処分の現状と課題」高橋滋
　＝一橋大学大学院法学研究科食品安全プロジェクトチーム共編『食
　品安全法制と市民の安全・安心』（第一法規、2019 年）316 頁以下
高橋滋＝野口貴公美＝磯部哲＝大橋真由美編著『行政法 Visual Materials
　［第 2 版］』（有斐閣、2020 年）
「ドイツ建設法典における公園に関する一考察」土地総合研究 31 巻 2 号
　（2023 年）17 頁以下

行政法体系と法領域間関係論　　（行政法研究双書 42）

2025（令和 7）年 3 月 15 日　初版 1 刷発行

著　者　吉　岡　郁　美
発行者　鯉　渕　友　南
発行所　株式会社　弘　文　堂　　101-0062　東京都千代田区神田駿河台 1 の 7
　　　　　　　　　　　　　　　　TEL 03(3294)4801　　振替 00120-6-53909
　　　　　　　　　　　　　　　　https://www.koubundou.co.jp

印　刷　三報社印刷
製　本　牧製本印刷

© 2025　Ikumi Yoshioka. Printed in Japan

JCOPY ＜(社)出版者著作権管理機構 委託出版物＞
本書の無断複写は著作権法上での例外を除き禁じられています。複写される場合は、
そのつど事前に、(社)出版者著作権管理機構（電話 03-5244-5088, FAX 03-5244-5089,
e-mail：info@jcopy.or.jp）の許諾を得てください。
また本書を代行業者等の第三者に依頼してスキャンやデジタル化することは、たとえ
個人や家族内での利用であっても一切認められておりません。

ISBN978-4-335-31516-9

オンブズマン法〔新版〕《行政法研究双書1》	園部逸夫 枝根茂
土地政策と法《行政法研究双書2》	成田頼明
現代型訴訟と行政裁量《行政法研究双書3》	高橋滋
行政判例の役割《行政法研究双書4》	原田尚彦
行政争訟と行政法学〔増補版〕《行政法研究双書5》	宮崎良夫
環境管理の制度と実態《行政法研究双書6》	北村喜宣
現代行政の行為形式論《行政法研究双書7》	大橋洋一
行政組織の法理論《行政法研究双書8》	稲葉馨
技術基準と行政手続《行政法研究双書9》	高木光
行政とマルチメディアの法理論《行政法研究双書10》	多賀谷一照
政策法学の基本指針《行政法研究双書11》	阿部泰隆
情報公開法制《行政法研究双書12》	藤原静雄
行政手続・情報公開《行政法研究双書13》	宇賀克也
対話型行政法学の創造《行政法研究双書14》	大橋洋一
日本銀行の法的性格《行政法研究双書15》	塩野宏監修
行政訴訟改革《行政法研究双書16》	橋本博之
公益と行政裁量《行政法研究双書17》	亘理格
行政訴訟要件論《行政法研究双書18》	阿部泰隆
分権改革と条例《行政法研究双書19》	北村喜宣
行政紛争解決の現代的構造《行政法研究双書20》	大橋真由美
職権訴訟参加の法理《行政法研究双書21》	新山一雄
パブリック・コメントと参加権《行政法研究双書22》	常岡孝好
行政法学と公権力の観念《行政法研究双書23》	岡田雅夫
アメリカ行政訴訟の対象《行政法研究双書24》	越智敏裕
行政判例と仕組み解釈《行政法研究双書25》	橋本博之
違法是正と判決効《行政法研究双書26》	興津征雄
学問・試験と行政法学《行政法研究双書27》	徳本広孝
国の不法行為責任と公権力の概念史《行政法研究双書28》	岡田正則
保障行政の法理論《行政法研究双書29》	板垣勝彦
公共制度設計の基礎理論《行政法研究双書30》	原田大樹
国家賠償責任の再構成《行政法研究双書31》	小幡純子
義務付け訴訟の機能《行政法研究双書32》	横田明美
公務員制度の法理論《行政法研究双書33》	下井康史
行政上の処罰概念と法治国家《行政法研究双書34》	田中良弘
行政上の主体と行政法《行政法研究双書35》	北島周作
法治国原理と公法学の課題《行政法研究双書36》	仲野武志
法治行政論《行政法研究双書37》	高木光
行政調査の法的統制《行政法研究双書38》	曽和俊文
行政訴訟の解釈理論《行政法研究双書39》	村上裕章
公共紛争解決の基礎理論《行政法研究双書40》	原田大樹
行政法の時に関する効力《行政法研究双書41》	齋藤健一郎
行政法体系と法領域間関係論《行政法研究双書42》	吉岡郁美